El arte de dirigir

De Baltasar Gracián a Peter Drucker

Si está interesado en recibir información sobre nuestras publicaciones, envíe su tarjeta de visita a:

Ediciones Gestión 2000, S.A.
Departamento de promoción
Comte Borrell, 241
08029 Barcelona
Tel. (93) 410 67 67
Fax (93) 410 96 45

Y la recibirá sin compromiso alguno por su parte.

El arte de dirigir

De Baltasar Gracián a Peter Drucker

 EDICIONES GESTIÓN 2000, S.A.

Título original: «Manager en Toutes Lettres»
Autor: François Aélion
© Les éditions d'Organisation, París, 1996

© para la edición en lengua castellana, Ediciones Gestión 2000, SA, Barcelona, 1997
Primera edición: Enero 1997
Dep. Legal: B. 44.121-1996
ISBN: 84-8088-159-3
Fotocomposición: gama, sl
Impreso por Romanyà-Valls, SA; Capellades (Barcelona)
Impreso en España - *Printed in Spain*

SUMARIO

*P*RÓLOGO

«Conformar el futuro»

Pertenecemos a una sociedad consustancialmente ligada al cambio en la que el saber evoluciona y nos abre nuevos horizontes diariamente. En un contexto donde todo parece envejecer a una velocidad insospechada, cualquier profesional con responsabilidades directivas debe revisar cuál es su auténtico papel como formador de otros profesionales o de equipos de trabajo. Probablemente resulte insuficiente la pura aportación de sus conocimientos y de sus experiencias, porque difícilmente podrán ser asimilados y aplicados de forma mimética o bien podrán alcanzar rápidamente su fecha de caducidad. Por encima de todo, la aportación que distingue al auténtico directivo es su capacidad de suscitar ideas y abrir la mente de los otros para que estos las mejoren y tengan la posibilidad de generar otras nuevas.

Es claro que no hay «recetas» que aseguren milagros: cada situación empresarial acaba siendo diferente, tanto por el propio sujeto como por su entorno. Lo que puede transmitirse son puntos de referencia en los que basar las decisiones y las acciones y, en el mejor de los casos, el método para personalizarlas.

Es función trascendente del directivo el arte de «hacer pensar a los demás», como contraposición a la acción de «pensar por los demás». Y ello presupone estar dispuesto a concederles espacio a la especulación, a la controversia y a la creatividad, y saber implicarles decisivamente en el compromiso y en el resultado de las decisiones y de las acciones que tomen.

Hay un primer ejercicio que permitirá obtener el máximo provecho de los procesos de aprendizaje: abrir la mente a la necesidad de *saber entrar en las ideas de los demás y saber salir, de la misma manera que es necesario saber salir de las propias y regresar» (Joubert).* Al final, lo que acaba distinguiendo a un profesional eficaz del mediocre es que aquél sabe deducir lo que es aplicable o no al caso que le ocupa. El eficaz no aplica literalmente la teoría, la contrasta, la adapta, la mediatiza.

Las aportaciones de **F. Aélion** en el campo de la formación de equipos directivos son manifiestamente reconocidas en esta línea de la dinamización de las ideas, también en el desarrollo de la creatividad y en los procesos de adaptación a cambios organizacionales y a estructuras plurinacionales. Los puntos de referencia personal que nos aporta en la obra que pone ahora en nuestras manos transpiran su dilatada experiencia como manager y como pedagogo. Y añade además, como soporte, una ardua tarea de recopilación del pensamiento de otros filósofos, políticos, estrategas, poetas, artistas, jefes militares, científicos, etc. Todo ello le permite dibujar paulatinamente el paisaje que acompaña la andadura del directivo. Un camino por lo cotidiano y lo extraordinario, incluso por lo imprevisto, y un clima adecuado para la observación y para la reflexión, que nos «hace pensar» en las herramientas que pueden ser útiles para recorrerlo mejor.

Este libro tiene el valor de ocuparnos en proyectar nuestro futuro al ir revisando de forma estructurada todas las facetas que configuran las habilidades necesarias para el directivo. H. W. Kressler dice que *«si hay profecías que provocan su propio cumplimiento es porque ocuparse del futuro lleva también a conformarlo».* Y **F. Aélion**, con sus propuestas, es siempre un catalizador que impulsa la decisión de quererlo conformar. No olvida que cualquier teoría acaba siendo algo más que un objetivo en sí misma; porque lo importante es ejercitar la voluntad para *«cambiar a mejor»,* no sólo para no caer en el riesgo de *«cambiar a peor»,* sino porque en la sociedad competitiva que nos ha tocado vivir *«no cambiar a mejor»* puede llegar a ser tanto como *«dejar de ser».*
Invitamos, pues, a esta lectura con la seguridad que es una excelente oportunidad para la introspección, el análisis y la autoevaluación que debe permitir revisar cómo actuamos, qué aspectos de nuestro comportamiento como directivos que somos o que queremos llegar a ser es conveniente mantener y reforzar, y qué podemos hacer para mejorar lo que alcancemos a presentir como una carencia. Ejercitar el arte o la ciencia de dirigir, elija el lector el concepto que más prefiera, supone en primer término saber «autodirigirse». Conformar el propio futuro resultará un ejercicio estimulante y es un reto imprescindible.

Xavier Orozco Delclós
Socio Fundador de **BOSEL**

Nota: La traducción y adaptación al castellano del libro de François Aélion «Manager en toutes Lettres» forma parte del proyecto de investigación y desarrollo en la formación de directivos que la empresa francesa DANTHROS y la empresa española BOSEL han iniciado en el año 1996.

Direcciones de contacto:

En Francia:
DANTHROS
7 rue Auber
75009 París
Tel. 01 42662500

En España:
BOSEL
Ganduxer, 115
08022 Barcelona
Tel. (93) 418 21 23

*I*NTRODUCCIÓN

La dirección entre el arte y la ciencia: la cultura del directivo humanista

Todo aquel que quiera desarrollar al máximo sus atributos personales y mejorar su comportamiento dispone hoy día de un gran número de métodos y de seminarios de formación con títulos de lo más mágico y prometedor, de los que cada uno parece más interesante que el anterior. ¿Qué debemos pensar de esta torre de Babel de recetas milagrosas que crecen como champiñones, algunos de los cuales pueden resultar venenosos?

Aunque ciertamente no podemos negar que resulta interesante el hecho de que existan diversos enfoques relativos a la formación personal, es imperativo seleccionar, clarificar y sintetizar las principales propuestas verificando su fundamento y su eficacia. Para llevar a cabo esta misión me ha parecido interesante beber de las fuentes de los grandes pensadores, moralistas, poetas, políticos, jefes militares y científicos para extraer una filosofía práctica de acción colectiva y compararla con los preceptos que nos guían hoy día.

> *La compostura del hombre es la fachada del alma. No es necedad con poco meneo, como quiere la ligereza, sino una autoridad muy sosegada; habla por sentencias, obra con aciertos.*
>
> BALTASAR GRACIÁN

Lo que me ha sorprendido ha sido constatar la universalidad y la modernidad de las máximas, que clarifican de manera brillante la mayor parte de las preocupaciones del directivo de nuestro tiempo y le proporcionan soluciones verdaderamente operacionales y válidas para las técnicas más avanzadas de las ciencias humanas en general y de la gestión en particular, con la única condición de profundizar en ellas e incluso volverlas a plantear.

> *Todo lo que es sensato ha sido pensado: sólo hace falta intentar pensarlo de nuevo.*
>
> GOETHE

Percibimos la extensión de una cierta pedantería, que hace tomar por nuevo lo que de hecho ya se ha dicho, escrito o llevado a cabo. En el origen de esta tendencia encontramos un feroz y orgulloso individualismo, un menosprecio de las raíces, consideradas como alienantes y, en resumen, una gran falta de cultura, que marca nuestro siglo.

La tentación más peligrosa: no parecerse a nada.

ALBERT CAMUS

Y en cambio, ¡qué mina sin explotar de un material que tanta falta nos hace! Adentrarnos en el pasado siguiendo fuentes prestigiosas con el fin de encontrar «nuevas» normas de conducta hace que sea más creíble una argumentación, que de otra manera se vería obligada a justificarse recurriendo a las estadísticas, a las seudoexperiencias y a cualquier otro tipo de respuesta científica. Descubrir las técnicas de soñar despierto de la PNL, a través del uso que hizo de él desde 1796 Bonaparte en sus discursos al ejército de Italia; las de la resolución de problemas a través de la dialéctica y del discurso del método de Descartes, la teoría del hemisferio izquierdo y del hemisferio derecho del cerebro, a través de la distinción que hace Pascal entre el espíritu sutil y el espíritu geométrico, la gestión de situaciones y de cambio a través de la paradoja del comediante de Diderot. ¿No es aquí cuando debemos aliar lo agradable con lo útil, reconciliar la cultura con la gestión, acercar el arte y el artesano?

Los ejemplos del pasado conmueven incomparablemente más a los hombres que los de su siglo.

PAUL DE GONDI, **cardenal de Retz**

Analizar las grandes problemáticas modernas del directivo de hoy día a la luz de los preceptos de los moralistas, de los filósofos, de los artistas, de los hombres de letras o de personajes políticos es también enseñar a reflexionar a partir de fórmulas concisas y a desarrollar la aptitud de formular claramente lo que otros conciben de manera confusa y que constituye una de las principales características del hombre cultivado.

Siempre llega el momento en que lo esencial de una doctrina que parecía obtusa es explicado en tres palabras por un hombre de espíritu.

PAUL VALÉRY

Las máximas de los hombres revelan su corazón.

VAUVENARGUES

Bebe, Hâfiz, y sé feliz: no hagas como el hipócrita que cree enmascarar sus subterfugios citando en voz bien alta el Corán.

HÂFIZ

Los espíritus falsos cambian a menudo de máximas.

VAUVENARGUES

El arte de saber emplear las ideas de otros es también el arte de la evaluación, de profundizar hasta la verificación por la puesta en práctica, y la dialéctica de la conciliación de contrarios que implica en primer lugar la aceptación de la variedad y después el espíritu de síntesis que desemboca en la idea de que en el fondo hay pocas reglas generales y que tienen mucho que ver las circunstancias y las culturas específicas en cada individuo.

Vivir a la ocasión. *El gobernar, el discurrir, todo ha de ser al caso; querer cuando se puede, que la sazón y el tiempo a nadie aguardan.*

BALTASAR GRACIÁN

No existe un método único de estudiar las cosas.

ARISTÓTELES

Es más seguro hablar de cosas nuevas que conciliar las que ya se han dicho.

VAUVENARGUES

A través de testimonios culturales, este libro propone la base de una verdadera cultura del directivo, indispensable para afrontar los grandes desafíos humanos de hoy día. Para ello concilia la sabiduría de los mejores pensadores de siempre con ejemplos de aplicaciones concretas en un entorno de empresa.

Cada capítulo alterna una síntesis de métodos experimentados en un entorno empresarial con ilustraciones de citas y de diálogos de películas, de teatro o de novelas. Estos diálogos tienen como fin el servir como ejercicios de reflexión y se acompañan de comentarios. Al final de cada párrafo una rúbrica, la gestión y la historia, ofrece una aplicación real célebre de los temas abordados.

Es más necesario estudiar a los hombres que a los libros.

LA ROCHEFOUCAULD

Este libro está destinado en particular a las personas que deseen fundamentar sus acciones en una ética sólida, construir la carta de valores de su empresa, verificar la coherencia moral y cultural de sus diferentes comportamientos, desarrollar una cultura de la acción, encontrar los argumentos de progreso para sus colaboradores o refutaciones para sus oponentes. Ofrece asimismo un fondo de ideas y de herramientas pedagógicas para los formadores de empresa y constituye una guía de referencia para todo directivo formador. En resumen, abre múltiples horizontes a la acción empresarial, reconcilia la eficacia en la empresa con el arte, la ética y el humanismo en general.

I

APRENDER A APRENDER Y A INNOVAR

*L*OS GRANDES FALLOS
DEL PENSAMIENTO

Esquivar de manera sistemática una de las tres etapas más importantes del pensamiento –la observación en el primer estadio, la comprensión junto con la elaboración de una opinión en el segundo estadio y la acción aplicativa en el tercer estadio– es arriesgarse a cometer uno de los tres errores siguientes: en primer lugar, ser demasiado reactivo cuando se pasa demasiado rápidamente de la observación a la sugestión inmediata de la acción, al «Hay que» o a la reacción irreflexiva, es decir, sin buscar el comprender. Es el error 1 + 3 (= observación/acción).

> *Es mejor pensar una pregunta sin decidirse, que decidirse sin haberla pensado.*
>
> **JOUBERT**

Pero también existe el peligro de ser demasiado teórico (2 + 3); creemos poder comprender y actuar sin observar cuidadosamente los hechos, sin basarnos en la realidad. De esa manera proyectamos las ideas «totalmente acabadas» por ideología, tecnocratismo o prejuicios.

> *Gris es, amigo, toda teoría; y verde el dorado árbol de la vida.*
>
> **GOETHE**

Muchos factores explican la debilidad y las alteraciones del espíritu. Por ejemplo, la cabezonería, que hace perder la cabeza, pero también el exceso de erudición, el recurrir a la memoria más que al razonamiento, la comparación superficial y sistemática.

> Saber hacer el bien poco y muchas veces. *Nunca ha de exceder el empeño a la posibilidad; quien da mucho, no da, sino que vende. No se ha de apurar el agradecimiento, que en viéndose imposibilitado, quebrará la correspondencia.*
>
> **BALTASAR GRACIÁN**
>
> *El tonto que tiene mucha memoria está lleno de pensamientos y de hechos; pero no sabe sacar conclusiones: todo se refiere a eso.*
>
> **VAUVENARGUES**
>
> *Comparar es para el ignorante una manera cómoda de evitar juzgar.*
>
> **GOETHE**

2

DESARROLLAR SU ATENCIÓN PARA MEMORIZAR MEJOR

Para explotar su potencial de memorización al máximo es aconsejable seguir las tres etapas del pensamiento otorgándoles la misma importancia. Es el sistema AAA: aceptación-apropiación-activación de la información.

Aceptar, recoger la información correctamente, es desarrollar nuestra atención, saber concentrarnos y ser selectivos. La concentración es el primer aprendizaje que debemos desarrollar. Para ello es conveniente elaborar una lista previa de preguntas: frente a un texto soporífero, aumente *a priori* su curiosidad proponiéndose una serie de preguntas sobre lo que va a leer, y respóndase. «¿Qué va a enseñarme este artículo sobre el tema en cuestión? ¿Por qué me interesa?» En particular transforme en interrogación personal todos los encabezamientos de los periódicos, los puntos del orden del día de la reunión, etc.

La memoria es necesaria en todas las operaciones de la razón.

PASCAL

No existen temas poco interesantes, sólo personas poco interesadas.

C. K. CHESTERTON

En los exámenes responded con preguntas.

Eslógan de Mayo del 68

Durante la lectura puede empezar a tomar notas, ya que la escritura hace fijar la atención, pero es más importante que concentre toda su atención en la lectura y en la comprensión y que no la desvíe para tomar apuntes. Para mantener su atención cuando lea, siga adelante aunque no comprenda nada y acelere la rapidez de lectura cuando tema ser interrumpido.

La atención forma parte del proceso general de receptividad, que es una acumulación de energía y de información que viene del exterior. Pero no podemos hacer gala de esta receptividad más que cuando estamos distendidos y disponemos de toda nuestra energía. Es por ello que para desarrollar nuestra atención no podemos estar en una situación seria de estrés. Si está preocupado, relájase y respire profundamente antes de leer. Envuélvase de un fondo musical permanente con tonos graves y ritmos lentos y regulares. Aíslese e intente estar cómodo.

Una vez distendido, para ser receptivo y dejarse «invadir» por su entorno, haga un llamamiento repetido a sus sentidos, a su capacidad de atención y a su «sentido» de la observación. La sensación es sentir sin pensar, pero ello depende de su sensibilidad; es decir, de si ésta es egocéntrica o mira hacia la relación para recibir y sentir el mundo en sí. Así, una vez somos conscientes de los límites de nuestra sensibilidad podemos desarrollarla estando más atentos. Podemos introducir dentro de nuestra recptividad una voluntad de sentir que supone en principio un deseo de atención hacia el mundo que nos rodea. Es querer ver la realidad tal como es. Pero la atención puede ser insuficiente para recibir y dejarse impregnar. Podemos pararnos sobre cada cosa para observarla, penetrar en su interior, comprenderla y así llegar al «corazón» de la materia y de los hombres, de manera que percibamos no sólo la apariencia sino también el contenido.

La distracción es causada por una gran pasión o por una gran insensibilidad.

RIVAROL

Si tiene la costumbre de leer mucho, descanse los ojos de vez en cuando y lleve a cabo unos ejercicios de relajación y de gimnasia ocular. Practique el *«palming»*, que consiste en colocar las palmas de las manos sobre los ojos. Deje que su respiración llegue a un ritmo lento. Mantenga esa posición al menos 5 minutos. Vuelva a la luz muy lentamente. Para sentir su cuerpo, colóquese en *palming*. Pase revista mentalmente a todas las partes de su cuerpo en contacto con el suelo, la silla, la mesa, la frente..., después todas las partes al mismo tiempo. Practique también de vez en cuando la variación de la acomodación ocular, y acomode sus ojos sucesivamente a lo lejos, al infinito y después a un plano cercano, después de nuevo a lo lejos. Tome un objeto, acérquelo progresivamente a sus ojos observando todos los detalles. Retírelo cuando la vista se nuble. Termine acomodando de nuevo sus ojos al infinito. Repita el movimiento 3 o 4 veces. Para terminar, practique el parpadeo, que consiste en abrir los ojos de par en par, a continuación abrir y cerrar los párpados rápidamente unas 5 o 6 veces, después cerrar los ojos apretando con fuerza los párpados y volver a abrir los ojos. Repita el movimiento 4 o 5 veces.

El uso del vino puro, los baños, las fomentaciones, la sangría o las pociones curativas alivian las molestias oculares.

HIPÓCRATES

El management y la historia

A principios del siglo XVIII los cafés, clubes y salones florecen en París y provincias a medida que la corte de Versalles pierde su hegemonía. Estas reuniones, en un primer momento literarias y mundanas y más tarde filosóficas, tenían como anfitrionas a mujeres y constituían lugares de conversación donde circulaban ideas nuevas alrededor de un café y otros alimentos estimulantes. ¿Por qué no inspirarse en esta idea para crear en la empresa un lugar de intercambios intelectuales abiertos al personal deseoso de promocionarse?

APROPIARSE DE LA INFORMACIÓN

Es conveniente apropiarse de las informaciones seleccionadas transformándolas lo suficiente para adaptarlas a su manera de ser y pensar. Para conseguirlo, no subraye o marque más que palabras sueltas y no frases enteras, tome notas reformulando las ideas con sus propias palabras y no intente retener una cantidad de ideas mayor de lo que permita su capacidad de memoria a corto plazo.

Para medir su memoria a corto plazo lea a su velocidad habitual sucesivamente algunas listas de palabras cada vez más largas y vuelva a colocar sobre la marcha cada vez las palabras que haya leído sin volver a mirarlas. Si no puede colocar en su lugar todas las palabras de una lista de 8, por ejemplo, quiere decir que su memoria a corto plazo es de 7. Así que debe leer al ritmo de 7 grandes «unidades de información», y reformularlas antes de pasar a una nueva serie. Para captar correctamente la información escoja su propia manera de acceso al texto a partir de unos puntos clave, reformulándolos en su propio lenguaje, traduciéndolos en imágenes y asociándolos por analogías y poniéndoles un sentido y sentimientos personales.

> (...) Una vez nuestro entendimiento se ha abierto gracias al hábito de la reflexión, es mejor siempre encontrar por nosotros mismos las cosas que podemos encontrar en los libros. Éste es el verdadero secreto: molerlas bien en nuestras mentes y apropiárnoslas, en vez de recibirlas tal y como nos las dan, que casi siempre es bajo una forma que no es la nuestra.
>
> JEAN-JACQUES ROUSSEAU

La memoria arraiga en nuestros deseos. Es más fácil retener lo que nos gusta, y tener curiosidad por todo facilita el trabajo de la memoria. Para captar mejor cualquier información, utilice también su cerebro «límbico», imaginando los sentimientos que pueden procurarle las informaciones recibidas aunque sea de manera extrema.

> No hay nada en nuestra inteligencia que no haya pasado por nuestros sentidos.
> ARISTÓTELES
>
> La memoria siempre está a las órdenes del corazón.
> RIVAROL
>
> El hombre no guarda recuerdos realmente vivos más que de los lugares donde su alma amó.
> MILOSZ

REACTIVAR LA MEMORIA

Active y reactive sus conocimientos para no olvidar lo que ha adquirido en particular en tres momentos clave: entre una hora y media y dos horas después de la recogida inicial de información vuelva a pensar en lo que ha leído o escuchado y tendrá la sorpresa de constatar un resurgir de informaciones. Durante ese lapso de tiempo en su mente habrá tenido lugar un comienzo de unión entre las informaciones recientes y las adquiridas con anterioridad. De esa manera ganará un tercio más de información. Es el momento de completar sus anotaciones. 24 horas después, si no hace nada, corre el riesgo de olvidar un 50 % de lo que ha retenido inicialmente. No deje pasar ese período de tiempo sin volver sobre sus anotaciones, subrayándolas o haciendo una síntesis o un informe.

Una semana después haga una última lectura de sus anotaciones y clasifíquelas. Cuando vuelva a ver su libreta de apuntes mentalmente podrá evocar su contenido durante una semana. Si no lo hace sólo conservará un 25 % de la información memorizada.

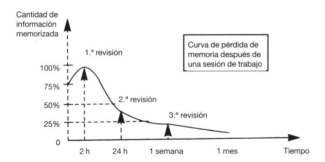

Para reactivarla, hable a su alrededor lo más a menudo posible de lo que acaba de leer o de ver en el cine, cite los nombres y las frases que desee retener. En una palabra: reutilice sus habilidades constantemente. La memoria, como el pensamiento, se optimiza cuanto más se practica.

> *Las cosas se olvidan mejor cuando nos cansamos de hablar de ellas.*
> *LA ROCHEFOUCAULD*

> *A medida que tengo menos tiempo para practicar las cosas tengo menos curiosidad por aprenderlas.*
>
> *ST. EVREMOND*

No vemos cómo actúan los demás más que cuando nos ponemos en marcha nosotros mismos. En la escuela del mundo, como en la del amor, es necesario empezar a practicar lo que queremos aprender.

JEAN-JACQUES ROUSSEAU

La vida sería imposible si nos acordásemos de todo. El truco está en escoger lo que debemos olvidar.

ROGER MARTIN DU GARD

Dependiendo de en cuál de las 3 etapas del proceso de memorización se detenga con más detenimiento adoptará uno de los tres comportamientos siguientes: Si se detiene en la primera etapa, es buen observador, disponible para su entorno, en guardia, le gusta el contacto, está cercano a su entorno y busca estimulación física e intelectual. Su memoria depende de su estado de alerta sensorial y su entorno afectivo. De todas maneras, corre el riesgo a veces de olvidar debido a emociones demasiado fuertes o a pasiones excesivas. Si se detiene más en la segunda etapa, es un trabajador que cultiva bien su memoria, sólo memoriza a condición de que pueda utilizarlo en la práctica, la reformulación escrita u oral, el método. Es organizándose como consigue que su memoria sea fiable. Pero ¿deja suficiente espacio a su sensibilidad, a su imaginación y a su reposo? Si se detiene en la tercera etapa, es un activista. Tiene mucho cuidado en refrescar de manera regular su memoria. Toda ocasión es buena para poner al día sus conocimientos y llevar a cabo un poco de gimnasia mental.

Todo lo que pasa rápido ya está pasado, lo que permanece es lo único que nos inicia.

RILKE

5 *LEER MÁS RÁPIDO*

Las reglas generales de la lectura rápida son parecidas a las de la memorización. En primer lugar, debe economizar leyendo poco y en segundo lugar escogiendo con sentido común el libro que debe leer y la parte de su contenido que quiere descubrir. De todas maneras, leer poco significa leer bien, o sea profundizar en la lectura reflexionando sobre lo que lee y haciendo un resumen. Es recomendable que se tome un tiempo para leer (un poco, pero a menudo), una media hora cada día; lo importante es perseverar. A continuación debe retener la información interpretando de manera crítica las ideas del otro. Para ello ha de acercarse a la lectura con la mente abierta desde todos los puntos de vista.

Existen al menos dos métodos para leer más rápido. Por un lado, por medio del entrenamiento físico del ojo y los músculos oculares, por el aumento del ángulo de visión, o para la voz, con el abandono de la subvocalización. Son métodos psicológicos que tienen mucho éxito, sobre todo en Japón, tal vez porque los japoneses están habituados por su modo de escritura, a base de ideogramas, a tener una actitud hacia la palabra más global, menos analítica.

Nadie se da cuenta del esfuerzo y el tiempo que cuesta aprender a leer. Yo estoy en ello desde hace ochenta años y no puedo decir que lo haya conseguido.

GOETHE

En los países occidentales acostumbramos a valorar más los métodos de lectura estratégica que distinguen diversos tipos de acceso a los textos según el objetivo que tengamos en mente. Si el lector se contenta con la simple búsqueda de una información concreta que ha identificado previamente, utilizará una estrategia llamada de puntos de referencia, es decir, procederá a una lectura exploratoria utilizando una clave visual (una palabra, un número...) para localizar la respuesta dentro del texto (técnica del perro San Bernardo, que olfatea antes de empezar la búsqueda una prenda que haya pertenecido a la persona que busca). Se trata de localizar en la tabla de contenidos o el índice alfabético el lugar donde encontraremos la información y después elaborar una imagen mental de la palabra clave, de los términos buscados o de sus sinónimos y fotografiar mentalmente esa imagen, que se convierte en la verdadera clave visual de entrada. Después de eliminarse, haciendo correr la mirada sobre el texto, todo aquello que sea diferente a la imagen en cuestión, para no reparar en nada que no corresponda a ella.

Esta estrategia de lectura se utiliza con los anuarios, diccionarios y otros tipos de informes, pequeños anuncios, revistas, objetos perdidos o mezclados con otros.

Pero si queremos extraer de un texto todo lo que es nuevo, interesante e importante, es mejor que practiquemos una lectura más intuitiva que se llama «*skimming*». Ésta consiste en seleccionar sucesivamente las fuentes (fecha, tipo de documento, edición...), estudiar la tabla de contenidos (prólogo, índice), localizar el autor (su nombre, sus títulos y diplomas, su función en la sociedad, la bibliografía), preguntarse sobre el título y los subtítulos, buscar las ideas importantes en la conclusión y la introducción, notar las diferencias tipográficas (caracteres en negrita, en cursiva, anotaciones al margen o a pie de página), identificar e interpretar las gráficas y sus textos (tablas, esquemas), verificar la coherencia entre la idea del principio y la del fin de cada párrafo y de cada capítulo (principio = hipótesis, centro = demostración, fin = conclusión), extraer las palabras clave y observar el uso de los conectores.

Es recomendable hacer uso del *skimming* en la lectura de la prensa, del correo, de los informes, de conjuntos de textos y en el caso tener varias novelas por leer.

La tercera estrategia posible consiste en recorrer visualmente el texto yendo de lo general a lo particular para captar la estructura de conjunto, seleccionar los pasajes más interesantes o profundizar y buscar lo esencial. Es una lectura mental que funciona muy bien a la hora de leer informes, anotaciones técnicas, artículos especializados, libros de opinión o de información. Esta estrategia consiste en identificar el contexto del texto que vamos a leer como si tuviésemos que presentar la obra en una emisión literaria. Hemos de buscar el tema principal del libro. Ésta es la primera fase, llamada fase de sensibilización. A continuación, nos preguntaremos por qué lo ha escrito el autor y la interpretación que éste hace del tema; en esto consiste la lectura de comprensión. A continuación extraeremos las ideas más importantes, los temas principales que se desarrollan a lo largo del libro, las conexiones, la progresión del libro; esto es lo que se llama lectura de estructuración. Para finalizar, se llevará a cabo una lectura de verificación y de síntesis para asegurarnos de la coherencia del conjunto de la obra, señalaremos las contradicciones y nos preguntaremos qué interés tiene el libro (¿qué puede aportar y a quién?). En resumen, sobrevolar el libro consiste en leer el final, después el principio y anticipar el contenido, a continuación leer la parte central y hacer un balance.

Por último, tenemos la lectura de profundización, que tiene como finalidad la reflexión y la investigación, el estudio del detalle, la memorización a largo plazo. Se trata de una lectura intelectual que consiste en sobrevolar el texto, preguntarse, reformular y seleccionar lo esencial, analizar y reactivar. Se emplea sobre todo en los documentos de estudio, los textos legislativos, los informes, las instrucciones, los artículos y los dossiers especializados, los libros de opinión.

Hay libros que sólo debemos probar, otros hay que devorarlos, otros –los menos– que debemos, por así decir, masticar y digerir.

FRANCIS BACON

Los tontos admiran todo de un autor renombrado.
Yo sólo leo para mí. Sólo me gusta lo que me es útil.

VOLTAIRE

SALIR DE UN PROBLEMA POR LA DIALÉCTICA

El término dialéctica significa el arte de la discusión, pero su sentido actual se ha modificado. La dialéctica es una de las dos grandes concepciones del mundo que caracterizan todo sistema de pensamiento. Por una parte, podemos pensar que el origen y el motor de los acontecimientos es interno: enfoque dualista o dialéctico. El enfoque monista considera que ese origen es externo (la mano de Dios). Ciertamente, el primer enfoque nos evita caer en el dogmatismo y estimula más la autonomía humana, la creatividad y la toma de iniciativas que el segundo. Asimismo está más conforme con nuestro proceso real de pensamiento, que es espontáneamente antitético (día/noche), pudiendo cada acto de pensamiento ser rebatido por una interpretación opuesta. Pero el pensamiento dialéctico que legitima el cambio permanente ofrece menos seguridad que la forma de pensamiento metafísica, que da sentido y certeza evitando la duda, y que presupone en principio una personalidad fuerte.

La verdad no viene del exterior sino del interior.

MILOSZ

Nada existe, todo llega a ser.

HEGEL

Hay en todo y en cada cosa dos esferas opuestas de manera a la vez relativa y absoluta. Toda determinación proviene de ello. Las dos juntas forman un todo; ambas se determinan por autodeterminación.

NOVALIS

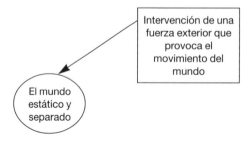

La causa del movimiento actúa desde el exterior e impone en el mundo su verdad.

El movimiento nace en el mundo debido a la resolución de sus contradicciones internas.

Sortee la trampa de las preguntas con doble sentido del tipo: «¿Es Vd. hombre de acción o de reflexión?» utilizando la dialéctica, ya que, sea cual fuere su respuesta, se arriesga a que le reprochen el no haber elegido el término desechado. Deberá en cambio utilizar un subterfugio para equilibrar su elección: «Soy ante todo un hombre de acción, y como me gusta acabar bien todo lo que empiezo reflexiono siempre antes de actuar», o bien «Soy ante todo un hombre de reflexión, y como sé positivamente que una buena idea desemboca siempre sobre una acción concreta, presento mis ideas en forma de propuestas prácticas». Tomar un posicionamiento dialéctico no quiere decir cortar la pera en dos sino más bien quedar en una posición preferencial apoyándose justamente sobre el opuesto. De esta manera, es conveniente redactar los informes de una reunión teniendo en cuenta la «verdad opuesta» y haciendo mención de las opiniones contrarias de ciertos participantes, que se reconocen como opuestos a nuestra idea.

Saber tomar las cosas: *nunca al repelo, aunque vengan. Todas tienen haz y envés. La mejor y más favorable, si se toma por el corte, lastima; al contrario, la más repugnante defiende si por la empuñadura. Muchas fueron de pena que, si se consideraran las conveniencias, fueran de contento. En todo hay convenientes e inconvenientes: la destreza está en saber topar con la comodidad. Hace muy diferentes visos una misma cosa si se mira a diferentes luces: mírese por la de la felicidad. No se han de trocar los frenos al bien y al mal. De aquí procede que algunos en todo hallan el contento, y otros el pesar. Gran reparo contra los reveses de la fortuna y gran regla del vivir para todo tiempo y para todo empleo.*

BALTASAR GRACIÁN

Después de cada verdad, sería necesario añadir que nos acordamos de la verdad opuesta.

BLAISE PASCAL

La marca de una inteligencia de primer orden es la capacidad de tener dos ideas opuestas presentes en mente y al mismo tiempo no dejar de funcionar por ello.

FRANCIS SCOTT FITZGERALD

Para hacerlas pasar mejor, podemos validar nuestras ideas por su contrario: «Reconocemos que este método es muy eficaz y por ello es mejor no abusar de su utilización»; «Es necesario preparar las improvisaciones»; «Me gustas demasiado como para no sancionarte» o «Quien bien te quiere te hará llorar». Para resolver un problema es conveniente aceptar las contradicciones, lo que en su punto final dará lugar a una gestión sistémica.

Sería necesario poder unir los contrarios, el amor por la virtud con la indiferencia por la opinión pública, el gusto por el trabajo con la indiferencia por la gloria, y el cuidado de la salud con la indiferencia por la vida.

CHAMFORT

VENCER LA COMPLEJIDAD
por medio de enfoques paradójicos

Conciliar los contrarios y las contradicciones en un espíritu dialéctico, tal y como acabamos de ver, puede parecer una paradoja. ¿Qué pasaría si la paradoja fuese una buena manera de resolver los problemas y los bloqueos? Este es justamente el objetivo de lo que actualmente llamamos enfoques paradójicos.

Para convencer a una persona o a una sociedad de evolucionar, cuando el interesado no siente que ello le concierne, deberemos agravar aún más las aberraciones del sistema que denunciamos. Es lo que Watslawick denomina la técnica de la «prescripción del síntoma», y consiste en poner al individuo en la situación (paradójica) de tener que adoptar su comportamiento habitual pero bajo el mandato de una prescripción externa. El individuo se ve obligado a cambiar la propia percepción de su comportamiento mirándolo de algún modo desde el exterior. En una ocasión en que nos habían solicitado para mejorar la gestión humana de una empresa llegamos a la conclusión de que el centralismo excesivo que constatamos venía dado principalmente por el comportamiento mismo del director, pero éste no sólo no tenía conciencia de ello sino que ya había rechazado diversas propuestas de cambio concernientes al problema en cuestión. Así que decidimos acrecentar los síntomas del problema pidiendo a las personas que trabajaban en el entorno inmediato del director que durante quince días le molestasen continuamente, que no tomasen ninguna decisión sin venir a hablarle de ello; en resumen, fingir una dependencia y una falta de responsabilidad totales. ¿Qué ocurrió después?

El director nos llamó al cabo de diez días para decirnos que no habíamos comprendido nada pero que él mismo había determinado la causa exacta de sus problemas: la falta de iniciativa y de responsabilidad del personal, que era necesario desarrollar para instaurar una gestión participativa con procesos de delegación, etc. En resumen, el interesado acababa de encontrar por sí mismo (y por lo tanto de aceptar), gracias al enfoque paradójico de su problema, las soluciones que había que poner en marcha y que, si le hubiesen sido presentadas por otra persona, habrían sido probablemente rechazadas.

> La paradoja es el medio más decisivo y eficaz para transmitir la verdad a los que están dormidos y a los distraídos.
>
> MIGUEL DE UNAMUNO

> No conozco mejor método para hacer anular las malas leyes que hacerlas cumplir rigurosamente.
>
> WITHMAN

Refute una objeción exagerando al máximo y de manera paradójica la misma crítica de la cuál es objeto. Así, cuando se dirija a un cliente potencial que rechace sus servicios diciendo: «Muchas gracias, pero ya trabajamos con la empresa X, que es probablemente una de las mejores en este ámbito», responda en principio enfatizando la propia crítica implícita de la que es objeto: «¿Una de las mejores? De hecho, para nosotros se trata de la mejor». Después, gracias a esta misma exageración, dé la vuelta al asunto y añada: «Se trata del creador de esta profesión, empezó en 1930. Nosotros seguimos el mismo rumbo en cuanto a las ideas pero, por supuesto, nos hemos adaptado a las nuevas técnicas, como...»

Nunca por tema seguir el peor partido: *porque el contrario se adelantó y escogió el mejor. Ya comienza vencido, y así será preciso ceder desairado. Nunca se vengará bien con el mal. Fue astucia del contrario anticiparse a lo mejor, y necedad suya oponérsele tarde con lo peor. Son éstos porfiados de obra más empeñados que los de palabra, cuanto va más riesgo del hacer al decir. Vulgaridad de temáticos, no reparar en la verdad por contradecir ni en la utilidad por litigar. El atento siempre está de parte de la razón, no de la pasión, o anticipándose antes o mejorándose después; que si es necio el contrario, por el mismo caso mudará de rumbo, pasándose a la contraria parte, con que empeorará de partido. Para echarle de lo mejor es único remedio abrazar lo propio, que su necedad le hará dejarlo, y su tema le será desempeño.*

BALTASAR GRACIÁN

Prefiero ser un hombre con paradojas que un hombre con prejuicios.

JEAN-JACQUES ROUSSEAU

23

*P*ARA RESOLVER LOS PROBLEMAS
¿es necesario empezar por buscar las causas o las soluciones? ¿Ser Descartes o Pascal?

Después de la observación de los hechos, la búsqueda y el análisis de las causas parecen ser la mejor manera de resolver los problemas. Pero eso no es cierto cuando el problema implica a un tercero cuya motivación interesa especialmente. Cada vez que se pregunte «¿Por qué ha sucedido esto?» la respuesta será invariablemente «Porque» y se quedará en la génesis del problema, sin pasar de allí. El análisis causal que tanto gustaba a Descartes es un instrumento de reflexión personal fundado sobre la duda y no un instrumento de dinamización fundado sobre la confianza colectiva: a fuerza de pedir a sus colaboradores explicaciones sobre el porqué de una determinada situación éstos tendrán la sensación de estar dando explicaciones, es decir, de justificarse. Analizar de acuerdo con el método cartesiano nos lleva a dividir una unidad compleja en unidades más simples. Pero esta «estrategia del salami», cuando se aplica a seres humanos y no a ideas puede convertirse en la estrategia del «divide y vencerás», ya que a fuerza de tener que justificar las causas, los colaboradores se sentirán acusados y se echarán las culpas los unos a los otros (el reflejo de la «patata caliente» que va pasando de uno a otro porque quema las manos, como en el rugby). En un momento en el que necesita mantener unido a su equipo, lo que ha hecho en realidad es sembrar la duda causal.

Para motivar a su equipo de cara a posibles dificultades, más que utilizar los enfoques causales de la reflexión, deberá utilizar los enfoques resolutivos de la acción. Pregunte «¿Cómo pensáis rectificar el error?» y le responderán «Para (...) yo propongo que...». De esta manera aprenderá también las causas, como en la versión precedente, pero presentadas como soluciones, de modo que sus colaboradores no tendrán el papel de acusados sino el de salvadores a los que acude para solicitar su ayuda, lo que les valoriza. El problema ya no es un muro contra el cual acaba de chocar, sino un trampolín sobre el que salta para reaccionar.

De esta manera el diálogo: «¿Por qué razón no está hecha la facturación de este mes?» «Porque el jefe de informática me ha complicado las facturas» se convertirá en «¿Cómo esperas establecer las ventas este mes?» «Pidiendo al jefe de informática que me simplifique las facturas, de esa manera podré hacerlo dentro del plazo».

Saberse excusar pesares. *Es cordura provechosa ahorrar de disgustos. La prudencia evita muchos; es Lucina de la felicidad y, por eso, del contento. Las odiosas nuevas, no darlas, menos recibirlas; hánselas de vedar las entradas, si no es la del remedio.*

BALTASAR GRACIÁN

¿Dónde, cuando, cómo? Los dioses permanecen mudos: quedaos con el porque; no os preguntéis por qué.

GOETHE

Debemos contentarnos con descubrir y guardarnos de dar explicaciones.

BRAQUE

Hay ocasiones y causas, por qués y porques para todas las cosas.

SHAKESPEARE

La razón es historiadora, las pasiones son actrices.

RIVAROL

Considere toda discusión problemática con un colaborador como el principio de una negociación. Percibiéndola así será más prudente y reaccionará menos. Podrá concentrarse sobre lo que desea obtener en vez de repetir todo lo que tiene en contra de él.

El mayor precio que puede pagarse por algo es el tener que pedirlo.

MARCEL ACHARD

SER CREATIVO Y ESTRUJARSE LAS MENINGES PARA INNOVAR

La innovación es una necesidad vital. En un mundo en perpetua mutación no se puede seguir con la idea de que lo que va bien hoy irá bien mañana. Para que una empresa innove es necesario que estimule y reconozca los comportamientos creativos de su personal y que ponga en práctica de manera regular nuevas ideas. La creatividad sobrepasa la resolución del problema, ya que es conveniente ser creativo tanto para el desarrollo constante hacia el éxito como para hacer frente a dificultades coyunturales. Por todo ello es importante mantener un equilibrio sutil entre la necesidad de centrarse en actividades básicas y la apertura hacia las nuevas tendencias y hacia el exterior. Para innovar y diferenciarse realmente, utilice de manera prioritaria su mente abierta, su imaginación y su facilidad de adaptación. Que sus ideas siempre estén abiertas a la investigación, a fin de preparar el futuro.

La necesidad es la madre de la invención.

PLATÓN

No busco todas estas cosas, pero a veces busco algo en ellas.

NOVALIS

Para promover la creatividad a su alrededor, adopte comportamientos positivos: informe de los objetivos que hay que conseguir. Infórmese de los intereses extraprofesionales de sus colaboradores y busque en ellos ideas transportables por analogía hacia la actividad profesional. No sea puntilloso en los controles. Favorezca la movilidad del personal. Cree un clima de escucha y de simpatía. Exija soluciones para cada problema expuesto. Pregunte sistemáticamente. Valorice las ideas expuestas, reformulándolas y añadiendo «lo que me gusta en esta idea es...». Recompense el éxito sin castigar los errores. Lance desafíos intelectuales.

Felicitaos por haber hecho algo extraño y extravagante que ha roto la monotonía de vuestra época.

EMERSON

PARA DESARROLLAR UN CLIMA DE CREATIVIDAD ALREDEDOR DE USTED ES NECESARIO EN PRIMER LUGAR HACER DESAPARECER LAS DIEZ CREENCIAS-OBSTÁCULO A LA CREATIVIDAD SEGÚN ROGER VAN OECH

1.- LA BUENA RESPUESTA. Es decir, la creencia de que sólo hay una respuesta. De hecho, la mayor parte de los problemas son heurísticos e implican varias soluciones posibles.

Lo propio de un gran hombre es desviarse de los cálculos ordinarios.

BALZAC

2.- NO ES LÓGICO NI NORMAL... Entendiendo con ello «no está dentro de mi lógica». Por ejemplo: los pájaros baten las alas al volar, así pues las alas de los primeros aviones deberían hacer lo mismo.

La sabiduría tiene sus excesos y necesita tanto de la moderación como la locura.

MONTAIGNE

3.- SEGUID LAS REGLAS. No, la creatividad aparece precisamente si nos enfrentamos a las reglas sociales y culturales. Y si obramos de manera espontánea.

Cuando removemos un principio, encontramos algo debajo y nos damos cuenta de que no era un principio.

ANATOLE FRANCE

4.- TENED SENTIDO PRÁCTICO, SED CONCRETOS. Las personas que buscan la eficacia olvidan el aspecto necesariamente teórico de toda actividad. El hecho de que ciertas soluciones no se hayan puesto es práctica no quiere decir que no vayan a hacerlo nunca.

Una idea y un fuego que puedo llegar a dominar me conducen lejos de los caminos fáciles y confortables de la coherencia y del sueño decretados humanos por naturaleza.

WILLIAM FAULKNER

5.- EVITAD LA AMBIGÜEDAD. Sí, la creatividad comienza en primer lugar por las ideas.

Estos hombres con proyectos y siempre descontentos, a fuerza de innovar producen el desorden. Sepamos alejarles a tiempo.

Barón de STASSART

6.- NO DEBEMOS EQUIVOCARNOS. Pues sí, ¡no se puede ganar siempre!

Me gustan las personas distraídas, es señal de que tienen ideas y son buenas personas. Los malvados y los tontos siempre están alerta.

El príncipe CH. DE LIGNE

7.- JUGAR NO ES SERIO. Al contrario, la creatividad tiene mucho que ver con el juego. Toda recreación es una re-creación.

Aunque potencialmente puede convertirse en dispersión y destrucción, el desorden es inseparable de todo lo que es creación.

EDGAR MORIN

8.- NO SÉ NADA SOBRE EL TEMA. No pasa nada, la mayor parte de los inventos han sido llevados a cabo por personas no especializadas. Por el contrario, cuanto más esclavo se es de una técnica menos podemos crear.

> *Hay dos categorías de buscadores, unos no son más que simples obreros, mientras que los otros tienen como misión inventar. La invención debe estar por todas partes, incluso en las más humildes búsquedas de datos o en la experiencia más sencilla. Allí donde no hay esfuerzo personal e incluso original no hay ni un atisbo de ciencia.*
>
> *HENRI BERGSON*

9.- PARAD DE HACER LOCURAS. No, continuad. Es la mejor manera de acabar con hábitos y prejuicios.

> *La fresa crece bajo la ortiga y los mejores frutos florecen y maduran sobre todo en las cercanías de las malas hierbas. Es así que el príncipe ha escondido su reflexión bajo el velo del extravío y allí sin duda ha prosperado como la hierba de verano, activada por la noche, invisible y sin duda alguna por ello más vivaz.*
>
> *SHAKESPEARE*

10.- NO SOY CREATIVO. No es culpa mía, me gustaría pero no estoy hecho para esto. Atención: el verbo es creador. Es mejor, por el contrario, favorecer y no reprimir sus aptitudes, por muy pequeñas que éstas sean.

> *No pasa ni un solo día que no llevemos al matadero nuestros más puros impulsos.*
>
> *MILLER*

Para resultar particularmente creativo en torno a un problema en concreto puede resultar interesante utilizar métodos como el «brainstorming» (o «lluvia de ideas») de Osborn. Este método utiliza el potencial del grupo con el fin de recoger el mayor número de ideas de todos los miembros. El *brainstorming* implica dos pasos sucesivos dialécticamente diferentes. La «resonancia» y el razonamiento.

> *Un gong de bronce emite una resonancia prolongada al ser golpeado. El hecho de golpear es la concepción, la resonancia es el razonamiento.*
>
> **Las Preguntas de Milinda (India, siglo v)**

Se trata en primer lugar de dar luz verde acogiendo (sin juzgarlas) todas las ideas. Es necesario para ello que los participantes (los no especialistas y no los interesados) emitan rápidamente muchas ideas (la cantidad inicial) sin emitir juicios. A continuación, en la segunda parte, hemos de dar luz roja, seleccionando las mejores ideas. Esta vez los especialistas se reúnen (a menudo) para filtrar, después de profundos análisis, las ideas acumuladas en fase de luz verde, para sólo conservar las mejores.

> *Nuestras mejores ideas vienen de los demás.*
>
> *EMERSON*

II
COMUNICAR

1 **P**ONER EN COMÚN PARA COMUNICAR

Comunicar, desde el punto de vista etimológico, es poner en común. Es intercambiar informaciones recíprocas y, en particular, cambiar impresiones recíprocas de cada uno acerca de los demás, de manera que aprendamos cómo nos ven los demás y que los demás aprendan cómo nosotros los vemos a ellos. Así pues, enseñe a sus equipos a ponerse en el lugar del cliente y a identificarse con él y con su espera.

Todos los hombres libres, sea donde sea que vivan, son ciudadanos de Berlín, y así en tanto que hombre libre me enorgullece pronunciar estas palabras : «Ich bin ein Berliner».

JOHN FITZGERALD KENNEDY

El esquema de la comunicación es el siguiente: un emisor envía un mensaje a través de un canal a un receptor, que reacciona y se convierte a su vez en emisor de una nueva información destinada al emisor de origen. Comunicar consiste, pues, en aceptar esta importante ley de la alternancia: ser por turnos emisor/receptor/emisor, etc.

La verdad ordinariamente se ve, extravagantemente se oye; raras veces llega en su elemento puro, y menos cuando viene de lejos; siempre trae algo de mixta, de los afectos por donde pasa. Tiñe de sus colores la pasión cuanto toca, ya odiosa, ya favorable; tira siempre a impresionar;

BALTASAR GRACIÁN

Para comunicar bien, vuelva a descubrir la fuerza, tan sencilla, del intercambio. Pero, para ello, debe respetar los derechos de sus colaboradores y del cliente. Convierta todas sus comunicaciones en momentos que le aporten algo positivo, incluso cuando no se refieran al ámbito con el que Vd. contaba inicialmente. Así, después de una entrevista de contratación laboral sin acuerdo, el candidato puede no obstante preguntar: «Con el fin de sacar algún provecho, ¿podría decirme qué le ha parecido mi manera de presentarme y de venderme?»; o después de una entrevista de ventas: «¿Puedo llamar a uno o dos contactos de su parte?».

Sin una lengua común los negocios no pueden concluirse.

CONFUCIO

Así como has hecho, te será hecho: tus actos recaerán sobre tu cabeza.

ANTIGUO TESTAMENTO

La gestión de empresas y el cine

«La vie dissolue de Gérard Floque» de Georges Lautner

¿Qué argumento utiliza Christian Clavier para destituir a su socio Roland Giraud?

Así es el juego. Es así como has fundado tu agencia. Te has ido de la NBC llevándote tres clientes, tú mismo me lo dijiste.

Con los lobos se aprende a aullar.

JEAN RACINE

En el acto de comunicar no debe adolecer de estrabismo divergente: busque primero los puntos en común, en vez de juzgar inmediatamente las diferencias. En cambio, pensar es ver las diferencias antes que las semejanzas, es distinguir (por ejemplo, lo accesorio de lo principal), o es, como dice Bruno Lussato, discriminar. Según este planteamiento, poseer «la inteligencia», por ejemplo, de la pintura de Rafael, es notar la diferencia entre Rafael y los demás pintores. De manera más general, sólo destacamos de entrada, en lo que dicen los demás, lo que nos cuesta admitir porque se enfrenta con nuestra opinión o simplemente porque es demasiado diferente de nuestros conceptos habituales. Planteamos esta oposición mediante «en cambio», «en lo que a mí respecta», «sí... pero».

Decir «Pero» es juzgar, excluir = Decir «Y» es comunicar =

Multiplique, pues, los puntos en común y las áreas de contacto. Mantenga el contacto, llamando regularmente a sus clientes por motivos aparentemente insignificantes, pero que demuestran su interés hacia ellos. Interésese por ellos y encadene la charla con conversaciones anteriores y puntos concretos que les interesan particularmente. Llame por teléfono en cuanto sienta el impulso: cuando de repente piense Vd. en un cliente, en alguna idea que desea discutir con él, no lo aplace, llámelo: por lo menos, Vd. habrá intentado ponerse en contacto con él.

Se encuentra en todo lugar lo que amamos: se encuentran por todas partes similitudes. Cuanto más grande es el amor, más vasto y más diverso es el universo que se le parece. Mi bienamada es una abreviatura del universo. El universo es la prolongación de mi bienamada. Las ciencias ofrecen a su amigo (amante) flores y recuerdos de su bienamada.

NOVALIS

¿*Cuándo decir que sí y cuándo decir que no?*

A menudo, nuestra primera reacción a las palabras de los demás toma la forma de un rechazo aparente, con la única intención de disponer de más tiempo para comprenderlas mejor: «Sí, no, pero sabes, esto es porque...», o emplear demasiado el «pero». Cuántas veces nos hemos visto de hecho tentados, como aquel contratista a quien un candidato acaba de exponer sus aficiones, de contestar: «Sí, pero, ¿qué más?». Iniciar nuestras frases con «Pero» constituye un rechazo implícito de cuanto se acaba de decir, al juzgarlo insuficiente. Sustituya, pues, sus «pero» por «y», que son las verdaderas palabras de enlace, y construirá una comunicación real que inspirará confianza a los demás.

> *Los hombres no se consagran a algo lo suficiente como para dejar escapar la ocasión de complacer. Parece que nadie trabaja más que para poder complacer. Lo que llega entonces es el rechazo que no entendemos más que por reflexión.*
>
> LA BRUYÈRE

> *Pero... todo tipo de peros detestables nos esperan en el momento en que menos lo pensamos.*
>
> NICOLÁS LESKOV

Por el contrario, respecto al contenido vacilamos en oponernos demasiado abiertamente cuando sentimos el peso de una autoridad individual o una presión colectiva. Escondemos esta vacilación, mediante «síes» y silencios engañosos, fuentes de dimisión, de equívocos y de falsos acuerdos. En vez de esto, deberíamos tener la franqueza de oponernos con un claro «no» seguido, claro está, de una argumentación que no desvalorice al otro, sino que explicite nuestra posición. Invierta pues sus propios reflejos de aprobación y de rechazo, distinga entre forma y contenido. Apruebe a menudo mediante la forma, de manera que pueda oponerse mejor sobre el contenido, si se diera el caso. Del mismo modo, acepte algunos «noes» por parte de sus interlocutores, ya que crean un ambiente idóneo para un «sí» posterior. La gente tiene, de hecho, la necesidad de decir «no»; permita que lo hagan e incluso prepáreles la tarea, presentándoles algunos puntos (menores) que puedan rechazar, de modo que se sientan más astutos que usted.

> *Saber negar. No todo se ha de conceder, ni a todos. Tanto importa como el saber conceder, y en lo que mandan es atención urgente. Aquí entra el modo. Más se estima el no de algunos que el sí de otros, porque un no dorado satisface más que un sí a secas. Hay muchos que siempre tienen en la boca el no, con que todo lo desazonan; el no es siempre el primero en ellos, y aunque después todo lo vienen a conceder, no se les estima porque precedió aquella primera desazón.*

> *No se han de negar de rondón las cosas; vaya a tragos el desengaño; ni se ha de negar del todo, que sería desahuciar la dependencia. Queden siempre algunas reliquias de esperanza para que templen lo amargo en el negar. Llene la cortesía el vacío del favor y suplan las buenas palabras la falta de las obras. El no y el sí son breves de decir, y piden mucho pensar.*
>
> BALTASAR GRACIÁN
>
> *A todas las fantasías de las mujeres, las personas hábiles deben primero decir sí y sugerirles las razones del no (...).*
>
> BALZAC

Pero no juegue al péndulo: aunque antes no supiera decir «sí», ahora no debe dejar de decir «no» cuando sea necesario. Saber decir «no» es todo un arte. Hay que saber decirlo (como el «sí») sin vacilar y lo antes posible. Pero siempre dejando una salida: «No, esto no puedo. ¿Qué otra cosa puedo hacer para satisfacerte?». La salida, cuando se desea poner punto final a una conversación, consiste en decir: «He estado contento de hablar con Vd.», «Tenemos que volver a vernos». En cuanto a sus clientes, resérvese para sí el mal rato de decirles que no y no lo delegue. Pero no intente demostrar a su cliente que no tiene razón, porque, de todas maneras, él no se lo creerá. Conténtese con informarle primero de todas aquellas razones que le impiden a Vd. decirle que sí y propóngale soluciones alternativas.

> *No es preciso rechazar por el mero hecho de rechazar, sino para dar mayor validez a los acuerdos.*
>
> JEAN-JACQUES ROUSSEAU

La gestión de empresas y el cine

Saber rechazar una solicitud en la película de Maurice Tourneur «Avec le sourire»

Un candidato, demandante de empleo y provisto de una recomendación, se ve sucesivamente recibido por el director adjunto del teatro, M. Victor (Maurice Chevalier), quien lo despide con una sonrisa, y por el director, M. Villary (André Lefaur), quien lo contrata protestando. ¿Por cuál de los dos sentirá más simpatía el reclutado?
Comentarios: Cuando Victor dice que no con una sonrisa, el candidato le toma simpatía y se va con buen semblante. Cuando el jefe dice que sí, el candidato está resentido con él.

La gestión de empresas y la historia

Un célebre «Sí, pero...» fue el de Valéry Giscard d'Estaing, líder de los republicanos independientes, con motivo de las futuras elecciones legislativas de los días 5 y 12 de mayo de 1967:

> *«Sí» a la mayoría, «Pero» con la firme voluntad de sopesar sus orientaciones. Nuestro pero no es una contradicción sino una adición (...) en tres direcciones (...).*
>
> *VALÉRY GISCARD D'ESTAING - Conferencia de prensa del 11 de enero de 1967. El general De Gaulle respondió inmediatamente: «No se gobierna con peros».*

3
LAS TRES HERRAMIENTAS BÁSICAS DE LA COMUNICACIÓN

En Ciencias Humanas debe darse más importancia al hombre que al objeto, es decir, al objetivo que se desea alcanzar. En comunicación, acabamos de verlo, dialogar es entender la manera como el otro vive su problema. En el terreno de las ventas, al argumentar se debe partir de las expectativas del posible cliente para luego mostrarle únicamente en qué se verán satisfechas éstas, a través de las ventajas del producto presentado. En gestión de empresas, la red de Black y Mouton presenta como estilo de dirección idóneo el perfil 9.9, que compagina el interés demostrado en las tareas con el que se muestra en la relación humana, y que es consciente de que la mejor manera de alcanzar sus objetivos es, con creces, involucrar a los demás.

El hombre es la medida de todas las cosas.

PROTÁGORAS

Estamos perdidos o escondidos de dos maneras: Si prevalece el objeto, si persistimos en nuestro sujeto.
(...) En todo lo que vive y debe vivir, el sujeto debe dominar, es decir que debe ser más poderoso que el objeto: debe de pasar a aquél como la llama consume la mecha.

GOETHE

El ámbito de aplicación de esta máxima no tiene límites: cuando doy o recibo un objeto (o un apretón de manos), mi mirada debe preceder a mis movimientos, cuando empiezo una entrevista o una conferencia, mis ojos deben mirar primero a mis interlocutores y no mis apuntes o mi bolígrafo, ¡sobre todo al decirles «buenos días» (o «adiós»), «gracias» o «sí»! Asegure pues con la mirada la primacía permanente del sujeto sobre el objeto.

Que la importancia esté en tu mirada, no en la cosa observada.

GIDE

Para dialogar, practique la regla de los dos tercios: escuche el doble de lo que habla; y cuando hable formule el doble de preguntas que de afirmaciones; y afirme las palabras de los demás, es decir, vuélvalas a plantear, dos veces más que las suyas propias. Emplee pues alternativamente la escucha activa, la interrogación y la reformulación. Limitarse a utilizar sólo uno de estos comportamientos no es suficiente para crear un ambiente de comunicación: sólo escuchar puede esconder a un interlocutor distraído, de ahí la necesidad de exteriorizar al mismo tiempo la actitud de escucha mediante movimientos aprobatorios de la cabeza o palabras delimitadoras: sí, efectivamente, le entiendo... El preguntar sin reformular ni escuchar verdaderamente, se convierte rápidamente en un interrogatorio policial. Utilizar exclusivamente la reformulación puede ser percibido como una actitud de «loro» pasivo. Así pues, emplear alternativamente estas tres herramientas dará coherencia y eficacia a la comunicación. Para incitar al diálogo, dé muestras de disponibilidad, curiosidad, receptividad, sinceridad y sencillez a la vez.

> *Lo que parece ligera la palabra al que la arroja, le parece pesada al que la recibe y la pondera.*
>
> *BALTASAR GRACIÁN*

> *A veces los que toman la palabra la tienen durante un período terriblemente largo; las generaciones, todavía mudas, mientras tanto se impacientan en silencio.*
>
> *GIDE*

Las tres herramientas básicas de la comunicación

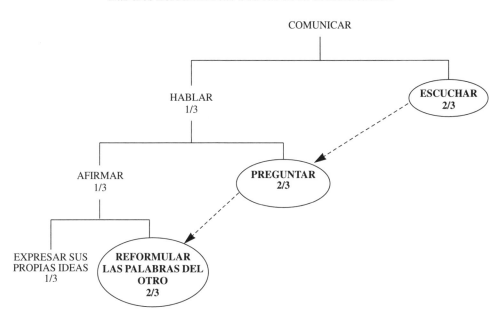

> *La etimología, al designar la conversación como el hecho de retroceder sobre sus pasos, de dar la vuelta, ¿no autoriza a concebirla como la tentativa de restaurar el acuerdo original de las palabras, de las cosas y de los hombres?*
>
> *MARTINE LUCHESSI-BELZAME*

La gestión de empresas y la pintura

Pista: Paul Delvaux, «Le dialogue», 1974.

4 PRACTICAR LA ESCUCHA ACTIVA

Escuchar resulta indispensable para aprender, y aprender resulta necesario para retransmitir y enseñar a los demás. Un buen comunicador es un buen pedagogo y viceversa. Para ello, empiece por callarse y mantenga unos silencios algo incómodos; de este modo impulsará a los demás a hablar más. Al sentirse escuchada, la gente tiene siempre tendencia a decir más de lo esperado. Haga creer a los demás que Vd. no conoce muy bien una situación determinada y les infundirá deseos de explicársela. Si Vd. parece estar al corriente guardarán silencio discretamente.

> Tanto huye de ser contradicho el cuerdo como de contradecir: lo que es pronto a la censura, es detenido a la publicidad de ella. El sentir es libre, no se puede ni debe violentar; retírese al sagrado de su silencio, y si tal vez se permite, es a sombra de pocos y de cuerdos.
>
> *BALTASAR GRACIÁN*

> En el silencio y la soledad sólo se escucha lo esencial.
>
> *CAMILLE BELGUISE*

> Hay un tipo de silencio donde la envoltura dura y opaca que nos encierra y nos protege, el conjunto de ficciones, de prejuicios, de frases hechas que nos separa y nos opone, hombre contra hombre, comienza a desaparecer (a abrirse). No debemos temer ese silencio. No debemos temer a renunciar a todas las fórmulas, a todas las palabras de orden, a todos los lugares comunes.
>
> *I. SILONE*

> La naturaleza ha dotado al hombre de una lengua y dos orejas para que escuche dos veces antes de hablar.
>
> *BLOCH*

> La humanidad tiene el oído construido de tal manera que continúa durmiendo cuando el ruido para y no se despierta más que con el eco.
>
> *SCHNITZLER*

Quedarse en silencio no es suficiente para escuchar bien. Debe convertir su propio silencio en constructivo y actuar de manera que ayude a las personas que le rodean a expresarse mejor. Para ello, hágales notar que incluso estando silencioso Vd. se involucra activamente en la conversación y que practica lo que se llama escucha activa, es decir, que al mirar con atención a su interlocutor, Vd. se esfuerza por reproducir en su propio rostro los sentimientos que puede leer en el del otro; que además Vd. escucha no sólo lo que él dice sino cómo lo dice, y que está preparado para reformular sus planteamientos en todo momento. No lo interrumpa para contradecirlo. Y, antes de tomar la palabra, resuma y repita cuanto dijo con sus propias palabras. Antes de hablar pregúntese: «¿Qué efecto puede causarle mi respuesta?». En general, para que le escuchen, empiece por escuchar y luego vaya al grano. La gente que está muy ocupada tiene una capacidad de atención limitada: no se extienda. Diríjase a ellos de manera constructiva y no como un orador. No lo haga en mal momento y sin credibilidad. Dé muestras de que domina muy bien el tema y que no intenta deshacerse de él endosándoselo a un tercero.

5 *SABER FORMULAR Y PREGUNTAR*

Para que su escucha sea verdaderamente activa, debe desembocar en la reformulación, es decir, en la repetición de los puntos esenciales de las palabras de su interlocutor. Esto sirve, al mismo tiempo, para comprenderlas claramente y para demostrar que Vd. acepta cuanto oye. La reformulación sintética es particularmente necesaria antes de iniciar una nueva etapa en el razonamiento o en la expresión de una situación determinada. Pero tenga cuidado en que sus replanteamientos no sean demasiado interpretativos, porque corre el riesgo de parecer demasiado inquisidor o aprendiz de brujo.

> *Interpretar es disminuir la imagen del mundo, sustituir un mundo de «significados».*
>
> *SONTAG*

> *El medio más seguro de elevarse por encima de los prejuicios y de ordenar sus juicios sobre las verdaderas relaciones de las cosas es ponerse en el lugar de un hombre solo, y juzgarlo todo como lo haría este hombre teniendo en cuenta su propia utilidad.*
>
> *JEAN-JACQUES ROUSSEAU*

La gestión de empresas y el cine

«Le sang d'un poète» de Jean Cocteau

> *Los espejos harían bien reflexionando un poco más antes de devolver las imágenes.*

Para ser suficiente, una reformulación debe ser: fiel, es decir, no añadir ni omitir nada a cuanto se ha dicho; concisa, al dar únicamente lo esencial de cuanto se ha dicho; inteligible y sencilla, para que todos lo entiendan fácilmente y lo acepten; oportuna (porque el abuso de este recurso retarda la progresión del diálogo); y positiva, evitando repetir todo lo negativo. Para vender sus ideas, haga que los mismos a quienes Vd. pretende convencer las reformulen: «Quisiera que Vd. me diera su opinión sobre lo que acabo de decir»; «Además, me pregunto si esto se podría modificar...».

> *He visto. Aquel que ha visto deja de pensar y de escuchar. No sabe más que describir lo que ha visto.*
>
> *MILOSZ*

La gestión de empresas y el cine

«Coronel Redl» de Istvan Szabo

Debería preguntárselo usted directamente. Yo creo que con preguntas francas se obtienen respuestas francas.

Para sonsacar informaciones importantes a sus interlocutores y descubrir sus intenciones profundas, debe hacerles preguntas hipotéticas: «Si le propongo esto a cambio de aquello, ¿cómo reaccionaría Vd.?». Pero debe evitar las preguntas engañosas que juzgan o que llevan una respuesta propia del tipo: «¿Qué te parece...?, porque a mí me parece que...», o las negativas: «¿No crees que...?». Las preguntas interrogativas reclaman el «sí, pero» y excluyen.

Nos gusta adivinar a los otros pero no nos gusta ser adivinados.

LA ROCHEFOUCAULD

SER EMPÁTICO

El *nec plus ultra* de un comunicador radica en desarrollar una actitud «empática» frente a sus interlocutores, poniéndose en su lugar continuamente. Ser empático (palabra procedente del griego *pathos,* que significa «emoción» y que se opone a *logos*, el lenguaje, el razonamiento lógico y el juicio) consiste en ser capaz de sentir las mismas emociones que el interlocutor, poder ponerse en su lugar y experimentar la situación como él la experimenta... pero sin perder el control de sí mismo y controlando las propias emociones. Porque ser empático no significa forzosamente sentir simpatía hacia el interlocutor.

> *Moderarse en el sentir. Acontece el encontrarse dos contradictoriamente, y cada uno presume de su parte la razón; mas ella, fiel, nunca supo hacer dos caras. Proceda el sabio con refleja en tan delicado punto, y así el recelo propio reformará la calificación del proceder ajeno; póngase tal vez de la otra parte; examínele al contrario los motivos; con esto, ni le condenará a él, ni se justificará así tan a lo desalumbrado.*
>
> BALTASAR GRACIÁN

> *Es necesario saber entrar en las ideas de los demás y saber salir, de la misma manera que es necesario saber salir de las propias y regresar.*
>
> JOUBERT

> *Es aberrante querer explicar con frases lo que se piensa y lo que se comprende. Es suficiente con permanecer abierto, en estado de acogida; ligadas unas con otras, las cosas forman entonces una larga procesión que podemos hacer entrar en nosotros como un arca de Noé. El mundo nos pertenece, se vuelve inteligible, se hace uno con nosotros.*
>
> HERMANN HESSE

Cierto número de actitudes reflejas nos impiden ser verdaderamente empáticos. Porter las analizó a fondo. Según él, las actitudes desaconsejables en cuanto a comunicación son fundamentalmente la interpretación, la evaluación, la decisión, la indagación y el apoyo permanente. La actitud comprensiva es la única que debe desarrollarse en cualquier circunstancia. Empecemos de nuevo: La interpretación es la actitud del que desea constantemente aportar una aclaración, dar una explicación, ya sea interrogativa: «¿Es porque...?», ya sea afirmativa: hago un diagnóstico. Si esta actitud puede ser útil de vez en cuando, acaba por engendrar un riesgo de distorsión: se racionaliza pero no se profundiza porque sólo se tiene en cuenta el aspecto intelectual del mensaje. En consecuencia, crea un sentimiento de incomprensión y un riesgo de bloqueo.

¿Qué decir a esas personas que, creyendo poseer una llave, no se detienen hasta disponer vuestra obra en forma de cerradura?

JULIEN GRACQ

La segunda actitud de Porter, la evaluación, consiste en exponer juicios morales, en forma de críticas o de aprobaciones. Indica una reacción de defensa hacia todo cuanto es ajeno al propio sistema de valores. La evaluación engendra sumisión para obtener aprobación, o inquietud, inhibición, culpabilidad, rebelión contra un juicio que se rechaza. Debe pues proscribirse en cualquier caso.

Se trata de estar más allá del bien y del mal y no más allá de lo bueno y de lo malo.

NIETZSCHE

La tercera actitud, la decisión, resulta autoritaria y se presenta en forma de sugerencias, consejos, directivas, que acaban en una solución impuesta e inmediata: decido en el lugar de la otra persona («No hay más que...», «Debe Vd....»), proyectando mi deseo en ella, lo cual me da la impresión de «hacer» algo. Esta actitud impide que el interesado busque una solución personal, al estar la solución pegada al problema. A menudo, esta actitud se debe a una deformación profesional. Debe proscribirse, salvo en caso de extrema urgencia.

Nada se da con tanta liberalidad como los consejos.

LA ROCHEFOUCAULD

La cuarta actitud, que debe utilizarse con mucha prudencia, es la indagación. A menudo se intenta, por curiosidad, saber mucho más, y se hacen preguntas a fin de resolver o descubrir: la indagación puede ayudar a concienciarse, a concretar, pero debe proscribirse en caso de que sea una simple curiosidad o una orientación hacia lo que nos parece importante. De todas maneras, debe utilizarse haciendo una sola pregunta a la vez.

Debemos ir al encuentro de aquello que pueda complacer a los amigos, buscar la manera de serles útil, ahorrarles las penas, hacerles ver que las compartimos cuando no podemos evitarlas, hacerlas olvidar poco a poco sin intentar arrancarlas de golpe y colocar en su lugar objetos agradables, o al menos que llenen su lugar. Se les puede hablar de cosas que les conciernan, en la medida en que nos lo permitan y siempre con mucho tacto. Debemos mostrar educación, y a veces también humanidad para no entrar demasiado dentro de los pliegues de sus corazones: ellos sienten a menudo pena de dejar ver todo lo que perciben y todavía sienten más pena cuando penetramos en los lugares que no perciben.

LA ROCHEFOUCAULD

La quinta actitud debe aconsejarse con cautela: constituye el sostenimiento y el apoyo, que ponen los límites del consuelo que debe aportarse a alguien. Con esta actitud, se apoya afectivamente, se da valor, se compensa, intentando reconfortar inmediatamente, como con «todo irá mejor, se va a arreglar todo». Pero esta actitud puede tener como objetivo huir de la verdadera comprensión, de modo que al final desanima al que debía recibirla. Esta actitud de simpatía puede ayudar a superar una crisis y constituir un apoyo de partida, a condición de que tenga una duración breve, porque si se prolonga en el tiempo corre el riesgo de suscitar paternalismo, desconocimiento del problema y dependencia afectiva. Debe desconfiar de quien le reconforte y alejarse de cuanto consuela.

 Es más fácil que amemos a aquellos que nos odian que a aquellos que nos aman más de lo que nosotros desearíamos.

LA ROCHEFOUCAULD

Únicamente la sexta actitud, la comprensión, debe desarrollarse en cualquier circunstancia. Proviene de una comunicación tranquila y cálida de cuanto se ha entendido, y es un esfuerzo permanente para entender la situación tal como la experimenta una persona singular, única: se atiende a la persona antes de intentar ocuparse del propio problema (ver más adelante, «el sujeto prima sobre el objeto»).

Entrar con la ajena para salir con la suya. *Es estratagema del conseguir; aun en las materias del Cielo encargan esta sana astucia los cristianos maestros. Es un importante disimulo, porque sirve de cebo la concebida utilidad para coger una voluntad: parécele que va delante la suya y no es más de para abrir camino a la pretensión ajena. Nunca se ha de entrar a lo desatinado, y más donde hay fondo de peligro. También, con personas cuya primera palabra suele ser el* no *conviene desmentir el tiro, porque no se advierta la dificultad del conceder; mucho más cuando se presiente la aversión. Pertenece este aviso a los de segunda intención, que todos son de la quinta sutileza.*

BALTASAR GRACIÁN

No reír, no llorar, no alabar, no culpar, sino comprender.

SPINOZA

7 *LA URBANIDAD DE EMPRESA*

Del mismo modo que la comunicación es el arte de la puesta en común y del intercambio, la urbanidad es el arte de la vida en colectividad, etimológicamente de los que viven juntos en la ciudad (del griego *polis*, y del latín *urb* y *civis*, que dieron urbanidad y civismo). La urbanidad debería, en ese aspecto, constar más a menudo en los estatutos de la empresa, donde se suele confundir demasiado el dinamismo con la grosería. Ahora bien, hacer de la urbanidad un valor profesional cardinal es perseguir el egoísmo, favorecer el altruismo y la integración de equipos, y respetar a sus colaboradores, a sus iguales y a sus superiores como a los clientes y a los proveedores, es decir, ser un hombre de «calidad». Ser educado es acallar nuestro egoísmo y revestirnos con formas. Ser educado en empresa significa, por ejemplo, no cortar la palabra, llegar con puntualidad a las reuniones, interesarnos por un colaborador o un miembro de su familia, hablar bien de la propia empresa fuera de ella. La buena educación durante las reuniones significa haberlas preparado, empezarlas y acabarlas con puntualidad (para incrementar la puntualidad de sus colaboradores, organice reuniones que no empiecen a la hora habitual), hacer las presentaciones de los participantes, hacerse oír sin necesidad de elevar la voz, defender a quienes se ataca injustamente y expresar agradecimiento a los que contribuyeron de manera útil al buen desarrollo de la reunión.

La buena educación es una señal de confianza: nos obliga a superar nuestros reflejos de rechazo y anima al diálogo, al dar una oportunidad al otro. Debe empezar por ser educado con sus allegados, que a menudo se ignoran. Así, ser educado con su secretaria consiste en presentarla con su nombre y su apellido, de manera que la conozcan como ella misma y no como «su secretaria». Es también facilitarle las fastidiosas tareas cotidianas. No la interrumpa durante un trabajo importante por una fotocopia. Desplácese Vd. y no la contraríe imponiéndole tareas que nada tienen que ver con el trabajo. Ser educado es usar un trato familiar cuando resulta natural. Debe proscribirlo cuando parezca artificial, y evitarlo en presencia de personas ajenas al grupo.

¿AYUDAR O DEJARSE AYUDAR?
El síndrome de «Monsieur Perrichon» o la gestión de empresas según Labiche

La obra de teatro de Eugène Labiche «Le voyage de Monsieur Perrichon»«El viaje del señor Perrichon» (1860) muestra a un burgués engreído, el carrocero Perrichon. Éste hace un viaje a Suiza con su mujer y su hija, seguida de sus dos pretendientes, Daniel y Armand, que rivalizan por seducir tanto al padre como a la hija. Armand tiene la oportunidad de salvar la vida de Perrichon, que se aventuró en un glaciar; pero en la misma excursión, un poco más tarde, Perrichon salva a Daniel. ¿Cuál de los dos pretendientes atrae más a Perrichon, Armand, que le salvó la vida, o Daniel, a quien salvó él?

Perrichon prefiere a Daniel, el joven a quien él salvó. Ésta es una aplicación de la ley del compromiso progresivo, que hace que uno se interese más por una persona o una idea en la que ya se ha involucrado un poco. La actitud de Perrichon se explica porque ayudar a una persona hace que uno se sienta mucho más valioso que si recibe ayuda de ésta.

> *Los hombres no se sienten unidos a nosotros debido a los servicios que les hacemos sino a causa de los que nos hacen.*
>
> *EUGÈNE LABICHE*

Como las personas se interesan más en aquellos a quienes ayudan que en los que les ayudaron, corremos el riesgo, si mostramos demasiado a menudo nuestra disposición de ayudar, de que quienes nos están agradecidos se vuelvan hostiles. Por lo tanto, no debe reivindicar la paternidad de las ideas de sus colaboradores, incluso cuando Vd. sea el verdadero inspirador. Tampoco debe recordarles muy a menudo su propia contribución mediante frases del tipo: «Menos mal que yo estuve allí, si no...» o «Hice todo cuanto pude por ti...».

> *Ligera, una carga hace de una persona un deudor; pesada, hace de ella un enemigo.*
>
> *SÉNECA*

En resumen, más vale reconocer la ayuda recibida de los demás que la ofrecida a éstos. Así, en cualquier intervención o crítica por parte de sus interlocutores, vea una ayuda y agradézcala. Cuando alguien le hace observar que Vd. acaba de cometer un error, dígale: «Gracias por advertírmelo. ¿Ve Vd. algún otro error?». Frente a la más mínima iniciativa por parte de uno de sus colaboradores respecto a Vd., no debe dudar en decir que le saca realmente de apuros y que le ha sido de «suma» utilidad...

> *Mejor política es celebrar obligaciones de unos para que sean empeños de otros, y el repetir favores de los ausentes, es solicitarlos de los presentes: es vender crédito de unos a otros. Y el varón atento nunca publique ni desaires ni defectos: sí estimaciones, que sirvan para tener amigos y de contener enemigos.*
>
> BALTASAR GRACIÁN

> *Para ser querido en este mundo es necesario dejarse enseñar lo que uno ya sabe.*
>
> CHAMFORT

LLEVAR A CABO UNA ENTREVISTA DE AYUDA EFICAZ

Ayudar a sus colaboradores (a progresar), a sus superiores (a llevar a cabo su misión) y a sus clientes (a satisfacer sus aspiraciones y sus exigencias en cuanto a calidad), es decir, ayudarse mutuamente entre colegas, constituye una prioridad de gerente a la vez que una condición esencial de la eficacia personal, y además incluye ventajas de reciprocidad típicas en el campo de la comunicación. Sin embargo, esta condición resulta difícil de satisfacer a causa de nuestra propia experiencia y de nuestras certezas, las cuales tenemos demasiada tendencia a proyectar en aquellos a quienes queremos ayudar (ver capítulo anterior). En una entrevista cara a cara hay que saber ayudar al otro a resolver sus problemas sin por ello caer en las actitudes que Porter condena y, en particular, sin que la entrevista se transforme en interrogatorio. Debe contentarse con abrir los ojos de aquellos a quienes desea prestar ayuda. Son lo bastante inteligentes como para hallar soluciones a los problemas que han visto; el único problema que pueden tener consiste en no verlos. De ahí el papel que Vd. interpreta. Pero no debe pasar de ahí.

Las personas a las que servimos de sostén son para nosotros un apoyo en la vida.

EBNER ESCHENBACH

Raramente se sirve bien a los que se ama demasiado.

MARIVAUX

Se pierde a las personas tanto a fuerza de querer comprenderlas como por no hacerlo.
FRANÇOISE SAGAN

Para llevar a cabo una entrevista de ayuda, el método consiste en ayudar a descubrir(se) sin ofrecer soluciones. Es el método de la mayéutica que utilizaba Sócrates (cuya madre era comadrona) para sacar a la luz las ideas de sus interlocutores. Para lograrlo, desde luego deben practicarse las tres herramientas básicas de la comunicación, que son la escucha activa, la reformulación y hacer preguntas, pero preguntando acerca de las referencias del interlocutor y no de las nuestras. Para ello, un buen recurso: debe repetir en su pregunta la palabra que le parece más importante en cuanto le acaban de decir, y debe utilizarla como punto de partida de su pregunta. Para ayudar, no debe afirmar nada personal sino preguntar y preguntarse a sí mismo continuamente sobre las consecuencias de cuanto dice el otro. Acuérdese de intercalar entre las preguntas algunas frases de escucha y de reformulación, de manera que la entrevista no derive en interrogatorio policial. Su interlocutor progresará justamente cuando deje de hablar para pensar en su respuesta. Por lo tanto, no lo interrumpa en ese momento. Permanezca «tranquilo». Sepa que probablemente él le reprochará que Vd. no le aporte ninguna solución, pero siga sin dársela porque con esta conducta Vd. respeta la capacidad que tiene él de escoger. Incluso cuando su interlocutor no encuentre, durante la primera entrevista, respuesta alguna, se habrá planteado (gracias a Vd.) las preguntas adecuadas que, inconscientemente, darán como fruto las respuestas adecuadas. En tal procedimiento la persona que ayuda intentará no contradecir las afirmaciones del interlocutor, y en vez de decirle que no, hará que éste se cuestione cuanto acaba de decir. En una palabra, debe Vd. ser como un «tío» respecto a sus colaboradores. Como miembro de su familia, está lo suficientemente relacionado con Vd. para interesarse por Vd. y quererle. Estando suficientemente alejado de Vd. (no es un padre), no será por eso menos directivo y no se arriesgará a juzgarle demasiado o a darle órdenes. Por eso existió un verdadero síndrome del «tío» en épocas o lugares de libertad y emancipación: el tío Sam (de los Estados Unidos de América), el tío Ho (del Vietnam), Tonton (nombre cariñoso que la prensa francesa utilizaba para referirse a François Mitterrand; los niños franceses designan así a su tío).

Conocer y saber usar de las varillas. *En el punto más sutil del humano trato. Arrójanse para tentativa de los ánimos y hácense con ellas la más disimulada y penetrante tienta del corazón.*

Otras hay maliciosas, arrojadizas, tocadas de la hierba de la envidia, untadas del veneno de la pasión, rayos imperceptibles para derribar de la gracia y de la estimación.

Cayeron muchos de la privanza superior e inferior, heridos de un leve dicho de éstos, a quienes toda una conjuración de murmuración vulgar y malevolencia singular no fueron bastantes a causar la más leve trepidación.

Obran otras, al contrario, por favorables, apoyando y confirmando en la reputación. Pero con la misma destreza con que las arroja la intención, las ha de recibir la cautela y esperarlas la atención, porque está librada la defensa en el conocer, y queda siempre frustrado el tiro prevenido.

BALTASAR GRACIÁN

El mayor bien que hacemos a otros hombres no es el de mostrarles nuestra riqueza sino el de descubrirles la suya.

LAVELLE

No creamos nunca para los demás otra cosa que puntos de partida.

SIMONE DE BEAUVOIR

Ningún ser puede salvar a otro. Es necesario salvarse uno mismo.

MELVILLE

Un hombre al que se interroga comienza, por esa sola razón, a ponerse en guardia y si piensa que no tenemos un verdadero interés por él y que no queremos más que hacerle charlar, mentirá o se callará o redoblará la atención sobre sí mismo, y preferirá pasar por un tonto antes que ser víctima de tu curiosidad. Siempre es un error el leer el corazón de otras personas intentando esconder el nuestro.

JEAN-JACQUES ROUSSEAU

47

La gestión de empresas y el teatro

La Reina: Por favor, respondéis de manera estúpida.

Hamlet: Y vos preguntáis de manera desvergonzada.

La reina: ¿Qué? ¿Qué tenéis que decir de ello?

Hamlet: Sí, ¿de qué se trata?

La reina: ¿Habéis olvidado quién soy yo?

Hamlet: No, por Dios que no. Vos sois la reina, esposa del hermano de vuestro esposo y además (¡Ay, ojalá no lo fueseis!) mi madre.

La reina: Si así es, sabré bien enviaros a personas con las que hablar.

Hamlet. Vamos, venid a sentaros. Y quedaos tranquila. No os mováis hasta que os haya tendido un espejo donde os reconoceréis hasta el alma.

SHAKESPEARE

III

CONVENCER E INFLUENCIAR

1
DOMINAR SU MIEDO EN PÚBLICO

Tener miedo es normal y nunca impidió que grandes tímidos se convirtieran en grandes actores. Es sólo indicador de que la situación despierta un gran interés. Así, en vez de luchar contra el miedo, mejor sacarle el máximo partido porque constituye un extraordinario movilizador de energía. Para reducir el miedo, debe empezar por prepararse adecuadamente antes de entrar en escena. Para ello, debe relativizar los motivos que suscitan su aprensión y evitar infravalorarse al principio del discurso, tentación que aparece a menudo a fin de conciliarse con los oyentes. Es una ilusión: Vd. conquistará a sus interlocutores cuando éstos sientan que Vd. los respeta y que se involucra en lo que hace. Luego, cuando empiece, debe preocuparse por sus oyentes y preguntarles si están cómodos. Debe darles objetos, documentos... Cuando se da se tiene mucho menos miedo. Debe vestirse como de costumbre y utilizar su lenguaje habitual. Como más que nada es lo desconocido lo que da miedo, para deshacerse del miedo al público debe aplicar la estrategia de lo familiar. Cuando sienta que el miedo le invade cambie de postura, levantándose por ejemplo. Manipule objetos. Sonría, intente hacer reír o distraer con una anécdota. Lleve a la práctica la ley de la reciprocidad: muestre interés y tranquilidad para que los oyentes se interesen y se tranquilicen. Cuando el miedo acecha debe reconocerlo: «estoy emocionado», pero sin necesidad de justificarse: «porque...». Mire a fondo y «verdaderamente» rostros aliados o familiares. En general, no debe ser perfeccionista ni dramatizar sus propios errores. No diga prácticamente nada, porque después de la coma, o bien se desvalorizará o bien mostrará su juego. Diga: «¡y confieso que tengo miedo!», pero no diga: «y confieso que tengo miedo, porque es la primera vez que hablo en público». Debe gestionar sus carencias mediante el silencio y el humor, sin necesidad de disculparse. Si, a causa del miedo, se embrolla o tiene un bache, debe volver despacio hacia atrás y recapitular o preguntar a los oyentes si están al caso. Que le ayuden: «¿quién puede decirme dónde estaba?».

Toma la palabra en dos circunstancias: cuando se trate de cosas que conoces perfectamente, o cuando la necesidad lo exija.

ISÓCRATES

SACARLE PARTIDO A LA VOZ

Para seducir oralmente debe sacarle partido a su voz, porque constituye una de sus mejores bazas. A condición de utilizarla en toda su variedad. En primer lugar, debe variar el caudal: debe ir más despacio en las palabras importantes, pero acelerar en lo supuestamente sabido por los oyentes. Haga pausas de duración irregular. Por otra parte, del mismo modo que existe una puntuación escrita también existe una puntuación oral: el punto equivale a un silencio; el punto y coma, a un silencio menor, y la coma a una pausa breve.

> *Tengo la sensación de que hablamos sobre las cosas con más atención de la que mostramos cuando escribimos sobre ellas.*
>
> ***LA BRUYÈRE***

> *Aquel que tiene el sentido exacto del empleo del lenguaje, de su ritmo, de su esencia musical. Aquel que percibe los movimientos de su naturaleza inteiror y se mueve bajo su forma impulsiva y su lengua y su mano será profeta. Pero aquel que conoce bien el lenguaje pero carece de oído y de sentido, podrá escribir correctamente verdades como esta: la lengua y los hombres se burlarán de él como los Troyanos se burlaron de Cassandra.*
>
> ***NOVALIS***

En segundo lugar, debe variar el tono empleado: coloque su voz en el registro de los tonos graves, porque los armónicos están más desarrollados en el registro de los graves que en el de los agudos, luego debe alternar con los agudos. El movimiento natural de la voz consiste en ascender desde los tonos graves o medios hacia los agudos. Ello significa que en una primera fase se hace la pregunta, después se desciende en una segunda fase desde los agudos hacia los graves, cuando se da la respuesta. Así pues, debe tranquilizar mediante los tonos graves, pero intrigar con los agudos. Podemos utilizar esta inflexión natural de la voz, ya sea para explicar o tranquilizar a una audiencia, alargando la segunda parte de la frase... pero uno se arriesga a adormecer a los oyentes, ya sea para alentarlos o despertarlos, alargando la primera parte de la frase, pero se arriesga uno a crear demasiada tensión. ¿Por qué no aplicar, aquí también, la regla de los dos tercios, es decir, una frase de tensión por cada dos frases didácticas?

> *No hay menos elocuencia en el tono de la voz que en la elección de las palabras.*
>
> ***LA ROCHEFOUCAULD***

Inflexión tonal y natural de la voz

Tono
agudos
¿pregunta? ¡respuesta!
graves
Tiempo

Para asegurar y desdramatizar, la voz didáctica

Tono
agudos
graves
Tiempo

Para alentar a la audiencia, para despertarla, la voz interpelativa

Tono
agudos
graves
Tiempo

Debe variar también la altura de la voz. Al final de cada grupo de palabras, debe recobrar el aliento al descender su voz hacia los tonos graves (imagínese que en cada frase baja Vd. un escalón), porque el descenso del tono al final de la frase siempre es menor que el ascenso inicial: sobre todo cuando uno se emociona. De ahí la voz de falsete de los que se ponen nerviosos rápidamente. «No se lo tome desde tan arriba» y no se encoja de hombros al hablar (manténgalos bajos y un poco hacia atrás). Y no hable mirando hacia abajo: esto le daría una voz sorda, de poco alcance. Al contrario, coloque su voz hacia delante y muestre naturalidad.

Tono
agudos
graves
Tiempo
Ascenso natural de la voz sin control

Y por su voz, lejana, y calmada, y grave,
tiene la inflexión de las queridas voces que han sido acalladas.

PAUL VERLAINE

Finalmente, debe utilizar el volumen de su voz: debe inspirar brevemente por la nariz: así conseguirá tener inspiración. Debe espirar lentamente por la boca: así conseguirá creación. Vuelva a inspirar después de haber emitido la parte final de la frase y no en el momento mismo en que lo vaya a hacer. Pero no debe enfatizar las vocales finales para enmascarar la carencia de conexión de la frase. Debe explotar su timbre fuerte; sin embargo hablar más fuerte no significa hablar más alto. Lance un grito de vez en cuando para volver al nacimiento y a la infancia, de acuerdo con la necesidad de medir su fuerza regularmente. Hable a ratos mirando al fondo de la sala (lo cual hará que suba automáticamente el volumen de su voz), y a ratos, en momentos más intimistas, mire las primeras filas para disminuir su volumen. No debe hablar a la cara de alguien, sino a todo su cuerpo. Debe pellizcarse la nariz mentalmente cuando tenga que hablar alto, de lo contrario su rostro se pondrá colorado. Igualmente, al hablar alto, debe aspirar todas las palabras o dos palabras.

3 ¿*CONVENCER O PERSUADIR?*

Se convence a la cabeza pero se persuade al corazón... Ahí se encuentra la gran oposición que indicaban los griegos entre el logos (la razón) y el pathos (la emoción). De hecho, una verdadera elocuencia debe apuntar hacia los dos objetivos. Razonar como Robespierre, entusiasmar como Danton (se trata de hablar a «dos cerebros» antagonistas, el córtex izquierdo, es decir, la inteligencia cartesiana, y el límbico derecho, es decir, la inteligencia del corazón (ver capítulo XV, 5).

El arte de persuadir consiste tanto en el de estar de acuerdo como en el de convencer, ya que los hombres se gobiernan más por capricho que por razón.

PASCAL

La principal regla es complacer y tocar. Todas las demás están hechas para llegar a esta primera.

RACINE

El buen conferenciante debe, alternativamente, demostrar mediante hechos (porque su audiencia desea aprender), emocionar a través de los sentimientos (porque su audiencia desea conmoverse), sorprender con ideas e imágenes (porque su audiencia desea distraerse) y agradar mediante soluciones (porque su audiencia desea mejorar).

El corrupto habla con calor de su vicio, y habla bien porque está poseído por su tema. Hablad como él.

JULIEN GREEN

Para «hablar al corazón» de los hombres, debe personalizar su propio discurso, valorando a sus interlocutores, sin necesidad de hablar demasiado de sí mismo. En una exposición, el único momento concreto en que Vd. puede hablar de sí es la introducción, para decir que se siente contento de tomar la palabra delante de la audiencia o para verbalizar sus eventuales dificultades («me resulta difícil...») o expresar la ambivalencia de sus sentimientos («por una parte me emociona, pero por otra me entristece un poco la idea de que...»).

Nunca hablar de sí. *O se ha de alabar, que es desmerecimiento, o se ha de vituperar, que es poquedad, y siendo culpa de cordura en el que dice, es pena de los que oyen.*

BALTASAR GRACIÁN

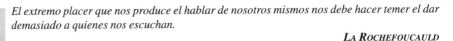

El extremo placer que nos produce el hablar de nosotros mismos nos debe hacer temer el dar demasiado a quienes nos escuchan.

LA ROCHEFOUCAULD

Habladme de mí misma, nada más que eso me interesa.

JEANNE MOREAU

Personalice sus discursos hablando en segunda persona: «soldados, tenéis que...», utilizando como sujetos de sus frases, no conceptos: «el asunto de la construcción del puente divide a la ciudad», sino personas físicas «los miembros de esta empresa se encuentran divididos por...» o morales «la empresa está dividida...», buscando anécdotas llenas de vida y excluyendo los sujetos indeterminados (se, uno).

Es en esta no imposición y esta imperceptibilidad que el Uno muestra su verdadera dictadura.

HEIDEGGER

PERMITIRSE IMPROVISAR

Para improvisar adecuadamente, no debe ahogarse en sus propios documentos. Si utiliza recordatorios, que sea en el reverso de las fichas que utiliza para escribir las palabras clave. Si no sabe qué decir, describa lo que vea o sienta. Pero la mejor de las improvisaciones es la que habrá preparado y repetido ampliamente con antelación, de manera que el día indicado se adapte a la perfección.

Aunque se hayan decidido previamente las palabras que se deben pronunciar, no por ello dejará de vacilar.

CONFUCIO

Debe procurar no leer sus discursos, y si se viera obligado a hacerlo, no debe hablar mientras sus ojos todavía están leyendo. Repita oralmente su lectura sólo cuando pueda ver a sus oyentes y tener en cuenta sus reacciones. Alterne lectura con palabras. Cuando hable, para que sus oyentes dejen de fijarse en sus notas colóquelas cada vez a su lado o, si no es posible, deje caer el brazo que las sostiene a lo largo del cuerpo.

Cuando alguien me ve leer siempre tengo la impresión de que me despedazan.

GOETHE

Para que sus colaboradores memoricen los propósitos que Vd. expone, y para reforzar el carácter de certeza y evidencia de éstos, debe persuadir insistiendo y repitiendo. Esto es el *Delenda Carthago* de Catón. Concretamente, para estructurar su exposición, debe enunciar su guión, aplicando la regla de tres de Leo B. Mayer de la MGM: debe anunciar lo que va a decir, exprésela y luego indique que dijo lo que tenía que decir. Así pues, debe reiterarse, pero no abuse de los genitivos, del tipo: «el conserje de la casa de mi tía de París...», y a pesar de sus repeticiones, debe encontrar la manera de dejar a su audiencia (un poco) hambrienta.

El error se repite siempre en la acción, por lo que se debe repetir incansablemente lo verdadero en las palabras.

GOETHE

$\mathit{5}$ SABER ESCRIBIR

En la vida profesional, la escritura ocupa nuestra atención, o debería ocuparla, más de lo que creemos: redactar un proyecto de empresa, un aviso de información al personal, un informe de actividad, un resumen de reunión, un contrato, un artículo para darse a conocer, requiere un arte que no debe desestimarse.

> *Nos hallamos en los comienzos del arte de escribir.*
> **NOVALIS**

> *El espíritu creador debe crear situaciones que hagan valer los personajes. Un joven escritor debe escribir con optimismo y este optimismo debe ser comunicativo. En mi opinión, la finalidad suprema de la literatura es la edificación y la elevación de las almas.*
> **CHAND**

> *Escribir correctamente en la propia lengua es una forma de patriotismo.*
> **LUCIE DELARUE-MARDRUS**

Dado que lo que está escrito es sagrado y deja huellas más profundas en la mente que las palabras «que vuelan», debe preferir la comunicación escrita antes que la oral para anunciar malas noticias o asuntos preferentes en una negociación. Así, en vez de repetir que Vd. no puede de ningún modo concederle descuento alguno, presente a su cliente una hoja con membrete de la empresa que estipule de manera formal dicha imposibilidad. ¡Pero tampoco exagere! Al firmar acuerdos procure no redactar documentos demasiado formales cuyo carácter oficial podría asustar a la gente. Debe sustituirlos por cartas de intenciones. Y en vez de querer concretar absolutamente todo durante una negociación, diga que sobre los detalles algo imprecisos Vd. especificará su opinión más adelante y por escrito.

> *Es necesario escribir lo más parecido posible a como hablamos y no hablar demasiado como escribimos.*
> **SAINTE-BEUVE**

Pero la escritura no se improvisa y exige simultáneamente concentración y esfuerzo, así como ligereza y naturalidad. Para conseguirlo, debe Vd. ser accesible e interesarse por sus lectores, intentando inspirarles sentimientos elevados.

> *Las obras más bellas son aquellas en las que hay menos materia: cuanto más se acerca la expresión al pensamiento, cuanto más la palabra se adentre y desaparezca, más belleza.*
> **FLAUBERT**

*E*L ARTE DE SER CONCRETO Y *«LEGIBLE»*

Si desea respetar el tiempo de sus lectores (o de sus interlocutores), que resulta cada vez más escaso, y su capacidad para memorizar forzosamente limitada, debe ser concreto. Para ello, empiece por medir la precisión y la claridad de sus propósitos, aplicándoles un índice de «legibilidad». Uno de los más sencillos es el de Gunning, para el que $i = 0,40$ (L+P), donde i, el índice de confusión, es igual al 40 % de la longitud de un texto en número de palabras (L) más el porcentaje de palabras de más de tres sílabas (P). Así, un texto con 12 frases que totalizan 115 palabras, entre las cuales 8 son largas, tendrá un índice de confusión de 0,40 (115/12 + 8/115)= 6,6. A título de referencia, he aquí los límites de tolerancia calculados según el índice de Gunning y ajustados por la prensa estadounidense: 12 para las revistas de prestigio; 10 para los diarios; 9 para los *«reader's digest»*; 8 para las revistas de gran tirada (tipo *Hola*...) y 5 para los cómics. Cuando hable, debe tender hacia un índice de 6.

Para no sobrepasar el 12 en la escala de Gunning, debe disminuir la longitud de sus frases a menos de quince palabras, suprimiendo los encadenamientos de más de tres palabras del tipo: «Mi abuela, a quien me encontré ayer en la estación de Montparnasse, estación que...» ¡y uno se olvida a la abuela en el andén! Pero decir frases cortas conlleva palabras de conexión aún más indispensables que para las frases largas.

Después «desnominalice» los verbos: una tendencia, debida quizás al miedo de afirmarse y de afirmar, consiste en transformar los verbos en un par verbo + sustantivo, prefiriendo «hacer una pregunta» a «preguntar». Vuelva al verbo aislado, que se memoriza mejor.

«Desadjetive» también los sustantivos: una cierta reticencia por expresar conceptos sencillos nos impulsa no sólo a duplicar los sustantivos (agente de seguridad por guardia) sino también a combinarlos con un adjetivo (centro escolar por escuela).

> *Cuando no se tiene talento se dice todo. El hombre de talento escoge y se contiene.*
>
> QUINTILIANO

Cuando uno habla, ser concreto no significa ser rápido. Diga más bien menos que más: cuando se distingue mal lo accesorio de lo esencial y no se tienen las ideas claras, se habla demasiado. Pero no debe dar en una hora el mensaje que tenía previsto dar en dos. Debe ser capaz de anunciar el tiempo necesario para cualquiera de sus comunicaciones, practicando con un reloj de arena para las intervenciones de tres minutos. Por el contrario, no debe condicionar al grupo a causa de su impaciencia por avanzar, empezando con falsos nexos (bueno, bien, entonces, pues). Hable al ritmo al cual le escuchan, y enfatice los puntos de articulación.

> Tener la declarativa. *Es no sólo desembarazo, sino despejo en el concepto. Algunos conciben bien y paren mal, que sin la claridad no salen a la luz los hijos del alma, los conceptos y decretos; y tal vez conviene la oscuridad para no ser vulgar. Pero, ¿cómo harán concepto los demás de los que les oyen, si no les corresponde concepto mental a ellos de lo que dicen?*
> *BALTASAR GRACIÁN*

Para ser concreto, empiece por escribir siguiendo sus impulsos sin intentar forzarse («el semáforo verde» de Osborn para liberar su pensamiento y su creatividad). Luego, en una segunda fase, revise su texto filtrando lo innecesario y eliminando las palabras inútiles y los giros verbales complicados («el semáforo rojo»). Debe saber resumir su pensamiento mediante algunas «palabras de autor» o eslóganes; favorecen la comprensión, fijan la memoria y empujan a la acción.

> *Para escribir bien, es necesario saltarse las ideas intermediarias, lo suficiente para no resultar aburrido pero no demasiado para evitar ser comprendido.*
> *MONTESQUIEU*

> *Es necesario leer y meditar mucho, siempre pensar en el estilo y escribir lo menos posible, sólo lo suficiente para calmar la irritación de una idea que quiere tomar forma y que se revuelve en nuestro interior hasta que le hayamos encontrado una forma exacta, precisa.*
> *FLAUBERT*

La gestión de empresas y la historia

Churchill redactó el recordatorio siguiente a los oficiales en agosto de 1940:

> *I. Se trata de establecer relaciones poniendo en evidencia los puntos clave en una serie de párrafos cortos y densos.*
>
> *II. Este fin se consigue a menudo sustituyendo un párrafo completo de información por una ayuda memotécnica formada por títulos susceptibles de ser desarrollados de manera oral si fuera necesario.*
>
> *III. Eliminemos las frases del tipo: «Es sumamente necesario tener en cuenta la siguiente consideración» o «Es conveniente considerar la posibilidad de hacer efectivo...». Estas bellas palabras son de relleno y fáciles de suprimir o reemplazar por una sola palabra.*
> *No perdamos el hábito de emplear frases cortas y expresivas aunque pertenezcan a la lengua oral.*
>
> **CHURCHILL, Extracto del Libro del Manager HSD de la Editorial Hachette**

¿*D*UDAR *O AFIRMAR?*
¿Cómo anunciar una mala noticia?

Nuestra cultura cartesiana descansa sobre la duda y el escepticismo *a priori* como fundamento de la razón. Pero este procedimiento puede resultar desastroso cuando tenga que convencer a una audiencia. Porque, si Vd. mismo expresa dudas, ¿qué van a pensar ellos? Para convencer, hay que empezar por tranquilizar y, para ello, mostrar su propia tranquilidad. El fundamento de este comportamiento de autoafirmación radica en la manera en que uno toma posición respecto a los demás. De esta actitud vital se desprende un lenguaje demasiado dominante o excesivamente afirmativo, o bien demasiado indeciso. Para convencer, debe mantener el justo equilibrio entre esos dos extremos, es decir, afirmar sin necesidad de dogmatismo ni autoritarismo.

> *Si la duda es un medio para prepararse para el conocimiento, también lo es para equivocarse; a veces he dudado incorrectamente.*
>
> LEQUIER

Cuando tenga que anunciar una mala noticia a personas que tienen una cierta madurez, debe hacerlo de entrada y lo más brevemente posible. No debe engañar a su interlocutor: él percibirá cualquier estrategia de refugio, y además a menudo se causa daño con buenas intenciones. No deje pasar el tiempo hasta que su interlocutor presienta que Vd. le esconde algo, como si se sintiera Vd. culpable. Pero tampoco actúe como el portavoz sistemático de las malas noticias que no le atañen directamente. Los «Cassandra» no son un éxito de taquilla. Cuando le anuncien una mala noticia, ¡cuanto más mala sea, tanto más agradable debe ser Vd. y larga su sonrisa!

> *En caso de duda, di la verdad.*
>
> MARK TWAIN

La gestión de empresas y el cine

El «lenguaje» de la certeza en «L'itinéraire d'un enfant gâté»
«El itinerario de un niño mimado» de Claude Lelouch

Otro consejo de Sam Lion (Jean-Paul Belmondo) a Albert Duvivier (Richard Anconina), esta vez para conseguir una negociación.

*G*USTAR Y SEDUCIR

Seducir y seductor, palabras que todavía tienen una connotación negativa, como si el deseo de gustar no fuera legítimo y como si los medios de conseguirlo fueran deshonestos. Esta mentalidad ilustra muy bien el predominio que nuestra cultura concede a la razón sobre cualquier otra forma de inteligencia. Pero también se necesita corazón, es decir, sentimientos para alcanzar el fondo. Desde luego, gana Vd. tiempo al seducir, pero si no desea correr el riesgo de una decepción posterior por parte de quien fue seducido, porque el límite se colocó demasiado alto (el odio es tan próximo al amor), debe procurar que su seducción deje rápidamente el lugar a un intenso trabajo de recuperación y de calidad: debido riesgo de decepcionar, el seductor debe luego involucrarse dos veces más que el otro, demostrando que de todos modos merecía plenamente la confianza depositada tan rápidamente en él.

El despejo en todo. Es vida de las prendas, aliento del decir, alma del hacer, realce de los mismos realces. Las demás perfecciones son ornato de la naturaleza, pero el despejo lo es de las mismas perfecciones; hasta en el discurrir se celebra. Tiene de privilegio lo más, debe al estudio lo menos, que aun a la disciplina es superior; pasa de facilidad y adelántase a bizarría, supone desembarazo y añade perfección. Sin él, toda la belleza es muerta, toda gracia desgracia. Es trascendental al valor, a la discreción, a la prudencia, a la misma majestad. Es político atajo en el despacho y un culto salir de todo empeño.

*B*ALTASAR *G*RACIÁN

Querría saber si la gran regla entre todas las reglas es la de complacer (...)

*M*OLIÈRE *(la crítica a La Escuela de las mujeres)*

El placer de complacer es legítimo y el deseo de dominar chocante.

*J*OUBERT

El arte de complacer y el arte de engañar.
(...) Es un gran error creer que pueden prodigar sin consecuencias sus palabras y sus promesas. Los hombres toleran a duras penas que se les arrebate aquello de lo que alguna manera se han apropiado por la esperanza. No se les engaña durante mucho tiempo sobre sus intereses y no hay nada que odien más que ser engañados. Es por ello que es raro que gane el engaño; es necesaria la sinceridad y la rectitud incluso para seducir.

*V*AUVENARGUES

Lo que gusta es ante todo lo que está vivo, lo que nos recuerda nuestra propia humanidad (cada oveja con su pareja). Sin embargo, la vida es variedad, movimiento y cambio, alternancia, incluso inconstancia. Existen tantos comportamientos con encanto, incluso cuando constituyen, por otra parte, defectos debido a su exceso. Por el contrario, la belleza no seduce forzosamente; la gracia, sí (la gracia es otra versión de la insoportable levedad del ser y del cerebro derecho).

> *Hay gente desagradable con mérito y otros que nos gustan con defectos.*
> *(...) Es necesario que haya variedad en el espíritu: aquellos que no tienen más que un tipo de espíritu no pueden complacernos durante mucho tiempo. Puede tomar diversos caminos, no poseer los mismos puntos de vista ni los mismos talentos, mientras ayude al placer de la sociedad y observen la misma precisión que las diferentes voces y los diferentes instrumentos tienen en una pieza de música.*
>
> LA ROCHEFOUCAULD

> *La gracia está en la ropa, los movimientos y la educación; la belleza está en el desnudo y en las formas. Todo esto es cierto cuando se trata del cuerpo, pero cuando se trata de los sentimientos, la belleza está en su espiritualidad y la gracia en su moderación.*
>
> JOUBERT

> *Si el rocío tranquilo de la llanura de Adashi no llegara nunca a incorporarlo, si la humareda del monte Eoribe nunca llegara a disiparse, ¿en qué medida no se reduciría el encanto de las cosas? Para los que son de este mundo, su misma inconstancia es la esencia de su encanto.*
>
> KENKO

Los gestos de seducción suelen indicar al interlocutor que es reconocido por uno de nuestros cinco sentidos. Así, cuando una persona inclina la cabeza lateralmente enseña de hecho la oreja, y esto da la impresión inconsciente de que escucha con interés a los que tiene enfrente. Estos movimientos de seducción se basan en la apertura corporal. Así pues, al seducir muestra sus captadores de información: enseñe sus manos (sobre todo las palmas), así como sus ojos, sin esconderlos, por ejemplo, detrás de unas gafas caídas; las orejas, la nariz, la boca, sin taparlas con las manos. Del mismo modo, ¡enseñe su corazón procurando no cruzarse de brazos!

> *Lo que quieres lo obtendrás con tu sonrisa con más facilidad que arrebatándolo con tu espada.*
>
> SHAKESPEARE *(Timon)*

> *Un hombre feliz siempre es amable.*
>
> MÁXIMO GORKI

9

INFLUIR EN SUS INTERLOCUTORES

Los recursos para influir son múltiples y dependen de la mentalidad de los interlocutores, que no siempre serán sensibles a las mismas influencias, y, desde luego, de los objetivos que Vd. tiene. La primera fuente de influencias es la escasez de contacto: constituye un principio de economía de sobras conocido el que la escasez valoriza. No debe, pues, estropear su imagen ni su presencia, ni malgastar el tiempo de sus interlocutores. Así, los impresionará todavía más. Sin embargo, para motivarlos, en vez de mostrarse lejano e inaccesible, lo que le proporcionará respeto y temor pero probablemente no amor, debe alternar sus comportamientos para evitar mostrarles un carácter estereotipado, sin valor alguno. Por ejemplo, no debe repetirles a todos los mismos cumplidos, las mismas expresiones de agradecimiento por favores de diferente valor, etc., sino que debe personalizarlos.

Sed diferentes y se os amará - es un proverbio turco.

MUSSET

La segunda fuente de influencias es la exigencia de una contrapartida. Cobrar sus actuaciones, o por lo menos pedir al beneficiario una justa contrapartida en intercambio, es un recurso eficaz para darles valor. Además, para consolidar una relación equilibrada, principalmente en una negociación, debe exigir sistemáticamente una contrapartida a sus concesiones. No debe conceder una ventaja, un descuento, sin contrapartida alguna, aunque ésta sea puramente simbólica: proporcionará valor a su descuento, que de otra manera corre el riesgo de parecer el restablecimiento normal de un precio exageradamente alto. La única excepción a esta regla: la concesión inicial.

Estimamos en poco lo que obtenemos con demasiada facilidad.

PAINE

La autoproclamación y la autoinducción son un tercer modo de influir favorablemente en sus interlocutores sobre sí mismo. Como el verbo es creador, si Vd. desea que la gente piense bien de Vd. debe empezar por decirlo Vd. mismo. No debe decir demasiado a menudo que está desbordado por el trabajo porque acabará por ser el primero en creérselo... ¿Por qué no actúa como esa persona que contestaba a cada «¿Cómo está?» con un «¡mejor, si no no se podría aguantar!», y consiguió así darse una imagen de persona con éxito que realmente logró más tarde?

No temamos decir y repetir que tenemos un mayor mérito. Hay muchas personas a quienes se les cree porque no dejan de repetir que lo tienen.

CRÉBILLON

El refuerzo a través de terceros prescriptores que explicarán cosas buenas acerca de Vd. es otro procedimiento eficaz de influencia, sobre todo cuando sus interlocutores se identifican con sus prescriptores.

Gracia de los entendidos. *Más se estima el tibio si de un varón singular que todo un aplauso común, porque regüeldos de aristas no alientan. Los sabios hablan con el entendimiento, y así su alabanza causa una inmortal satisfacción. Redujo el juicioso Antígono todo el teatro de su fama a sólo Zenón, y llamaba Platón toda su escuela a Aristóteles. Atienden algunos a sólo llenar el estómago, aunque sea de broza vulgar. Hasta los soberanos han menester a los que escriben, y temen más sus plumas que las feas a los pinceles.*

BALTASAR GRACIÁN

El efecto de engranaje o de compromiso progresivo consiste en conseguir que alguien haga algo insólito, y pedirle luego un compromiso más significativo que no se atreve a rehusar por temor a contradecirse respecto a su primer movimiento. De este modo, para lograr una venta importante, debe empezar primero por una menor.

Son tentaciones de juicio, más seguro el huirlas que el vencerlas. Trae un empeño otro mayor, y está muy al canto del despeño.

BALTASAR GRACIÁN

En el corazón del hombre un orgullo desconocido le lleva a sostener lo que ha sostenido.

ABATE GENEST

Dramatizar previamente una mala noticia para luego hacer tragar una historia lo menos pesada posible que lo que se había empezado por dar a entender es un procedimiento frecuentemente utilizado por el lenguaje publicitario, que empieza por dramatizar (¡Vd., que viaja al extranjero, cuidado con los ladrones!), para luego adular (Pero como son Vds. unas turistas sagaces...) y por último, prometer una solución positiva, la suya desde luego (...Ya sabe que con la targeta Y está Vd. protegido de cualquier riesgo posible). Puede Vd. utilizar este efecto de intimidación para cambiar una relación de fuerza desequilibrada. La intimidación constituye una de las formas de la persuasión, pero se percibe como un medio de chantajear: «si no aceptas hacer... me veré obligado a... lo tomas o lo dejas... Si no hace ningún esfuerzo, tendremos que...». Es presentar la alternativa mediante lo peor.

Nada sube tanto el precio de una buena noticia como la falsa alarma de una mala noticia.

A. HAMILTON

Donar es una herramienta particularmente eficaz en cuanto a duración. Da lugar, en efecto, a una relación de intercambio porque el beneficiario inicial del don, sintiéndose deudor, no parará hasta reembolsar su deuda. Este procedimiento tiene la ventaja de valorizar a ambos socios (de hecho, sobre todo al donante) y de crear una situación de simpatía. «Viva a lo grande» y utilice el efecto de buena voluntad, que consiste, en un debate, en anticipar concesiones, presentadas como normales pero suficientes. Tome la iniciativa de hacer una (pequeña) concesión inicial incluso antes de que se la pidan: su interlocutor estará dispuesto a librarse de la deuda que acaba de contraer involuntariamente hacia Vd. mediante una ventaja a menudo desproporcionada con la que ha recibido. Con la misma idea, Edgar Faure, en el momento de la elección a la presidencia de una comisión parlamentaria que deseaba obtener, empezó, sin embargo, a proponer sin ambages el lugar a su rival. Éste, sorprendido, contestó con un rechazo maquinal de cortesía, lo que permitió a Edgar Faure proseguir al momento con: «¡Bueno, ya que el Señor X rechaza la presidencia, por lo que a mí respecta, me gustaría aceptarla!».

Quien da a tiempo da dos veces.

KRYLOV

El bien que hemos recibido de alguien quiere que respetemos el mal que nos ha hecho.

LA ROCHEFOUCAULD

LA GESTOLOGÍA Y EL LENGUAJE DEL CUERPO

El lenguaje no es únicamente verbal. Nuestro cuerpo entero comunica. El lenguaje corporal, al ser interno al lenguaje verbal, permite mostrar los resentimientos más profundos y más inconscientes del ser humano. La gestología, como ciencia de los gestos, resulta indispensable para quien desee entender mejor a sus interlocutores, por una parte, y por otra, optimizar su propia comunicación. La ley de la dilatación-retracción (que también se trata en morfopsicología), como principio fundamental de interpretación de los gestos, afirma que cuando un individuo «se casa» con una situación, se adhiere a una idea o a una persona, tiene confianza en sí y en su entorno o desprende una gran energía, sus gestos tienen tendencia a abrirse, a ampliarse o a levantarse, a alejarse de su cuerpo.

Por el contrario, cuando una persona tiene dudas sobre sus opiniones y su propia persona, o desconfía de cuanto la rodea, o cuando le falta energía, sus gestos tienden a retraerse, comprimirse y cerrarse. Adoptará posturas de distanciamiento y favorecerá los gestos barrera que filtran la información (juzgada demasiado novedosa o desestabilizadora).

Tener una sazonada copia de sales en dichos, de galantería en hechos y saberlos emplear en su ocasión. Que salió a veces mejor el aviso en su chiste que el más grave magisterio.

BALTASAR GRACIÁN

¿Es por lo tanto el movimiento del cuerpo una pintura de los pensamientos del alma?

FÉNELON

La forma de andar[1] se analiza principalmente según el desarrollo del paso, que se lleva a cabo en tres fases: pasado-presente-futuro. La persona que acentúa la posición del talón es autoritaria y otorga mayor importancia a las verdades del pasado, a los prejuicios; el que camina como pisando huevos, es decir, sobre la planta de los pies, se centra únicamente en el presente sin retroceder antes los acontecimientos; el que camina sobre la punta de los dedos reacciona prontamente y está siempre listo para ponerse en marcha. Desarrollad vuestro paso de manera completa para equilibrar la reflexión y la acción.

El hábito de un hombre proclama lo que hace, su caminar revela lo que es.

Antiguo Testamento

N. del T. La palabra francesa *démarche* significa en sentido figurado gestión. El autor está haciendo aquí un juego de palabras uniendo el sentido figurado al sentido literal: paso.

Entre los gestos que debe procurar evitar, salvo excepciones, encabeza la lista el dedo índice acusador, seguido del puño. Aunque este último gesto de cierre pueda significar adrede la firmeza. Pero para no darle una connotación demasiado agresiva, será necesario acompañarlo con un gesto de abertura con la otra mano. Esto resultará en la siguiente secuencia: «estoy decidido a...» (acompañado del puño cerrado) «...a menos que Vd. me proponga una alternativa» (acompañado con la palma abierta de la otra mano).

La gestión de empresas y el cine

Unos gestos intolerables en «La insoportable levedad del ser» de Milan Kundera

Tomás: Detesto los puños que se elevan prometiendo venganza y los dedos que señalan acusadores.

No hay nada más desagradable que tener ante sí a alguien que le estrecha la mano o que le habla mientras mira a otra persona. Seducirá más fácilmente a sus interlocutores dirigiendo la mirada o los hombros en la dirección correspondiente a sus verdaderas intenciones. Del mismo modo, debe procurar evitar las posiciones corporales de estancamiento y de duda, que designaré por el síndrome egipcio: en las representaciones pictóricas del antiguo Egipto, los personajes siempre presentan la cabeza de perfil y el cuerpo de frente. Un orador, por ejemplo, que teme al público, tiene tendencia a hablarle de perfil, con un pie hacia atrás, como echando de menos la pizarra o la pared que se encuentra detrás de él (presentando a menudo el talón ligeramente levantado, con lo cual goza de menor estabilidad). Del mismo modo, una persona poco dispuesta a contestar una pregunta que juzga inoportuna contestará más bien de perfil que de frente. Debe identificar en las reuniones las preferencias inconscientes de los participantes, así como los futuros ejes de agrupamiento, observando aquellos que muestran rechazo con sus hombros, aunque ligeramente, y aquellos cuyos cuerpos muestran comunicación, al colocarse cara a cara.

Aquel que pone su mano sobre el arado y mira hacia atrás no es digno del reino de Dios.

NUEVO TESTAMENTO

Cuando sólo vemos la verdad de perfil o tres cuartas partes de la misma siempre la veremos mal. Poca gente es capaz de contemplarla cara a cara.

FLAUBERT

Debe ilustrar y apoyar siempre sus argumentos mediante gestos coherentes, que más que cualquier otro exceso verbal o cualquier superlativo persuadirán mejor a sus interlocutores sobre la autenticidad de lo que Vd. dice. El gesto adecuado necesita una inspiración adecuada. Debe sentir sus gestos hasta la punta de sus dedos. Pero demasiados gestos implican una menor atención por parte de la audiencia y quitan energía al discurso.

Pero no debe sobrepasarse: una gesticulación demasiado estudiada se convierte rápidamente en irritante. Desplomarse en el sillón dará una imagen de falta de autoridad (o de respeto), y mantenerse siempre en pie o inclinarse demasiado a menudo hacia delante como señal de que está escuchando, puede irritar. Asimismo, una gesticulación contradictoria con lo que dice le hará parecer poco creíble, dudoso o manipulador.

He aquí algunos de los gestos incoherentes clásicos: hacer el puente con las manos, las palmas verticales opuestas a su interlocutor o tener los pies levantados verticalmente y apoyándose sólo sobre los talones, indica una manera de poner un freno, una limitación, una exclusión a una propuesta o a un acontecimiento: «No tengo nada que ver, es tu problema» acompaña a veces a una liberalidad que aparentemente se lamenta casi en el momento en que se acaba de producir. A menudo se acompaña de argumentos tales como «¡Ven cuando quieras!» con un gesto limitador que significa entonces «¡Sí, pero no te instales!».

Del mismo modo, la pregunta engañosa: «¿No deseáis hacer preguntas?». Con esta interrogación negativa, que se suele acompañar con los brazos cruzados, la barbilla levantada y el cuerpo inclinado hacia atrás, nadie se sorprenderá de que estimule menos que una frase del tipo «¿Deseáis preguntar alguna cosa?» acompañada de brazos abiertos y de un desplazamiento hacia delante por parte del orador. También el buenos días y el adiós estereotipados de quien, pronunciando las primeras palabras de bienvenida, ya está mirando sus documentos sobre la mesa o la pizarra. El objeto y el objetivo priman sobre el sujeto, es decir, los destinatarios.

*N*EGOCIAR Y VENDER

Antes de cualquier negociación, formalice claramente y por escrito sus objetivos finales. No centre su atención en números ni en el «cuánto». Pero debe procurar negociar el conjunto de los aspectos de una relación comercial completa y ambiciosa, compensando los más por los menos. Y no convierta una negociación en un asunto personal.

Para respetar las cuatro fases de la negociación, debe centrarse de nuevo en las voluntades, es decir, en los objetivos de cada parte. Primero, consulte: ¿qué desea?, utilizando un estilo nada directivo para preguntar, escuchar, reformular, intercambiar informaciones. Luego, exprese: aquello que deseo, utilizando un estilo directivo que concreta, afirma y pide. Después, confronte: aquello que no deseamos, utilizando un estilo semidirectivo para argumentar, comparar y experimentar. Por último, concilie: aquello que deseamos, utilizando los tres estilos para concertar, investigar, imaginar y decidir.

Toma por costumbre, con cada acción del prójimo, hacerte siempre que sea posible esta pregunta: «¿Qué se propone este hombre?». Pero comienza primero por ti: examínate antes que nada a ti mismo.

MARCO AURELIO

Atención al que llega de segunda intención. *Es ardid del hombre negociante descuidar la voluntad para acometerla, que es vencida en siendo convencida. Disimula el intento, para conseguirlo, y pónese segundo para que en la ejecución sea primero: asegúrase el tiro en lo inadvertido. Pero no duerma la atención cuando tan desvelada la intención, y si ésta se hace segunda para el disimulo, aquélla primera el conocimiento. Advierta la cautela el artificio con que llega, y nótele los puntos que va echando para venir a parar al punto de su pretensión. Propone uno y pretende otro, y revuelve con sutileza a dar en el blanco de su intención. Sepa, pues, lo que le concede, y tal vez convendrá dar a entender que ha entendido.*

BALTASAR GRACIÁN

Póngase, como primer objetivo de negociación, asegurar sus adquisiciones. En vez de dispersar sus esfuerzos intentando sistemáticamente conquistar nuevos clientes, procure que los clientes actuales le sean fieles y reactivar a los antiguos.

Las conquistas son fáciles de hacer porque se llevan a cabo con todas tus fuerzas; son difíciles de conservar porque sólo las defiendes con una parte de tus fuerzas.

MONTESQUIEU

El hombre pone más ardor en adquirir que en conservar.

RIVAROL

Consiga antes que nada sus ventas, siendo consciente en todo momento de la evolución y de la motivación de su socio, y de la manera en que se está Vd. imponiendo progresivamente. Sorprenda agradablemente a sus compradores o posibles clientes sacándoles menos tiempo del que ellos temían. Por el contrario, no debe despistarse nunca respecto a los plazos de las entrevistas previstas. Trabaje con el efecto sorpresa. Cuanto más intenso es el mensaje, más corto debe ser, sobre todo si se trata de hablar del producto.

Céntrese más en las expectativas de sus clientes que en las ventajas de su producto. Empiece por vender relaciones humanas de confianza, porque conocer demasiado el producto implica también conocer demasiado las razones que podría tener alguien para no comprarlo. Debe anticiparlas y encontrar los argumentos contrarios antes de iniciar la venta.

La gestión de empresas y el cine

La óptica del cliente en «Une étrange affaire» «Un asunto extraño» de Pierre Granier-Deferre

> *El señor Glain a su nuevo director general Bertrand Malair: Podemos ir a visitar el almacén. Por aquí, por favor.*
> *Bertrand Malair (Michel Piccoli): En modo alguno, señor Glain, supongo que no debo recordarle que se vende mejor un producto que no se conoce. Pregúnteselo si no a los militares.*

Justifique las objeciones diciéndose que es buena señal, puesto que se va instalando la curiosidad. Que con dos objeciones, la curiosidad se transforma en interés. Y que con tres objeciones, el interés se convierte en deseo de asegurarse por última vez antes de decidirse. Tras haber contestado a la última objeción, debe concluir. Si existe una cuarta objeción, déjelo estar: tiene pocas posibilidades de realizar la venta, al menos por esta vez. (A partir de cuatro, empieza el infinito...) No intente convencer al cliente de que sus objeciones no tienen fundamento. Mejor intente cambiar el criterio de reflexión que el cliente utiliza, mediante comparaciones entre su objeción y otros ámbitos más positivos.

> *La objeción, la distancia, la alegre desconfianza, la ironía son signos de salud: restablecimiento absoluto de la patología.*
>
> NIETZSCHE

La gestión de empresas y la historia

¿Cuándo se debe negociar? Nunca bajo presión. El abandono de ésta debe ser un preámbulo a la negociación, en particular cuando le obliga a realizar concesiones unilaterales, pocas veces sagaces. Todas aquellas concesiones que hizo el emperador Napoleón III se volvieron contra él: libertad de prensa y democratización beneficiaron a sus oponentes, y la tolerancia hacia los sindicatos dio como resultado el incremento del número de huelgas.

La gestión de empresas y la pintura

Pista: Man Ray, «End Game» (Juego del fin), 1942: ¿Para saber concluir?

IV

TENER AUTORIDAD

1
LA VERDADERA NATURALEZA DEL PODER

El poder no es autoridad. El primero está relacionado con la institución del que proviene, la segunda se relaciona con la persona de la cual fluye de manera «natural». Está relacionada con el concepto anglosajón «*leadership*» o al de latino *carisma*. Las orientaciones actuales de la gestión de empresas insisten mucho más en el segundo concepto. El gerente ideal ejerce el poder con autoridad, es decir, disponiendo su poder, no sólo al servicio de la única institución y de las tareas que ésta le impone, sino también en beneficio de aquellas personas sobre las que se ejerce ese poder. También se puede tener crédito, es decir, no tener que dar explicaciones. Pero el recurso de la autoridad es el de tener credibilidad, es decir, conseguir aplazar el momento de la contestación mediante la capacidad que uno tiene de convencer y contestar.

> *Al hombre de obligaciones hácele reparar el tener mucho que perder; mirando por su crédito, mira por el contrario, y, como se empeña con atención, procede con tal detención, que da tiempo a la prudencia para retirarse con tiempo y poner en cobro el crédito. Ni con el vencimiento se llegará a ganar lo que se perdió ya con el exponerse a perder.*
>
> *BALTASAR GRACIÁN*

> *La autoridad no procede más que de la responsabilidad. Si un hombre debe responder de lo que ha hecho y responde, tiene autoridad.*
>
> *A. MAKARENKO*

> *Un hombre que sueña con complacer por su fortuna y que por consiguiente necesita manejar a todo el mundo, ¿puede ejercer esa autoridad sobre los espíritus de los hombres?*
>
> *FÉNELON*

> *Ya he dicho anteriormente que el amor por los hombres en general, que la justicia y la manera de impartir el castigo y la recompensa, eran los fundamentos sobre los cuales debería basarse todo sistema de arte militar.*
>
> *SUN TSE*

El poder, ¿debe ejercerse en solitario o debe compartirse? Hoy en día, tener poder significa delegar el ejercicio del mismo y, consecuentemente, controlar el tiempo de los demás. Pero si el poder se ejerce de manera compartida, la responsabilidad misma no se delega; se desmultiplica, ya que la responsabilidad final incumbe al nivel jerárquico más alto.

> *El poder consiste en disponer del tiempo de los demás.*
>
> *JACQUES ATTALI*

LAS DIVERSAS FORMAS DE AUTORIDAD

Para nuestra gestión de empresas, se puede escoger entre seis formas de autoridad, según el grado de presión que queramos ejercer sobre nuestro entorno. La autoridad funcional o legítima (es decir, el poder institucional) se fundamenta sobre el derecho de dar órdenes y genera una fuerte presión sobre aquellos a quienes afecta. Adquirida por derecho y fortalecida mediante los distintivos exteriores de su función (título...), inquieta, divide, desvaloriza y debe ser empleada con cortesía y oportunamente. Puesto que se traduce en directividad del comportamiento, no siempre causa adhesión profunda y puede incluso, cuando se da la orden con arrogancia o gratuitamente, crear una resistencia incipiente, dispuesta a revelarse a la luz del día en la primera ocasión.

> *La dignidad de autoridad aparente, pocas veces le acompaña la personal, que suele vengar la suerte la superioridad del cargo en la inferioridad de los méritos.*
>
> *BALTASAR GRACIÁN*

Hay dos tipos de autoridad que ejercen una presión moderada. La primera es la influencia, que se fundamenta en el efecto general producido sobre alguien y se adquiere mediante el ascendente del carácter o mediante información obtenida. Cuando no se comparte, esta autoridad preocupa. Pero demuestra que se puede ejercer un poder eficaz, incluso desde una posición modesta y sin autoridad oficial. Y la segunda es la de competencia o experta, que se fundamenta en una capacidad. Otorga poder a quien sabe actuar, pero es cada vez menos válida cuanto más se asciende en la jerarquía. Esta autoridad genera adhesión, si la experiencia del experto no aparece como una amenaza a la idea de que las personas se hacen de ellas mismas y de su capacidad, y si se comprende bien el objetivo técnico.

> *Saber es poder.*
>
> *VIRGILIO / BACON*
>
> *La competencia sin autoridad es tan ineficaz como la autoridad sin competencia.*
>
> *G. LE BON*

La autoridad para sancionar y para recompensar se halla a medio camino entre presión y movilización. Dicha autoridad da a los demás un poder negativo (aliena mediante la sanción) y un poder positivo (implica mediante la recompensa). Pero habitualmente no engendra adhesión (nunca en el caso de la sanción) y no produce efectos duraderos. Incrementa la dependencia hacia el responsable. Cuidado, nuestros semejantes también tienen este poder de recompensar a nuestros propios colaboradores, al corromperlos: el poder pertenece a quien sabe apreciar a la gente y las cosas en su justo valor, y fijar los precios.

La democracia de la cual soy partidario es la que da a todos las mismas oportunidades de éxito, según la capacidad de cada uno. La que rechazo es la que pretende darle al número la autoridad que pertenece al mérito.

HENRY FORD

La autoridad natural o carismática es moderadamente movilizadora. Tranquiliza, reúne y valoriza mediante la selección. Pero puede parecer manipuladora y suscitar una desconfianza retroactiva y un deseo de venganza o de exigencia de contrapartidas.

El consentimiento de los hombres reunidos en una sociedad es el fundamento del poder. Aquel que ha sido establecido por la fuerza sólo puede subsistir por la fuerza.

DIDEROT

Por último, la autoridad emprendedora ejerce un gran poder movilizador. La adquiere aquel que consigue lograr los objetivos del equipo. Tranquiliza, reúne, valoriza, implica y desarrolla al equipo. Necesita además tener imaginación creadora y arriesgarse. Para conciliar estas diferentes formas de poder:

La confianza debe venir de abajo y el poder de arriba.

Abate SIEYÉS

TOMAR EL PODER

Antes de tomar el poder, es necesario empezar por formarse en él y, antes de desear más poder, preguntarse si ya se ejerce suficientemente y suficientemente bien el que se detenta en la actualidad. Luego, una vez se ha tomado la decisión, es preciso simular no pretenderlo, mientras uno se apodera de él. En la obra «Ricardo III» de Shakespeare, se observa como un pretendiente al trono puede, a la imagen de César que rechaza la diadema real que le ofrecía Antonio, fingir rechazar el poder para obtenerlo mejor después. Pero esta estrategia puede ser arriesgada, si se halla entre la audiencia alguien que, como Edgar Faure (durante una elección a la presidencia de una comisión del Congreso de diputados bajo la IV República), precipita entonces su candidatura, bajo el pretexto de que la naturaleza (y el poder) aborrecen el vacío.

> *La mala fe siempre es necesaria para cualquiera que quiera de un estado mediocre elevarse al más gran poder.*
>
> *MAQUIAVELO*

> *Aquel que se impone a sí mismo impone a los demás.*
> *(...) A veces es más fácil formar un partido que llegar gradualmente a la cabeza de un partido que ya está formado.*
>
> *VAUVENARGUES*

> *Todo poder es un compuesto de paciencia y de tiempo. La gente poderosa lo desea y vela.*
>
> *HONORÉ DE BALZAC*

No debe ser conformista ni esperar que le ofrezcan el poder. Aváncese mediante sus propias iniciativas. Si éstas fueron afortunadas, el poder también lo será. Porque el poder no se da, se toma. Sin embargo, muy a menudo, en la lucha para conseguir el poder nuestros adversarios participan con nosotros compartiendo gustos, lo que nos aproxima a ellos mucho más de lo que sospechamos. Razón de más para tratarlos con cuidado. ¿Quién sabe? ¿Perteneceremos mañana al mismo partido?

> *La carencia de poder se parece a la tenencia de un campo. Lo toma quien quiere, lo retiene quien puede.*
>
> *CHARLES MAURRAS*

¿*HAY QUE HACERSE RESPETAR*

o temer como si fuera un personaje hierático?

El poder es una alquimia sutil entre distancia y proximidad, y entre respeto y amor. Si desea privilegiar demasiado el primer aspecto, el gerente se arriesga a caer en el autoritarismo, y si se excede en el segundo, en la demagogia.

Tener una visión hierática del propio poder significa considerar que este último le ha convertido de alguna manera en sagrado y que le obliga a comportamientos «serios» que le aproximan a los dioses y a las grandes figuras míticas, mientras le aleja del común de los mortales. La raíz griega «*hieros* = sagrado» dio lugar a las palabras hierático y jerarquía: a fuerza de considerar el poder sólo desde el punto de vista de su origen institucional y jerárquico más que por su destino y su empleo al servicio de los demás, uno se queda paralizado sobre las propias prerrogativas y se vuelve intransigente en cuanto al respeto que se le debe. El personaje hierático es secreto, al imponerse mediante la falta de respeto por los demás y la arrogancia.

La diferencia de un hombre que se ha revestido de un carácter ajeno al suyo cuando vuelve a ser él mismo es como la de una máscara a un rostro.

LA BRUYÈRE

Elimine de su lenguaje las presiones estatuarias, si desea realmente demostrar su autoridad. Procure no decir «Está escrito en la prensa» (ya que significa dárselas de «informado»), «Lo he estudiado mucho y puedo afirmar que...» (porque significa dárselas de «sabio»), «Estuve viajando por ese país...» (porque es dárselas de «hombre de mundo», de «explorador»), «Estuve viviendo mucho tiempo con X, así que...» (porque significa dárselas de «testigo»), «La experiencia me ha demostrado que...» (porque significa dárselas de «maduro»).

Excusar llanezas en el trato. Ni se han de usar, ni se han de permitir. El que se allana pierde luego la superioridad que le daba su entereza, y tras ella la estimación. Los astros, no rozándose con nosotros, se conservan con su esplendor; la divinidad solicita decoro; toda humanidad facilita el desprecio. Las cosas humanas cuanto se tienen más, se tienen en menos, porque con la comunicación se comunican las imperfecciones que se encubrían con el recato.

BALTASAR GRACIÁN

5

PARA SER CREÍBLE,
¿es necesario valerse de los propios títulos?

El título es por excelencia el signo exterior que los detentores del poder institucional se complacen en mostrar con regularidad, como para compensar permanentemente una autoridad que temen no poseer lo suficiente. Pero enseñar así sus títulos es como interpretar un mal personaje. Sin embargo, si «interpretar» papeles está altamente recomendado en la empresa, debe comprobar permanentemente que éstos le convienen. De otro modo, más vale todavía ser uno mismo.

Lo mejor de un hombre es parecerlo.

BALTASAR GRACIÁN

Hay muchas personas de las cuales sólo el nombre vale algo. Cuando los veis de cerca, son menos que nada; de lejos imponen.

LA BRUYÈRE

Los títulos no sirven de nada para la posteridad: el nombre de un hombre que ha hecho grandes cosas impone más respeto que todos los epítetos.

VOLTAIRE

Apóyese preferentemente en la autoridad natural que Vd. desprende y no en el poder institucional que le han concedido oficialmente. Si hace demasiada referencia a este último, se arriesga a perder toda su credibilidad el día en que la institución ya no esté presente para apoyarle.

6

¿*H*AY QUE HACERSE QUERER Ó RESPETAR?

¿Hay que querer o hacerse querer? ¿Es necesario ser popular? Considerar estas dos posibilidades como un objetivo en sí es desear adquirir un «falso prestigio». Y es también buscar el goce del instante más que el de la duración, y el de la imagen más que el de la obra.

> *Es necesario amar si se quiere ser amado.*
> *HONORÉ D'URFÉ*

> *Ser amado sin seducir es uno de los más bellos destinos del hombre.*
> *MALRAUX*

> *El pueblo ama a los reyes que saben salvarles; pero ama aún más a aquellos que saben reinar.*
> *RACINE*

Para hacerse querer, debe quererse y respetarse primero a sí mismo, sin que sea en detrimento de los demás. Debe respetarse, ajustándose a unas reglas de conducta personales. ¿Por qué no las escribe en carteles y las sitúa bien a la vista en su despacho?

> *Es felicidad juntar el aprecio con el afecto; no ser muy amado para conservar el respeto; más atrevido es el amor que el odio; afición y veneración no se juntan bien. Y aunque no ha de ser uno muy temido ni muy querido. El amor introduce la llaneza, y al paso que ésta entra, sale la estimación. Sea amado antes apreciativamente que afectivamente, que es amor muy de personas.*
> *BALTASAR GRACIÁN*

> *No es más que por el respeto a uno mismo que se consigue el respeto de los otros.*
> *TURGUENIEV*

En consecuencia, el carisma ¿no debería ser como una conciliación entre el respeto y el amor hacia el gerente por parte de sus colaboradores? En ese caso, el gerente debería procurar primero hacerse respetar, luego hacerse querer. Pero ambas cosas con moderación. Para conseguirlo, debe salvar los dos escollos, la proximidad y la distancia, que amenazan con desmotivar a sus colaboradores: por un lado, hallarse a tan poca distancia de ellos que no pueda aportar el peso institucional para ayudarles a resolver sus problemas; por otro lado, estar tan preocupado por sus propios problemas y tan consciente de la enorme carga de sus responsabilidades que se vuelve inasequible para sus colaboradores.

> *Es por el temor y el respeto que debéis en un principio tomar el imperio sobre sus espíritus: es por el amor y la amistad que debéis más tarde conservarlo.*
> *JOHN LOCKE*

7

SENTIR PARA GESTIONAR

Los sentimientos son a la vez una herramienta de sabiduría y una herramienta de acción: para entender la «razón» de las actuaciones de los seres humanos debe remontarse a sus propios sentimientos, porque no son directamente los hechos (o las opiniones) quienes impulsan a actuar, sino los sentimientos inspirados por éstos. Cuando me doy cuenta de que estoy al borde del precipicio, tengo miedo, así que retrocedo. Podría no tener miedo, y en ese caso no retrocedería. La presencia del precipicio por sí sola no es suficiente para explicar por completo mi acto final. Un buen empleo de los sentimientos: para comprender hechos que se hallan en litigio y que le han expuesto, pregunte primero cómo los vivieron personalmente los interesados; esto evitará numerosas equivocaciones. En efecto, un mismo acontecimiento puede divertir a unos, asustar a otros o enfadarlos.

> *Lo que a fin de cuentas determina las opiniones son los sentimientos y no las facultades intelectuales.*
>
> *SPENCER*

> *Superarse es la única ley (...). El alma no se supera más que en conocimiento. El conocimiento no se supera más que en amor.*
>
> *SUARÈS*

> *Sólo se ve bien con el corazón.*
>
> *ANTOINE DE SAINT-EXUPÉRY*

Actúe en coherencia con los sentimientos expresados por su entorno. Las cuatro principales actitudes vitales condicionan cuatro sentimientos de base: la agresión, que induce al enfado (los relámpagos de Júpiter, el dios más potente del Olimpo); la sumisión, que induce tristeza; el abandono, que induce temor, y la asertividad, que induce alegría. Pues bien, esos cuatro sentimientos reclaman actuaciones específicas por su parte. El enfado encubre una demanda de cambio («¡sacádmelo de delante!»), la tristeza una demanda de ser reconfortado, el miedo una demanda de seguridad, la alegría una demanda de compartir en el espacio y de duración en el tiempo. Aportar una acción que no está conforme con un sentimiento puede empeorar la situación. Así, frente a un hombre enfadado, la esposa que exclama «¡Pero si te quiero!» se arriesga a que éste le conteste «¡Pero si no es ése el problema! Desde luego, esto todavía me irrita más». Frecuentemente invertimos los comportamientos adecuados ante miedo y tristeza: tranquilizamos a los que están tristes y consolamos a los que tienen miedo, y desde luego sin demasiado éxito.

Confíe en su «inteligencia de corazón» para volverse a centrar en las realidades del presente, mientras desarrolla su creatividad: juzgo según el pasado, pero ¿se va a repetir? Imagino en el futuro, pero ¿tendrá lugar? Experimento en el momento presente y estos sentimientos son lo único de lo que estoy seguro. Entonces, ¿por qué no confiar en esta inteligencia del corazón que «se casa con» las situaciones?

> Creer al corazón y más cuando es de prueba. *Nunca le desmienta, que suele ser pronóstico de lo que más importa: oráculo casero. Perecieron muchos de lo que se temían, mas, ¿de qué sirvió el temerlo sin el remediarlo? Tienen algunos muy leal el corazón, ventaja del superior natural, que siempre los previene y toca a infelicidad para el remedio. No es cordura salir a recibir los males, pero sí el salirles al encuentro para vencerlos.*
>
> BALTASAR GRACIÁN
>
> *Aquel que tiene buen corazón no es nunca tonto.*
>
> GEORGE SAND
>
> *¡Ah! Golpea tu corazón, ahí reside la genialidad.*
>
> MUSSET
>
> *El hombre es un ser sentimental. No hay grandes creaciones sin sentimiento y el entusiasmo pronto se agota en la mayor parte de ellos a medida que se alejan de su sueño.*
>
> CÉLINE

LO QUE HACE PERDER EL PODER

Para conservar el poder, conviene estar permanentemente alerta: debe identificar y tener en cuenta los contrapoderes que su poder con toda seguridad suscitará, porque todo poder implica un contrapoder. Y un contrapoder que se siente olvidado puede ir muy lejos, hasta retener informaciones importantes o acabar con la reputación del responsable.

> *Aquel que está a la cabeza de los ejércitos, si ignora las necesidades de cada uno de los que componen su ejército, si cada uno no está en su sitio de acuerdo con sus aptitudes a fin de que se les saque el mejor partido, si no conoce los puntos fuertes y los puntos débiles de cada uno y su grado de fidelidad, si no hace observar la disciplina en todo su rigor, si no sabe mandar, si es irresoluto y duda cuando hay que decidir rápidamente, si no sabe recompensar, tolera que los oficiales maltraten a los soldados, no prevé las disensiones que puedan surgir entre los jefes: un tal general que comete estas faltas acaba con los hombres y los recursos del Estado, deshonra su patria y se convierte él mismo en la vergonzosa víctima de su incapacidad.*
>
> *SUN TSE*

> *El prudente debe buscar el punto de partida de todo desorden. ¿Dónde? Todo comienza por la falta de amor.*
>
> *MO-TZU*

> *Todo poder proviene de una disciplina y se corrompe cuando se descuidan las obligaciones.*
> *ROGER CAILLOIS*

> *El cuerpo político sufre cuando los reyes actúan como terratenientes y los terratenientes y el pueblo como soberanos.*
> *(...) Cuando los pueblos dejan de estimar, cesan de obedecer. Regla general: las naciones que los reyes reúnen o consultan comienzan por buenos deseos y acaban por actos de voluntad.*
>
> *RIVAROL*

V

NEGOCIAR LOS CONFLICTOS
sin atacar, someterse ni manipular

Los comportamientos de agresión

Para negociar sobre una base relacional duradera y ser «asertivo», conviene evitar la utilización de los tres comportamientos tradicionalmente ineficaces: el ataque, la sumisión y la manipulación. Atacar consiste en recurrir a medios de presión: la fuerza física, la corrupción, la amenaza. En la estrategia de fuerza siempre hay un ganador y un perdedor. Los comportamientos de ataque están relacionados con la actitud vital, es decir, con el modo como planeo mis relaciones con los demás. Existen cuatro esquemas posibles: pienso bien de mí mismo y de mis ideas, que considero fundadas y defendibles (es la posición: Yo = OK). No me aprecio nada y estoy dispuesto a abdicar frente a los demás en la mínima ocasión (es la posición: Yo = no OK). Pienso que no puedo apreciar a los demás, que muchas veces no tienen razón, que son egoístas (es la posición: Los demás = no OK). Aprecio a los demás y encuentro que sus objetivos son legítimos (es la posición: Los demás = OK). El que ataca cree que es «forzosamente» él quien tiene razón y que los demás no la tienen, con lo cual (ellos) deben someterse a su voluntad: «Menos mal que estoy aquí para comprobarlo todo y volver a la normalidad». Su visión relacional tipo es: Yo = OK, los demás = no OK.

Comportamientos humanos y posiciones vitales

El agresivo es también aquel que ve las diferencias que le separan de los demás antes de ver los puntos comunes que puede compartir; cree que sus intereses no pueden «ajustarse» con los de los demás. El agresivo ve enemigos por todas partes, no da cuartel, se opone sistemáticamente y aborrece todo aquello que no le sirva directamente. Le gusta estar en compañía de mártires, de los que saca provecho para ejercer su tiranía.

Nos querellamos con los más desafortunados para evitar tenerles pena.

VAUVENARGUES

La mejor defensa es el ataque.

KARL VON CLAUSEWITZ

Para elevarse por encima de su bajeza.– Hay individuos orgullosos que, para restablecer su dignidad y su importancia, tienen siempre necesidad de otros hombres que puedan reprender y violentar: aquellos cuya impotencia y cobardía permiten que otros hagan impunemente, en su presencia, gestos sublimes y furiosos. Es necesario que lo que les rodea sea penoso para que ellos puedan elevarse durante unos momentos por encima de su bajeza. Hay quien por ello tiene necesidad de poseer un perro, otros un amigo, otros una mujer o un partido y, en casos muy raros, toda una época.

NIETZSCHE

Las típicas actitudes de ataque y las formas de agresividad son múltiples y pueden quedar encarnadas en tipos tan diversos como los del revanchista, el temerario, el despreciativo, «no quiero saber». En especial, el agresivo se caracteriza por la apropiación del territorio de los demás... y por la apropiación de su tiempo, es decir, la exigencia de velocidad en la ejecución de lo que él «ordena» hacer. La velocidad impuesta ya constituye una orden y «date prisa» significa muchas veces «corre, no pienses, obedéceme».

Aquellos que, sin conocernos apenas, piensan mal de nosotros no nos hacen ningún mal: no nos atacan a nosotros, sino al fantasma de su imaginación.
(...) Lo vuelve todo a su semblanza: sus criados, los del prójimo, corren al mismo tiempo en su favor; todo lo que está a su alcance es suyo, vestidos, equipajes: embaraza a todo el mundo, no se toma ninguna molestia por nadie, no se compadece de nadie, no conoce más males que los suyos, que su mal de estómago y su bilis, no llora con la muerte de otros, no teme más que la suya, que él sería capaz de salvar ofreciendo a cambio la extinción del género humano.

LA BRUYÈRE

Los orígenes y las causas de la agresividad son a su vez: la expresión de un instinto vital, el miedo latente hacia el otro, una elevada tasa de frustración en el pasado y el presente, los celos, un sentimiento de impotencia, la debilidad y la cobardía.

Astucia de indignos, oponerse a grandes hombres para ser celebrados por indirecta, cuando no lo merecían de derecho: que no conociéramos a muchos si no hubieran hecho caso de ellos los excelentes contrarios. No hay venganza como el olvido, que es sepultarlos en el polvo de su nada. Presumen, temerarios, hacerse eternos, pegando fuego a las maravillas del mundo y de los siglos.

BALTASAR GRACIÁN

El orgullo es el consuelo de los débiles.
VAUVENARGUES

El fin de la brutalidad es siempre el facilitar la satisfacción de una necesidad vital. La agresividad no es por consiguiente un instinto en el sentido mismo de la palabra, sino el medio indispensable de satisfacer cualquier instinto. El instinto es en sí mismo agresivo, ya que toda tensión busca una satisfacción.

W. REICH

¿*HAY QUE DAR PRUEBAS DE FUERZA?*

Las consecuencias de la agresividad y de la desvalorización del prójimo son nefastas, porque rebajan al prójimo y suscitan una reciprocidad y un deseo de venganza, impulsan a no rodearse de un buen entorno, a derrochar la propia energía. Con tales comportamientos, uno se arriesga a ilusionarse con que los problemas relacionales están regulados, cuando permanecen en su estado y corren el riesgo de agravarse. El silencio de los demás lleva al agresivo a ilusionarse sobre su valor real. Como se encuentra solo y aislado en una torre de marfil, le falta enseguida información, ya que las personas que le rodean ya no se atreven a ir por propia voluntad a discutir con él, si él no se ve obligado a ello.

Los hombres a menudo hacen como ciertos pequeños pájaros de presa cuya natural avidez los tiene tan pendientes de la víctima que persiguen, que no perciben el otro pájaro más grande y más fuerte que se lanza sobre ellos para despedazarlos.

MAQUIAVELO

Corregir su antipatía. *Solemos aborrecer de agrado, y aun antes de las previstas prendas. Y tal vez se atreve esta innata vulgarizante aversión a los varones eminentes. Corríjala la cordura, que no hay peor descrédito que aborrecer a los mejores; lo que es de ventaja la simpatía con héroes, es de desdoro la antipatía.*

BALTASAR GRACIÁN

El poder que se adquiere por la violencia no es más que una usurpación y dura en tanto que dura la fuerza del que manda sobre los que obedecen: de suerte que si estos últimos se convierten a su vez en los más fuertes (...) la misma ley que ha hecho la autoridad la deshace: es la ley del más fuerte.

DIDEROT

No se es fuerte sólo porque se es grande; se llega a ser grande cuando eres fuerte.

S. STEINMAYER

No se puede mantener a alguien en tierra sin quedarte con él.

MELLON

ENFRENTARSE A LA AGRESIÓN Y AL ENFADO. LA GESTIÓN DE LAS RECLAMACIONES

Una actitud vital y sus consecuencias relacionales no permanecen sin efecto alguno sobre los sentimientos que nos animan. El agresivo que se siente superior a los demás no soporta el no tener razón, ni que aquellos a quien él infravalora le frenen en su marcha de conquistador. Esto hace que se enfade regularmente. El dios principal o el dios todopoderoso se ve muchas veces representado, en la Antigüedad, en ese estado emocional. La ira de Zeus o de Alá, los relámpagos de Júpiter, son en principio la expresión de un poder... Pero de un poder que se siente que flaquea, y del que uno no está seguro.

> *Las pasiones de los reyes son terribles: raramente sometidos a la voluntad de otros y acostumbrados a ser obedecidos, difícilmente abjuran de su cólera.*
>
> **EURÍPIDES**

> No empeñarse con quien no tiene qué perder. *Es reñir con desigualdad. Entra el otro con desembarazo porque trae hasta la vergüenza perdida; remató con todo, no tiene más qué perder, y así se arroja a toda impertinencia. Nunca se ha de exponer a tan cruel riesgo la inestimable reputación; costó muchos años de ganar, y viene a perderse en un punto de un puntillo. Yela un desaire mucho lucido sudor.*
>
> **BALTASAR GRACIÁN**

> *El fuego que no encuentra otro alimento que la paja o la hierba seca se extingue pronto; pero si prende en un bosque tupido y se le deja extender, quema y consume pronto todo lo que encuentra a su paso. Del mismo modo, si en el momento en que se sienten los primeros movimientos de la cólera, ahí donde podría avivarse con palabras fuertes, se le opone un ánimo firme, no habrá ningún problema en reprimirla, para extinguirla bastará con callarse o menospreciarla: cuando se priva al fuego de alimentos se extingue por sí mismo.*
> *(...) Las heridas antiguas nunca podrán ser borradas por favores recientes.*
>
> **MAQUIAVELO**

Frente a un comportamiento colérico de un cliente particularmente irritado, es mejor para Vd., en un primer momento, adoptar una actitud de retroceso, de escucha activa, pero sin intentar justificarse sobre el fondo. En cambio, debe consentir sobre la forma mediante «sí, ya entiendo» y sobre todo no intente hablar tan alto como él, porque él hará todo lo posible por dominarle mediante el volumen de su voz. En cambio, si Vd. baja la voz, le escuchará (aunque siga hablando más alto que Vd.). En un segundo momento debe intentar cortar el caudal verbal de su interlocutor, haciéndole una serie de preguntas concretas sobre el asunto; se verá entonces obligado a pensar o a recurrir a su memoria, y estará menos atento a su ataque contra Vd. Las preguntas que cortan una reclamación son de tipo «para ayudarme a solucionar más rápido su informe, ¿puede Vd. recordarme el número del pedido correspondiente?». Pero, si el cliente persiste en su agresividad, no tiene por qué escuchar sus injurias y puede Vd. deshacerse de él, dejándole no obstante una puerta abierta: «En cuanto podamos hablar más tranquilamente, le atenderé con mucho gusto».

El odio nunca parará al odio: sólo la buena voluntad aniquila el odio: esta es la ley eterna e inmutable.

EL DHAMMAPADA o **Camino de la doctrina**

Está permitido rechazar la fuerza con la fuerza.

MAQUIAVELO

No hay ningún tipo de injuria que no sea perdonada cuando uno se ha vengado. (...) No debemos tratar de contentar a los envidiosos.

VAUVENARGUES

Autorice a las personas que le rodean para que ejerzan su derecho legítimo de reclamar, y solucione las reclamaciones en cuanto pueda, considerando cada reclamación como una oportunidad de mejorar sus productos o de conseguir un amigo. Escuche con atención, sin interrumpir (pero debe saber concluir). Involúcrese. Muestre signos de asentimiento y aprobación mediante síes francos, no simplemente murmurados. Póngase en el lugar del otro y diga que comprende (concretamente, lo que experimenta el que reclama). Debe comprobar la exactitud de cuanto le digan y dar la razón en parte. Pero no se justifique con sus propios problemas. Si es necesario, discúlpese, pero por los actos (hacer daño) y no en el terreno de la identidad (ser malo). Debe centrar la atención del interlocutor sobre los medios para resolver el conflicto más que sobre las causas. Debe empezar a actuar bajo la mirada del cliente pero no «corra», y tome las medidas adecuadas posibles pero procure no prometer demasiado. Ofrezca continuidad informando del procedimiento de resolución y de los resultados. Permita que el cliente tenga la última palabra y cuelgue el teléfono el último.

No confundáis el odio y la venganza: son dos sentimientos muy diferentes. El uno es típico de los espíritus pobres, el otro es el efecto de una ley a la cual obedecen las grandes almas. Dios se venga y no odia. El odio es el vicio de las almas estrechas, ellas se alimentan de todas sus pequeñeces, y lo ponen como pretexto de sus bajas tiranías.

BALZAC

Quien perdona con facilidad invita a que le ofendan.

Proverbio

La mejor manera de vengarse es no parecerse a los malvados.

MARCO AURELIO

LOS COMPORTAMIENTOS DE SUMISIÓN

Algunas personas tienen tendencia «natural» a huir de las situaciones conflictivas y a someterse; así, reprimen sus reacciones emocionales naturales. La actitud vital del sometido es «yo no OK, los demás OK». Como los demás se ven sobreestimados, considerados sistemáticamente como modelos que siempre tienen razón, el sometido encuentra que es legítimo seguirlos. Lo hace porque está persuadido de que sus intereses son íntegramente asimilables a los de los demás. Su visión de las relaciones con los demás, desde el punto de vista de la teoría de conjuntos, equivale a la inclusión.

El sometido esconde su huida bajo la cobertura del realismo y sus expresiones favoritas son: «hay que ser realista», es decir, no hacer nada, o «yo solo no voy a cambiar esta sociedad». Afortunadamente, en ciertos momentos se presentan algunas personalidades más fuertes que se atreven a no conformarse con la realidad del momento, porque si no ¡todavía estaríamos viviendo en las cavernas! El sometido confiesa también frecuentemente que no posee voluntad propia y que se deja llevar por completo por la de los demás, repitiendo (demasiado) a menudo cuando uno le enfrenta a una elección: «como quieras» o «me da igual». Además, a fuerza de ver que el sometido se inclina, las personas que le rodean ya no le piden consejo: forma parte del mobiliario. El sometido se convierte entonces en el eterno seguidor.

> *Jugando al escondite, él se esconde tan bien que le olvidan.*
>
> **JULES RENARD (Pelo de zanahoria)**

> Nunca quejarse. *La queja siempre trae descrédito; más sirve de ejemplar de atrevimiento a la pasión que de consuelo a la compasión; abre el paso a quien la oye para lo mismo, y es la noticia de agravio del primero disculpa del segundo. Dan pie algunos con sus quejas de las ofensiones pasadas a las venideras, y, pretendiendo remedio o consuelo, solicitan la complacencia, y aun el desprecio.*
>
> **BALTASAR GRACIÁN**

> *(...) El hombre depende, en gran manera, de la idea que tiene de sí mismo. (...) Esta idea no puede degradarse sin ser al mismo tiempo degradante.*
>
> **GABRIEL MARCEL**

> *(...) no es natural amar algo más que a uno mismo.*
>
> **LA BRUYÈRE**

Para no parecer un sometido eterno, evite los gestos y las posturas de esquivar en que uno «se inclina» (barbilla baja, cabeza inclinada...) y no proteja para nada el corazón, las entrañas, el sexo, cruzando por delante las manos, los brazos, los pies, las piernas, refugiándose detrás de un accesorio. Evite también las posturas de hundimiento o de repliegue, con las piernas menos abiertas que la amplitud de los hombros (indica «estoy a sus órdenes»), andar sobre las puntas de los pies o abriendo los pies al estilo Charlot (un ingenuo que, como no filtra suficientemente la información, se cree todo cuanto le dicen).

El que quiere ser feliz se recluye y se reserva siempre que es posible. Tiene estas dos características: cambia poco de lugar y se retiene poco.

FONTENELLE

Una sorprendente manifestación de la sumisión es el síndrome de Estocolmo, cuando los rehenes de un tren secuestrado empiezan a apreciar a su antiguo secuestrador e incluso lo defienden una vez liberados. Éste fue el caso de Patricia Hearst, hija de un magnate de la prensa estadounidense, que se convirtió en la compañera de su secuestrador.

Los hombres toman la decisión de amar a aquellos que temen a fin de estar protegidos.

JOUBERT

La gestión de empresas y el cine

La fascinación hacia su verdugo en la película «Portero de noche» de Liliana Cavani

Viena, 1957. Max (Dirk Bogarde), antiguo oficial de las SS, es portero de noche. Un día cae en la cuenta de que la esposa de un director de orquesta estadounidense alojado en ese hotel, Lucra (Charlotte Rampling), no es más que una antigua deportada de un campo de concentración donde él se encargaba de los interrogatorios. Entonces, él la había violado y había hecho de ella su amante. Lucra busca un pretexto para quedarse en Viena porque se siente de nuevo atraída por su exverdugo. Se convierte entonces voluntariamente en su amante y vive con Max unas relaciones amorosas tumultuosas. ¿Acaso no se observan en la empresa ciertas relaciones entre gerente y colaboradores que evolucionan peligrosamente hacia este tipo de relación?

Hay una parte del hombre que se adapta al tirano y que incluso encuentra en ello su bienestar.
EMILIO-AUGUSTO CHARTIER, llamado ALAIN

La gestión de empresas y la historia

Bajo la revolución francesa, el hecho de que brotaran periódicos políticos indica un despertar espectacular de la conciencia popular.

Los grandes sólo lo son porque estamos de rodillas: ¡levantémonos!

(Divisa que encabezaba el periódico de PRUD'HOMME. Revolución de París)
Trabajó, trabajó para el rey de Prusia.

Proverbio sobre la derrota del mariscal SOUBISE en Rossbach
contra los prusianos en 1757

5 *RECHAZAR SOMETERSE*

Si existen casos de debilidad aventajosa y de huida eficaz, concretamente cuando resistirse a un adversario realmente superior a sí mismo es una actitud verdaderamente suicida, es necesario, para luchar eficazmente contra su propensión a huir, tomar conciencia de que somos los únicos responsables de nuestra situación, empezar por hacerse justicia, conciliar la suavidad con la firmeza, luchar para conseguir sus objetivos y para defender sus derechos, dominar sus objetos y apropiarse del territorio. Procure evitar recurrir a muebles-barrera o a accesorios-consuelo; comunique o luche abiertamente. Antes de cualquier intervención en público debe dominar su territorio: antes de hablar, debe estar seguro de que se encuentra a gusto y cómodamente instalado. Un recurso de algunos cazadores de cabezas para identificar el grado de sumisión y de falta de iniciativa de un candidato: cuando éste se sienta en una silla mal colocada (demasiado cerca o demasiado lejos o demasiado de lado respecto al interlocutor), ¡observe si la mueve o no lo hace!

Aquel que se somete a los hombres se ha sometido con anterioridad a las cosas.

EPÍCTETO

No es suficiente con huir, es necesario huir en el buen sentido; no es necesario huir excéntricamente, se ha de huir concéntricamente: huir del mundo en este sentido significa reencontrarlo, y más grande, más verdadero, más esencial.

RAMUZ

Sólo las personas que son firmes pueden tener una verdadera dulzura: las que parecen dulces no tienen más que debilidad que se convierte después en amargura.

LA ROCHEFOUCAULD

El principio de toda sociedad es hacer ejercer la justicia sobre uno mismo y sobre los demás. Si debemos amar al prójimo como a nosotros mismos, también debemos amarnos como a nuestro prójimo.

CHAMFORT

Para no someterse, debe tomar conciencia de que tiene en general un mayor margen de maniobra de lo que usted piensa. Por lo tanto, esfuércese por expresar lo más a menudo posible sus expectativas y sus opiniones, para no crear equivocaciones y para acostumbrar a las personas que le rodean a que le tomen en cuenta: porque sus interlocutores en seguida dejarán de pedirle su opinión si declara con demasiada frecuencia no tenerla. Y debe saber conciliar el hecho de servir bien a su entorno sin necesidad por eso de someterse a él.

LOS COMPORTAMIENTOS DE MANIPULACIÓN

Manipular es hacer o impulsar a hacer algo a alguien a sus espaldas, sin desvelarle las verdaderas intenciones. En la manipulación hay engaño por retención de información. El manipulador esconde una estrategia de dominación bajo una aparente sumisión a los intereses del tercero. Exhibe una relación del tipo yo no OK, los demás OK, pero tiende de hecho a una relación de tipo yo OK, los otros no OK.

La actitud vital del manipulador es, pues, idéntica a la del atacante, pero no la exhibe. Al contrario, se las da de amable. Utiliza para ello palabras y actitudes de sometido, pero para ablandar a quienes quiere dominar en secreto. A diferencia del atacante, que utiliza la fuerza para saciar su instinto de dominación, el manipulador prefiere utilizar la astucia y la habilidad; es un «listillo». Utiliza todos los gestos y las posturas del sometido. Con la cabeza inclinada, encorbada, plegada sobre sí misma, intenta hacerse pequeño: como los personajes de los dibujos animados que caminan sobre la punta dc los pies, con los brazos plegados en el pecho para sorprender mejor a su presa. Este estilo «reservado» del confesor eclesiástico tipo abad Dubois debe preocuparnos. Por otra parte, la búsqueda sistemática del secreto también indica un comportamiento manipulador: «Habla más bajo, que podrían oírnos», así como la falsa modestia: «Oh, sabe usted, aquí no somos muy inteligentes, tuvimos suerte, eso es todo...».

> *Nadie tiende más trampas a los tiranos que aquellos que fingen amarles más sinceramente.*
>
> **JENOFONTE**

> *La ambición lleva a menudo a aceptar las funciones más bajas: es así que se trepa en la misma postura en que se repta.*
>
> **JONATHAN SWIFT**

> *Las personas que no hacen ruido son peligrosas: no ocurre lo mismo con las que lo hacen.*
>
> **JEAN DE LA FONTAINE**

> *Para encadenar a los pueblos se comienza por dormirles.*
>
> **JEAN-PAUL MARAT**

Una de las formas más eficaces de manipulación es la manipulación afectiva de aquel que utiliza los (buenos) sentimientos para esconder sus (malas) intenciones. El manipulador consigue poder sobre los demás declarando que actúa «para el bien de ellos» y por amor a ellos. Se las da de salvador: «¡Vale! déjame ayudarte. Déjalo, ya lo hago yo por ti. ¡Pobrecito!». O bien culpabilizándolos siempre mediante los sentimientos, dándoselas de falso mártir. Esta capacidad de pasar sin transición de los sentimientos más personales a los intereses más materiales, es decir, de jugar con los más íntimos sentimientos, es una de las señas distintivas del manipulador.

> *(...) En general, nadie se toma tantas molestias para endulzar tus penas como los pérfidos que las han causado y ganan con ello.*
>
> *MARIVAUX*

> *El peor tirano no es el hombre que gobierna con el terror. El peor es el que gobierna por el amor y juega con él.*
>
> *CHESTERTON*

> *Las personas inteligentes siempre son gentiles.*
>
> *JEAN-PAUL SARTRE*

Las actitudes típicamente manipuladoras son particularmente numerosas, al ser el manipulador un verdadero camaleón que sabe sucesivamente halagar, dramatizar con exceso (para luego aparecer como un salvador), amplificar y culpabilizar, construirse películas (complicadas y dramáticas), simular, fantasear, aparentar indiferencia escondiendo sus propias emociones, dárselas de conspirador o de persona bien informada y confidencial, combinar y complicar, adornar o fingir cortesía.

> *No estar siempre de burlas. Conócese la prudencia en lo serio, que está más acreditado que lo ingenioso. El que siempre está de burlas, nunca es hombre de veras. Igualámoslos a éstos con los mentirosos en no darles crédito; a los unos por recelo de mentira, a los otros de su fisga. Nunca se sabe cuándo hablan en juicio, que es tanto como no tenerle. No hay mayor desaire que el continuo donaire. Ganan otros fama de decidores y pierden el crédito de cuerdos. Su rato ha de tener lo jovial, todos los demás lo serio.*
>
> *BALTASAR GRACIÁN*

Concretamente, confesar sinceridad y fingir complicidad secreta son muy a menudo signos de una tentativa de manipulación de alguien que sabe muy bien de hecho que le está escondiendo algo y que se defiende por adelantado. Para que usted confíe en él, el manipulador se fía de usted. Le adentra en su secreto y le convierte en cómplice.

> *El interés hace jugar a todo tipo de personajes, incluso a los desinteresados.*
>
> *LA ROCHEFOUCAULD*

7 SER «ASERTIVO», AFIRMÁNDOSE TRANQUILAMENTE

La asertividad consiste, en primer lugar, en rechazar recurrir demasiado a menudo a los tres comportamientos típicamente ineficaces (el ataque, la huida y la manipulación). Las técnicas de «asertividad» proceden del análisis transaccional, en el cual desarrollan el estado «adulto». La palabra asertividad procede del inglés «*assertivness*», que puede traducirse en castellano por autoafirmación, confianza en sí mismo, seguridad personal, y mediante un eslogan publicitario: «la fuerza tranquila». La actitud vital del asertivo es «yo OK, los demás OK», es decir, que postula el mutuo respeto de opinión: aunque a mí me satisface tal cosa, ésta no tiene por qué satisfacer a los demás.

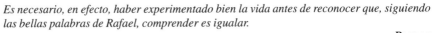

Es necesario, en efecto, haber experimentado bien la vida antes de reconocer que, siguiendo las bellas palabras de Rafael, comprender es igualar.

BALZAC

... Los dos contagios más terribles que precisamente nos amenazan:... ¡el profundo asco por el hombre! ... ¡la profunda piedad por el hombre!...

NIETZSCHE

Para ser asertivo hay que empezar por apreciarse, creer en uno mismo y saber exteriorizar la fuerza con tranquilidad según las circunstancias. Debe aceptarse para aceptar mejor a los demás. Eso implica que debe saber defender sus derechos sin desvalorizar a los demás, ni dejarse desvalorizar por ellos. Para recuperar autoestima, desde el punto de vista profesional, debe empezar por cobrar lo que realmente vale en el mercado.

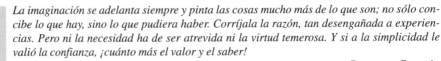

La imaginación se adelanta siempre y pinta las cosas mucho más de lo que son; no sólo concibe lo que hay, sino lo que pudiera haber. Corríjala la razón, tan desengañada a experiencias. Pero ni la necesidad ha de ser atrevida ni la virtud temerosa. Y si a la simplicidad le valió la confianza, ¡cuánto más el valor y el saber!

BALTASAR GRACIÁN

¿*CÓMO ALTERNAR LO MEJOR POSIBLE LOS COMPORTAMIENTOS?*

La asertividad es, como dicen los aseguradores, una «primera señal», es decir, el primer comportamiento a tener presente en una situación determinada. Por inducción, existen grandes posibilidades de que aquel con quien se muestra Vd. asertivo se convierta también en asertivo, y cada una de las dos partes tendrá una actitud clara y «adulta». Sin embargo, si éste no fuera el caso y si, tras haber persistido en su actitud asertiva, su interlocutor continúa agrediéndole, debe retroceder hacia un comportamiento más manipulador y sustituir la sinceridad por la habilidad. Si este comportamiento tampoco da resultados en el de su agresor, que continúa presionándole, debe retroceder todavía más y contestar al ataque mediante el ataque, en vez de dejarse hacer: todo tiene sus límites.

Si él se vanagloria, yo le critico; si él se critica, yo le alabo: y le contradigo siempre hasta que comprenda que es un monstruo incomprensible.

PASCAL

La fuerza sustituye entonces a la astucia o, como decía Maquiavelo, «el zorro se convierte en león».

Es más seguro y más conveniente no emplear los medios violentos más que cuando los otros no surten efecto.

MAQUIAVELO

Por último, si la relación de fuerza no le es decididamente favorable, y como nadie se halla sujeto a lo imposible, entonces ánimo, y huya. Sin embargo, observará en la tabla siguiente que la proporción de recursos respecto a esos cuatro comportamientos no es la misma: se puede evaluar sucesivamente en 40 % para la asertividad, 30 % para la manipulación, 20 % para el ataque y 10 % para la huida.

Dos géneros de personas previenen mucho los daños: los escarmentados, que es muy a su costa, y los astutos, que es muy a la ajena. Muéstrese tan extremada la sagacidad para el recelo como la astucia para el enredo, y no quiera uno ser tan hombre de bien que ocasione al otro serlo de mal; sea uno mixto de paloma y de serpiente; no monstruo, sino prodigio.

BALTASAR GRACIÁN

La tendencia que presenta Vd. a situarse por encima de una o varias de estas frecuencias es su tendencia predominante. Por ejemplo, una persona sometida pensará sistemáticamente que ante la duda más vale abstenerse, y una agresiva que para conseguir la paz, al contrario, más vale preparar la guerra. El exceso en un comportamiento deberá compensarse recurriendo más a menudo al comportamiento proporcionalmente menos utilizado. En el siguiente ejemplo, la reducción de los comportamientos 1 y 2 (primarios) provocará el incremento de los comportamientos 3 y 4 (secundarios). (El punteado indica el «estándar».)

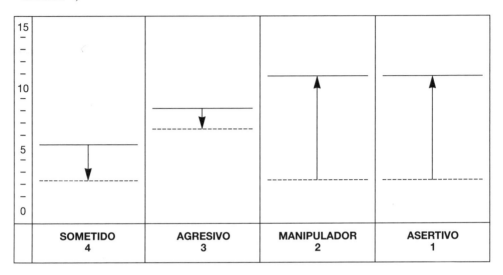

Así pues, en nuestras relaciones podemos escoger entre tres registros: mirar para sí, mirar por los demás y mirar contra sí. No obstante, podemos dosificar y alternar, teniendo en cuenta que el primer comportamiento (asertivo) nos lleva a las cuestiones de índole moral, el segundo nos lleva al poder (agresivo o manipulador) y que el tercero nos lleva al abandono y a la patología.

> *Supongamos un hombre que me trate con malas maneras y brutalidad. Yo como hombre sabio debo mirar dentro de mí mismo y preguntarme si no he sido inhumano, si no me ha faltado urbanidad; porque si no ¿cómo me habría podido llegar a pasar tal cosa?*
> *Si, después de haber analizado mi proceder, encuentro que he sido humano; si después de un nuevo análisis encuentro que he tenido urbanidad, y siguen ahí la brutalidad y las malas maneras de las que he sido objeto, yo como hombre sabio debo nuevamente descender dentro de mí mismo y preguntarme si no me habrá faltado rectitud.*
> *Si después de este examen interior encuentro que no me ha faltado rectitud, y siguen ahí la brutalidad y las malas maneras de las que he sido objeto, yo como hombre sabio me digo: Este hombre que me ha ofendido no es más que un extravagante. Si así es, ¿en qué se diferencia de una bestia salvaje? ¿Por qué debería yo atormentarme por una bestia salvaje?*
> *Es por esta razón que el sabio toda su vida se halla lleno de solicitudes (para hacer el bien) sin que una pena (producida por una causa exterior) le afecte durante una mañana entera.*
>
> CONFUCIO

CONSEGUIR UN BUEN CLIMA DE NEGOCIACIÓN

Para resolver un conflicto debe empezar por aceptar la realidad, considerarlo como una cosa normal o legítima y no «despreciarlo». Para ello, no debe desacreditar a su oponente acusándolo sino, al contrario, debe reanudar el diálogo con él. Esta voluntad de enfrentarse a la situación debe igualmente incluirse en la comunicación no verbal: cuando se produce un altercado o cuando se siente Vd. agredido, no debe retroceder ni volverse, aunque sea ligeramente, y presentar la espalda al «estilo egipcio», porque su adversario lo va a interpretar como una señal de debilidad y fortalecerá de esta manera su propio ataque. Por el contrario, busque el contacto: acérquese a él con calma, sonría y abra los gestos demostrando que está Vd. seguro de sí.

> Hombre de gran paz, hombre de mucha vida. *Para vivir, dejar vivir. No sólo viven los pacíficos, sino que reinan. Hase de oír y ver, pero callar. El día sin pleito hace la noche soñolienta. Vivir mucho y vivir con gusto es vivir por dos, y fruto de la paz. Todo lo tiene a quien no se le da nada de lo que no le importa. No hay mayor despropósito que tomarlo todo de propósito. Igual necedad que le pase el corazón a quien no le toca, y que no le entre de los dientes adentro a quien le importa.*
>
> BALTASAR GRACIÁN

> *En la guerra, como en el amor, para acabar hace falta verse de cerca.*
>
> NAPOLEON I

> *El diálogo parece en sí mismo constituir una renuncia a la agresividad.*
>
> J. LACAN

Para conseguir un ambiente inicial de buena voluntad, el aspecto de las relaciones con los demás que es necesario desarrollar y compartir con los adversarios es el mutuo aprecio, desde una posición de igualdad: no debe subestimar a su «adversario». Concretamente, procure no aplicar la doctrina de Breznev, que procede del nombre del antiguo número uno soviético, que puede resumirse de la siguiente manera: «Todo cuanto le pertenece a Vd. es negociable. Todo cuanto me pertenece a mí no es negociable. Negociemos». Debe abrir la vía de la negociación aplicando (como en los seguros) la cláusula estadounidense: «Todo es negociable excepto lo que le estoy concretando ahora mismo», en vez de decir (cláusula francesa) «Sólo negociaré en los siguientes puntos...». En cambio, debe establecer claramente el terreno de la negociación y del posible intercambio, expresando lo que es negociable para Vd. y lo que no lo es, y animando a su interlocutor a hacer lo mismo, porque si el límite entre lo negociable y lo que no lo es no está establecido, el inter-cambio difícilmente se podrá situar. Tomando los símbolos de la teoría de conjuntos, se puede decir que el procedimiento «asertivo» de gestión de los conflictos implica que Vd. cree en la intersección de los objetivos. Es decir, que debe Vd. aceptar la idea de que se compartan las culpas, y que las posibilidades de acuerdo todavía existen, porque es justa-mente en este conjunto de objetivos recíprocos que podrá encontrarse un ambiente de acuerdo. Esto implica rechazar a la vez la visión agresiva de diferenciación («entre tú y yo, no funciona») y también la que se halla sujeta a la inclusión («si tú quieres»). Debe empezar por observar lo que le acerca a los demás, antes que lo que le opone a ellos.

Nunca se debe lanzar contra los adversarios rumores infundados, o darles motivos, ya que el adversario es, como cualquier otro, un huésped del espíritu.

DR. SCHWEITZER

En general no tenemos el valor de asegurar que no tenemos defectos y que nuestros enemi-gos carecen de buenas cualidades; pero en realidad no estamos lejos de creérnoslo.

LA ROCHEFOUCAULD

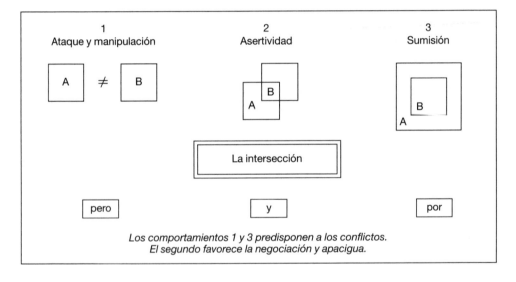

Los comportamientos 1 y 3 predisponen a los conflictos.
El segundo favorece la negociación y apacigua.

RESOLVER ASERTIVAMENTE LOS CONFLICTOS HUMANOS

Conviene que los conflictos no acaben con toda su energía ni con la de sus colaboradores. Pero ello no implica necesariamente tener que ocultarlos: constituyen la señal de una buena salud en sus relaciones con los demás, e indican que sus colaboradores todavía pueden decirle las cosas de frente. Debe aceptar la oposición, buscar la confrontación de puntos de vista e incluso suscitar la polémica en su empresa, pero procure evitar el enfrentamiento entre personas; si no es posible, quizá llegó el momento de subordinarse todavía más estrechamente. Así, frente a un conflicto, debe relativizarlo considerando por un lado lo que se debe a un fenómeno natural y, por otra parte, lo que en parte se le puede imputar a Vd. Y debe positivarlo para sacarle algún provecho. No obstante, existen enemigos que más vale no tener y conflictos que es mejor evitar. En particular, no hable de principios si éstos no se están cuestionando. Ése sería a la vez un mal ejemplo ofrecido a sus adversarios, así como una peligrosa ilusión.

> *La guerra no se evita pero es siempre con gran ventaja del enemigo que se difiere.*
>
> MAQUIAVELO

> Saber usar de los enemigos. *Todas las cosas se han de saber tomar no por el corte, que ofendan, sino por la empuñadura que defiendan; mucho más la emulación.*
> *Al varón sabio más le aprovechan sus enemigos que al necio sus amigos. Suele allanar una malevolencia montañas de dificultad que desconfiara de emprenderlas el favor.*
>
> BALTASAR GRACIÁN

> *El error más grande que puede cometerse en esta vida es el de meterse con un hombre superior.*
>
> BALZAC

La entrevista cara a cara es casi siempre una confrontación, y lo que está en juego en ella resulta importante para ambas partes. Para que estas confrontaciones no pongan en evidencia regularmente la buena calidad de sus relaciones y la colaboración que Vd. desea con razón mantener con sus colaboradores, es necesario que ambas partes salgan ganando (yo = OK, el otro = OK). Pero no necesariamente lo mismo.

Con dicha intención, debe aplicar el método DESC de Bower: la D como «Describa», o haga describir, en número limitado para no caer en la lista de los acusados, los hechos concretos que plantean un problema a su interlocutor o a Vd. mismo, y sus resultados reales. Debemos recordar que para los antiguos griegos el infinito empieza en la cifra 4. Así que no más de tres reproches. La E como «Exprese», o haga expresar los sentimientos experimentados personalmente en el momento mismo de los hechos. Esto para evitar cualquier equivocación sobre las interpretaciones que se han podido hacer. También debe recordar los objetivos de cada uno y en qué aspecto los hechos mencionados los contradicen. El mensaje «yo» en tres partes (recomendado también por Gordon) puede enunciarse por ejemplo con lo siguiente: «encontré varios errores importantes en su informe y cuando lo presenté a la reunión no me tomaron en serio, así que estoy muy disgustado». Luego el otro interlocutor habla a su vez según el mismo encadenamiento de ideas. Debe procurar no atraer la atención de su interlocutor sobre problemas que éste no puede resolver. La S como «Sugiera», y busquen juntos soluciones ganador/ganador, es decir, que satisfagan a la vez los objetivos del uno y del otro. Por ejemplo: «¿Cómo se podría conseguir que te quedes una hora más cada mañana con tu hijo recién nacido (¿es éste realmente tu objetivo?) y que asegures una presencia efectiva de cuarenta horas en la empresa (es mi objetivo)?». No proponga una única solución (su interlocutor podría pensar que se trata de un golpe preparado por adelantado) sino varias, y permanezca abierto a las sugerencias del otro. En ese momento, háblele también de lo que desearía compartir con él e intercambie sistemática e idénticamente las concesiones para permanecer «asertivo», es decir, no conseguir más que el otro (es decir, dominar) pero tampoco lograr menos (verse sometido). «De cada dos semanas, la primera llegas cada día a las nueve y media, y a cambio haces media hora más cada día durante la segunda semana, ¿de acuerdo?». Pero no debe dejarse «amenazar»: para lograrlo, recurra al intercambio (de buenos procedimientos o propuestas) y recurra al libre albedrío de cada uno, cosa que su interlocutor podría calificar de chantaje. La C como «Concluya sobre la base de consecuencias positivas», que la solución propuesta puede tener para su interlocutor (no es necesario describir las consecuencias positivas para con Vd., porque ello podría hacer temer a su interlocutor que él consigue menos que Vd.).

La gestión de empresas y el teatro

El intercambio con igualdad visto por Odon Von Orvath en la película «Les légendes de la forêt viennoise» «las leyendas del bosque vienés».

Valeria: Alfred, debes dejar de engañarme todo el tiempo.
Alfred: Y tú debes dejar de ser malpensada. Esto va a perjudicar nuestra relación. No olvides que un hombre joven tiene su lado bueno y su lado malo. Déjame pues decirte una cosa. Una relación pura y simplemente humana no se vuelve auténtica hasta el momento en que uno se aprovecha del otro. Todo lo demás es un camelo. Por consiguiente yo estaría en favor de no romper nuestras relaciones amistoso-comerciales por el qué dirán...

No seamos tan difíciles de contentar.
Los más complacientes son los más hábiles.

JEAN DE LA FONTAINE, *La garza*

El tiempo cura el dolor y las disputas porque se cambia, se deja de ser la misma persona. Ni el que ofende ni el ofendido son ya los mismos. Es como un pueblo al que se ha ofendido y al que se vuelve a ver después de dos generaciones. Todavía son franceses, pero no son los mismos.

PASCAL

DIFERENCIAR ENTRE CRÍTICAS JUSTIFICADAS Y CRÍTICAS INJUSTIFICADAS

La primera fase de una gestión eficaz de las críticas radica en la buena acogida que Vd. tiene interés en reservarles porque de entrada indican un verdadero interés hacia su persona. Debe positivar tanto el origen como las consecuencias de las críticas recibidas, y pensar que las críticas son muchas veces una prueba de resistencia y una confesión de interés hacia Vd.

> *Todo el mundo encuentra cosas que criticar en el prójimo que también se encuentran en ellos mismos.*
> *(...) Los espíritus pobres se sienten heridos por las pequeñas cosas, los espíritus fuertes lo ven todo pero no se sienten en absoluto heridos.*
>
> **LA ROCHEFOUCAULD**

> *Si hablamos de calumnias, todo lo que no desaparece le sirve al que es atacado.*
>
> **Cardenal de RETZ**

> *Las injurias cumplen la ley de la gravedad. No tienen peso si no caen desde lo alto.*
>
> **FRANÇOIS GUIZOT**

> *Si alguien dejara tu cuerpo a la discreción del primero que llegue, sin duda te enfadarías mucho; y cuando tú abandonas tu alma al primero que viene y cuando éste te injuria y ella permanece muda y trastornada, tú ni tan siquiera enrojeces.*
>
> **EPÍCTETO**

> *Aquel que pronuncia injurias está más cerca de perdonarlas.*
>
> **MIGUEL DE CERVANTES**

No se tratan del mismo modo las críticas justificadas y las que no lo son. Para poder hacer esta distinción es necesario identificar si la crítica trata de hechos o de actos reales, en ese caso está justificada, o sobre opiniones o sentimientos, y en ese caso, ya no lo está. Reciba las críticas injustificadas contestando simplemente «sí, ya entiendo, es una opinión» o «es una manera de ver», «un punto de vista», «una interpretación» (en vez de «es su opinión», lo que excluiría demasiado al interlocutor). En efecto, como toda opinión puede ser por naturaleza contestada, frente a una crítica bajo forma de opinión o que juzga a su propia persona, no puede ni estar de acuerdo ni negar a su interlocutor el derecho a expresarla. Así, la única manera de contestarle sin agredirlo y sin someterse es reconocerle únicamente ese derecho a tener esa opinión, lo que no le compromete a Vd. a compartirla. Frente a críticas justificadas, debe contestar, cuando tienen en cuenta hechos concretos, «sí, es cierto, es exacto, tenía Vd. razón».

No dependen las perfecciones de un solo agrado: tantos son los gustos como los rostros, y tan varios. No hay defecto sin afecto, ni se ha de desconfiar porque no agraden las cosas a algunos, que no faltarán otros que las aprecien, ni aun el aplauso de éstos le sea materia al desvanecimiento, que otros lo condenarán. La norma de la verdadera satisfacción es la aprobación de los varones de reputación y que tienen voto en aquel orden de cosas. No se vive de un voto solo, ni de un uso, ni de un siglo.

BALTASAR GRACIÁN

Cuando las mentes críticas utilizan razonamientos o proverbios, conteste simplemente: «sí, es lógico». Del mismo modo, frente alguien que quiera aplastarle con su saber, conteste regularmente con «claro»; es una manera de mostrarle que él no le está enseñando nada a Vd. Esto debe evitarse sin embargo en el marco de una comunicación auténtica. Para defenderse «con asertividad», es decir, sin contraatacar («sí, pero Vd. tampoco se ha visto...»), ni someterse («sí, pero es porque...»), ¡párese en la tercera palabra! ¡A partir de cuatro empieza el infinito! Al mostrarse serio en sus respuestas obligará Vd. a sus atacantes a dar explicaciones y acabará de esta manera con una relación de fuerza que inicialmente le desfavorecía.

Que vuestras palabras sean sí, sí, no, no: todo lo que se añade viene del maligno.

La Biblia

Podéis escapar a la crítica no diciendo nada, no haciendo nada y no siendo nada.

The Reader's Digest

La mejor manera de contrarrestar una crítica es no darse cuenta de ella o mejor equivocarse a propósito sobre la verdadera intención de quien la expresa. ¡Piense ingenuamente que detrás de esta crítica aparente sólo hay de hecho un intento sincero de ayudarle! y por lo tanto conteste como si se dirigiera a un amigo que le hace un favor de verdad. Pero sobre todo no debe mostrar que le afecta, esto fortalecería la audacia de su interlocutor. Para desequilibrar a un atacante que quiere hundir una puerta, sólo queda una solución, ábrala Vd. mismo y el asaltante caerá por sí mismo debido a su propio impulso, sin que haya Vd. gastado la mínima energía. Como en el aikido, cuando trate con críticas debe utilizar siempre la energía del otro, no la suya.

La gran ciencia estriba en hacerle querer todo lo que vosotros queréis que él haga y proporcionarle, sin que él se dé cuenta, todos los medios para que os apoye.

SUN TSE

Nunca ve el sol la sombra.

LEONARDO DA VINCI

Quien se siente afectado por un insulto se embrutece.

JEAN COCTEAU

La puerta mejor cerrada es la que puede dejarse abierta.

Proverbio chino

VI
MOTIVAR(SE)

1

Motivar(se)

Según Maslow, el hombre aspira a satisfacer sus necesidades según un orden concreto, a semejanza de una pirámide, a cuyo vértice sólo se accede pasando por los sucesivos pisos. Es la dinámica de las necesidades humanas o la lógica del «les das un poco... y siempre te pedirán más». Nuestras primeras necesidades se refieren a la supervivencia, es decir, a la seguridad física («ser y durar») y psicológica (evitar la violencia). Pero una vez satisfecha esta necesidad, deseamos en seguida pasar a la siguiente (sin perder la primera), a saber, la pertenencia al grupo, que de hecho fortalece la primera (la unión hace la fuerza). Se trata del instinto gregario. Una vez satisfecha nuestra necesidad de integrarnos, deseamos, en el marco de nuestros grupos de pertenencia, distinguirnos y ser reconocidos por nosotros mismos y por nuestros méritos. Es la necesidad de reconocimiento individual (el honor, los títulos, pero también la atención, la mirada, la escucha...). Pero estos niveles de necesidad permanecen estrechamente relacionados; incluso cuando los primeros resultan ser para muchos de nosotros los más importantes.

> *La libertad fuera de la sociedad no comporta la idea de seguridad y ésta no puede comprenderse sin libertad y sin sociedad.*
>
> *RIVAROL*

La importancia respectiva de estos diferentes niveles de motivación depende igualmente de nuestra cultura. El paso del nivel 3 al nivel 4, es decir, de las necesidades de reconocimiento a las necesidades de autonomía es un momento crítico que a menudo se vive mal en las relaciones humanas: en efecto, una vez valorizados y reconocidos por su competencia nuestros colaboradores desearán legítimamente que saquemos todas las consecuencias: «¡Ya que me dice Vd. a menudo que soy competente, confíe en mí y deje que yo lo haga solo! Ya no le necesito». Consecuencias vividas muchas veces como algo ingrato para el gerente. El amor y el aprecio de los demás ya no bastan, queremos experimentar por nuestra cuenta. En efecto, gracias a las señales de reconocimiento positivo que hemos recibido, hemos confiado en nosostros y ya nos sentimos suficientemente fuertes como para tomar responsabilidades.

> *Los hombres comienzan por el amor, acaban por la ambición y no se encuentran tranquilos más que en el momento de su muerte.*
>
> *LA BRUYÈRE*

Es necesario así evitar dos defectos de motivación clásicos: el primero consiste en valorizar sin responsabilizar en lo sucesivo. El gerente apacigua, integra y valoriza pero ahí se queda: parecerá entonces poco creíble o demagogo. Mientras se trata de hacer cumplidos, el gerente está presente, pero rechaza sacar consecuencias, desmintiendo sus palabras a través de sus actos.

> *Se busca la libertad durante el tiempo en que no se tiene poder. Si se tiene poder se quiere la supremacía. Si no se consigue (si se es demasiado débil), se quiere la «justicia», es decir, un poder igual.*
>
> *NIETZSCHE*

El segundo defecto de motivación es responsabilizar sin valorizar: el gerente apacigua y reúne pero no expresa demasiado bien el reconocimiento positivo y la satisfacción de las personas que le rodean. Las personas que le rodean no confían demasiado en las capacidades del propio gerente. Sin embargo, ese gerente decide un día responsabilizar a sus colaboradores, que descubren de repente que dependen demasiado de él. Un poco como el padre que decide que su hijo mayor tiene que hacerse cargo de sí mismo, cuando durante todos los años anteriores no lo animó en sus tímidos intentos de emancipación. Esto podría comportar un derrumbamiento o, por lo menos, angustia y fracaso en aquel a quien queremos considerar sin transición como un individuo autónomo y responsable.

Volvamos a nuestra ascensión para conseguir el último piso de la pirámide. Una vez conseguimos autonomía con nuestros medios de acción, podemos entonces planear el último escalón, es decir, realizar nuestros objetivos. En efecto, se puede ser, por ejemplo, un director financiero responsable del departamento sin necesidad de estar satisfecho porque «si tuviera que volver a hacerlo preferiría ser escritor». Decidimos entonces escoger (por fin) esta vía. Como gerente, debería ayudar al máximo a las personas que le rodean a realizarse en sus propias finalidades, incluso si a largo plazo no coinciden con las de la empresa. Mientras tanto, en vez de rechazar los sueños de aquellos que me rodean intentaré al máximo relacionarlos con los objetivos profesionales que yo les doy.

> Tener que desear: *para no ser felizmente desdichado. Respira el cuerpo y anhela el espíritu. Si todo fuere posesión, todo será desengaño y descontento; aun en el entendimiento siempre ha de quedar qué saber, en que se cebe la curiosidad.*
> *Si nada hay que desear, todo es de temer: dicha desdichada. Donde acaba el deseo comienza el temor.*
>
> *BALTASAR GRACIÁN*
>
> *Todo logro es una servitud, ya que obliga a un logro mayor.*
>
> *ALBERT CAMUS*

Frente a estas necesidades, el gerente deberá actuar sucesivamente como un apaciguador, luego como un reunificador, un valorizador, un responsabilizador y, por último, un «desarrollador» de sus colaboradores. Estos cinco tipos de necesidades humanas y los comportamientos de gestión correspondientes son el tema de los cinco capítulos siguientes de este libro: tranquilizar, reunir, reconocer, responsabilizar y servir.

2
CÓMO MOTIVAR Y GESTIONAR LA INSATISFACCIÓN

Para motivar a sus colaboradores, empiece por motivarse Vd. mismo y, para ello, debe estresarse, es decir, ponerse en tensión y mostrarse curioso. Practique una política de equilibrio entre las tentaciones extremadas: no intente satisfacer todos sus deseos, ni, al contrario, ahogarlos todos; selecciónelos y apórteles realmente su voluntad, pero con humanidad. Y satisfágalos en el momento oportuno.

No se puede desear lo que no se conoce.

VOLTAIRE

Nuestros deseos son los presentimientos de las posibilidades que llevamos dentro.

GOETHE

Tened cuidado de que no falte siempre en vuestra casa algo cuya privación os cause pesar y cuyo deseo sea de vuestro agrado. Es necesario mantenerse en un estado tal que no se esté nunca ni saciado ni con hambre.

JOUBERT

Un hombre hábil sabrá ordenar sus intereses y conducir cada uno de ellos en orden. Nuestra avidez les molesta haciéndonos correr en busca de cien cosas al mismo tiempo. Tanto es así que por desear demasiado las menos importantes no hacemos suficiente esfuerzo por conseguir las que más deseamos.

LA ROCHEFOUCAULD

Daos prisa en sucumbir a la tentación antes de que se aleje.

CASANOVA

Respecto a nuestros deseos insatisfechos, es conveniente hacer de ellos un motivo o razón, evitando transformarlos en ganas o en conflicto.

Herzberg distingue, por una parte, las motivaciones o factores de satisfacción que se refieren al individuo mismo. Son positivos porque son valorizaciones que la persona busca y actúan de una manera más duradera que los factores de ambiente. Motivan de verdad y conducen a la acción. Son la creatividad, la autonomía, la responsabilidad y la promoción en el trabajo. Motivar consiste pues en hacer esperar algo a muchas personas que compiten, controlar esta competencia y honrar los resultados. Por otra parte, los factores de insatisfacción que implican siempre al entorno de la persona y de «los demás». Éstos son negativos porque son disgustos que el individuo quiere evitar y actúan de manera relativamente breve. Sólo desmotivan y son estáticos. Son por ejemplo el salario, el buen ambiente, la seguridad, las condiciones materiales del trabajo.

Más que estropear el presente deseando lo que no tenemos, consideremos lo que nos tocó en suerte ayer de entre las cosas que habíamos deseado.

EPICURO

Todas las fes que los hombres no deben combatir por necesidad las combaten por ambición. Esta pasión es tan poderosa que no les abandona jamás, no importa el rango al que hayan sido elevados. La razón es esta: la naturaleza nos ha creado con la facultad de desearlo todo y la imposibilidad de obtenerlo todo, de suerte que el deseo es siempre superior a nuestros medios con el resultado de que nos disgusta lo que poseemos y nos aburrimos de nosotros mismos. De ahí nace la voluntad de cambiar. Unos desean adquirir, otros temen perder lo que han adquirido; se siembra la confusión, se llega a las armas y de la guerra viene la ruina de un país y la elevación de otro.

MAQUIAVELO

Son las pasiones y no los intereses los que mueven el mundo.

ALAIN

Hacer depender. *No hace el numen el que lo dora, sino el que lo adora. El sagaz más quiere necesitados de sí que agradecidos. Es robarle la esperanza cortés fiar del agradecimiento villano, que lo que aquélla es memoriosa, es éste de olvidadizo. Más se saca de la dependencia que de la cortesía; vuelve luego las espaldas a la fuente el satisfecho y la naranja exprimida cae del oro al lodo. Acabada la dependencia acaba la correspondencia, y con ella la estimación. Sea lección, y de prima en experiencia, entretenerla, no satisfacerla, conservando siempre en necesidad de sí aun al coronado patrón; pero no se ha de llegar al exceso de callar para que yerre, ni hacer incurable el daño ajeno por el provecho propio.*

BALTASAR GRACIÁN

¿ES EL DINERO UN FACTOR DE MOTIVACIÓN?

Según Herzberg, dos mitos fundadores presiden la visión que podemos tener del trabajo. En ellos se halla la dualidad entre satisfacción y ausencia de insatisfacción. Al primero corresponde esencialmente la motivación por el dinero.

El primer mito fundador es la visión de Adán, el hombre de la tradición cristiana que ahuyentado del paraíso debe trabajar con el sudor de su frente para evitar empeorar: si no vuelve a encontrar el paraíso perdido, puede por lo menos ahorrarse aumentar sus insatisfacciones sobre la Tierra y de convertirlas en infierno. Ser Adán es huir de aquello que a uno no le gusta. La función de lo personal proviene de la visión que tiene Adán del trabajo, y gestiona únicamente las insatisfacciones, en concreto mediante el dinero.

> *(Para los hombres modernos) el trabajo es un medio, ha dejado de ser un fin en sí mismo; de tal manera que se sienten descontentos de su elección, a menos que tengan grandes beneficios (...) evitar el aburrimiento a toda costa es vulgar, lo mismo que trabajar sin placer.*
>
> HERZBERG

> *¡Ah! El dinero que tanto he menospreciado y que no puedo amar por mucho que lo intente. Me siento forzado a admitir que tienes tu mérito: fuente de libertad, arreglas mil cosas en nuestra existencia y todo se hace difícil cuando no estás.*
>
> CHATEAUBRIAND

El segundo mito es la visión de Abraham, el hombre de la tradición judía que cree que puede realizarse aquí abajo, en la Tierra, en su actividad, y busca todo lo que le permite ir en ese sentido y motivarse. Ser Abraham es dirigirse hacia aquello que le gusta a uno. La función de los recursos humanos en la empresa procede de la visión que tiene Abraham del trabajo, y gestiona únicamente las motivaciones.

> *Trabajar sin tener ganas no es un trabajo, es una necesidad. Y es en esos momentos en que nos damos cuenta del poco mérito que tiene el hacer las cosas que nos gustan (...) Cuando se trabaja con alegría, con entusiasmo, no se tiene derecho a nada. No se tiene ni tan sólo derecho al éxito. Hemos recibido un pago anticipado.*
>
> SACHA GUITRY

> *Contamos nuestras riquezas por los medios que poseemos de satisfacer nuestros deseos.*
>
> Abate PRÉVOST

VII

TRANQUILIZAR E INFUNDIR CONFIANZA

*E*LIMINAR AMENAZAS Y RUMORES

La amenaza es una señal de impotencia. Igual que la promesa, es una escapatoria cuando uno ya no se puede enfrentar al presente y se refiere entonces a un hipotético futuro cargado de equivocaciones. De hecho, es una confesión de debilidad más que de fuerza; de miedo e impotencia más que de verdadero dominio de la situación. Amenazar es tan peligroso para quien lo hace como para quien lo sufre, porque el primero se arriesga a «que le devuelvan los palos», especialmente cuando haya amenaza de exclusión.

> *No levantéis jamás la mano sin golpear. Rara vez deberíamos levantar la mano, quizá jamás debería ser necesario golpear, pero no es menos cierto que hay circunstancias en que el gesto es tan peligroso como el golpe. He ahí la verdad de esta máxima.*   **DENIS DIDEROT**

Se amenaza frecuentemente mediante la censura y el rumor. Censurar es esconder un elemento importante de una afirmación seria, dando a entender que de todos modos existe: «¡Sabes, aquí, hay que vivir con ello!». De modo que Vd. podrá contestar para esclarecer la censura: «¿El 'hay' éste, se refiere a todo el mundo? ¿El 'con ello', a qué se refiere exactamente?». La censura es la versión lingüística del síndrome de la espada de Damocles.

> *Es peligroso para una república, o para un príncipe, condenar continuamente, sospechar siempre de sus súbditos, y estar inquietos y alarmados. Sería necesario pues no atacar a nadie o ejercer una sola vez el rigor que se crea necesario para después serenar enseguida los espíritus con todo lo que pueda devolver la calma y la confianza.*   **MAQUIAVELO**

Debe saber Vd. mismo resistir al chantaje y a la amenaza, en particular cuando una regla del juego que Vd. expone es calificada intencionadamente como amenaza por alguien que no tiene ganas de someterse a ella. Por ejemplo, si Vd. dice: «Si vinieras regularmente con puntualidad podrías beneficiarte de más facilidades para poder escoger tus vacaciones» y su interlocutor le contesta: «¡Pero esto es chantaje!». No caiga en la trampa y conteste tranquilamente: «¿Una amenaza? ¡Claro que no, es un intercambio ganador-ganador! ¿Por qué habrías de ser tú el único en ganar y no los demás?». De hecho, desde el momento en que hay un perdedor existe deseo de venganza, y en consecuencia de conflicto. De hecho, mediante el donante-donante, comunicamos en el sentido literal del término, es decir, ponemos en común nuestros respectivos objetivos. Considerar cualquier presión ejercida sobre sí como una amenaza personal es amenazar a su vez. Así, a alguien que le reprocha sentirse amenazado debido a los propósitos que Vd. expone, puede responderle: «Yo no te amenazo, te estoy dando mi regla del juego, y, si no lo hiciera, me reprocharías engañarte, ser imprevisible, no haberte informado. Ahora no me podrás decir que no lo sabías».

2 HACERSE OBEDECER

La orden se vive a menudo como una violencia inquietante para aquel a quien va destinada. En ambos sentidos del término, porque la orden-organización debe ser en efecto experimentada como opuesta a la vida y a todas sus manifestaciones de variedad y de subjetividad, y la orden-interpelación, como antitética a la libertad: tampoco queda exenta de inconvenientes para quien la da. En efecto, las reacciones a las presiones en general y a las órdenes en particular, son las mismas que las causadas por el miedo, la huida o la rebelión.

> *¿Por qué el hombre debería amar sus cadenas, aunque fuesen de oro?*
>
> **FRANCIS BACON**

> *Príncipes, reinad sobre hombres. Seréis más grandes que gobernando esclavos.*
>
> **RESTIF DE LA BRETONNE**

> *Cuando los talones se juntan, el espíritu se vacía.*
>
> **Mariscal LYAUTEY**

> *Se gana más por la amistad y la moderación que por el temor. La violencia puede tener efecto sobre las naturalezas serviles pero no sobre los espíritus independientes.*
>
> **JOHNSON**

> *Más consigue la dulzura que la violencia.*
>
> **LA FONTAINE**

Para hacerse obedecer con facilidad, debe dar órdenes legítimas, es decir, que se encuentren dentro del interés comprendido perfectamente por quienes deban ejecutarlas. Para ello, empiece por esclarecerlas y luego explicarlas. Para esclarecer y concretar las órdenes, debe utilizar la expresión de Quintiliano, maestro de la retórica latina que enunciaba entre otras cosas que para expresarse bien, tanto por escrito como oralmente, es preciso estructurar los argumentos según el siguiente guión: sujeto, complemento, lugar, momento, recursos, objetivo; es decir, plantearse sucesivamente las preguntas «quién, qué, dónde, cuándo, cómo, cuánto, por qué» (QQDCCCP). Si el objetivo puede atemorizar al interesado, empiece primero por hablarle de los medios que Vd. pone a su disposición y luego del objetivo a alcanzar. Si invierte esto, apenas haya Vd. anunciado el objetivo su colaborador ya no escuchará la continuación, y pensará sólo en preparar sus propios argumentos para, si llegara el caso, rechazar la tarea. Es por eso que la P del por qué se halla al final de QQDCCCP y no al principio. La fórmula QQDCCCP es también una lista de preguntas para plantearse, para esclarecer las censuras de sus interlocutores, un guión modelo para estructurar sus ideas tanto por escrito como oralmente y un medio de convertir en operacionales las directivas que Vd. introduce.

El más fuerte no es lo suficientemente fuerte como para ser siempre el amo, a menos que transforme su fuerza en derecho y la obediencia en deber.

JEAN-JACQUES ROUSSEAU

Cuando tengáis órdenes que dar no lo hagáis si no tenéis la certeza de que seréis obedecidos con presteza.

SUN TSE

Si queréis ser obedecidos dad órdenes razonables.

Proverbio árabe

Es conveniente limitar las órdenes, pero toda orden dada debe cumplirse a rajatabla.

SAXE

Pero, para que le obedezcan, en vez de dar órdenes «a todo tren», debe utilizar más bien las principales alternativas al esfuerzo como son el libre albedrío, la razón y la suavidad. En particular, evite hacer uso del imperativo, que constituye el modo verbal de la orden; use con preferencia el «desea Vd.», o «le agradezco que me diga...». Y no olvide agradecer cuando la orden se haya ejecutado y, en general, cada vez que obtenga satisfacción a sus peticiones.

Aun de los amigos no se ha de abusar, si quiera más de ellos de lo que le concedieren. Todo lo demasiado es vicioso, y mucho más en el trato. Con esta cuerda templanza se conserva mejor el agrado con todos y la estimación, porque no se roza la preciosísima decencia.

BALTASAR GRACIÁN

Damos con facilidad lo que no se nos exige y lo que no se nos obliga a dar.

IVÁN GONTCHAROV

Cuando se es fuerte se debe ser bueno.

MÁXIMO GORKI

Evitar pues ejecutar sin pensárselo, y para estar bien considerado, las intenciones inconfesadas de su jefe. Si son inconfesadas será porque probablemente sean inconfesables. Y ejecutar órdenes inconfesables se volverá contra Vd., porque a uno no le gusta ser deudor de acciones comprometedoras. Uno no puede justificar sus fracasos invocando una orden de su jefe que no estaba en el terreno de los acontecimientos: debería haberse arriesgado y desobedecer, o bien enunciado claramente su desacuerdo a su superior, explicarlo e intentado modificar la orden, o bien, por último, dimitir. Si Vd. no ha optado por ninguna de esas tres decisiones, ¡es legítimo que se vea más responsabilizado del fracaso final que quien dio la orden inicial!

Si no creéis que la reyerta sea necesaria no combatáis aunque hayáis recibido las órdenes pertinentes para hacerlo. Si, por el contrario, la ocasión os parece ventajosa, aprovechadla aunque las órdenes del soberano sean de no hacerlo. Vuestra vida y vuestra reputación no correrán ningún riesgo y no habréis cometido ningún crimen delante de aquel cuyas órdenes habéis contravenido. Servir al soberano, proporcionar ventajas al Estado y propiciar el bienestar del pueblo: es todo lo que debéis tener en mente. Llevad a cabo esta misión y conseguiréis vuestros fines.

SUN TSE

La gestión de empresas y el teatro

Una tragedia de la desobediencia, *«El príncipe de Hombourg»* de Heinrich Von Kleist

Este príncipe brandeburgués se lleva una buena victoria sobre los suecos, pero debido a que desobedeció las órdenes que no había escuchado atentamente. ¿Qué hará su tío, el gran elector de Brandeburgo, deseoso de evitar cualquier falta de disciplina? Éste remite la decisión a manos del culpable, que toma entonces el partido del Estado contra sí mismo. En ese mismo momento se convierte de hecho en héroe perfecto y por ello se le concede el perdón.

La gestión de empresas y la historia

Los vínculos de obediencia eran el fundamento de la sociedad medieval. En efecto, el estado de anarquía que existía a partir del siglo IX hizo necesaria la instauración de una sociedad en que cada uno dependía de un señor feudal (o de un maestro, si era siervo), de manera que:

«... cada uno de nosotros se entrega al servicio de uno de los grandes para no estar a la merced de todos los grandes.»

Si no existe vergüenza respecto a la desobediencia, sí la hay en cambio en dejarse imponer un maestro. Obedezca pero escoja libremente a quién.

INFORMAR Y EXPLICAR

La ausencia de información favorece los rumores y deja el terreno abierto a todas las interpretaciones y a posibles temores. Por lo tanto, nunca se insistirá lo suficiente, la información es una necesidad en la empresa. La información proporciona seguridad, a condición de ser formulada claramente, concreta, transparente y rápida. Un responsable no debe transmitir una información de manera pasiva sino actuar como un relevo activo que aporta un verdadero valor añadido. Debe tener claro el valor de sus propias ideas frente a sus colaboradores y hacia sus superiores, es decir, por una parte explicar las razones que originaron las consignas, y por otra parte informar por adelantado a su superior de las acciones que su decisión pueda provocar. Pero cuidado de no mezclar el deber y la (buena) conciencia: ver en ese aspecto la actitud del coronel Dax (Kirk Douglas) en la película «Senderos de gloria» de Stanley Kubrick.

En nuestros días (y esto dificulta la tarea de los reformadores) son los pueblos los que deben comprender.

ERNEST RENAN

Siempre excusamos lo que comprendemos.

LERMONTOV

Pero la información no es suficiente y puede incluso tener efectos perversos, porque cuando Vd. proporciona más información a sus colaboradores, decidiendo por ejemplo sistematizar las reuniones informativas, crea entonces una necesidad añadida de que los destinatarios de sus mensajes se expresen a su vez. Y si Vd. no consigue rápidamente hacer cumplir su política informativa mediante una política comunicativa, a través de la cual es Vd. quien escucha las reacciones y solicita las opiniones de las personas que le rodean, éstas podrían sentirse más frustradas que antes. Debe pues hacer que sus colaboradores se expresen proporcionalmente a las informaciones que reciben. Si Vd. piensa (con razón) que sus colaboradores «tienen derecho» a la información, entonces es Vd. quien tiene que ir a proporcionársela: en Francia, en efecto, las obligaciones o deudas pueden tenerse pero no son requeribles. Actualmente un derecho se defiende y Vd. puede continuar diciendo a sus colaboradores que en definitiva ellos deben tomar la iniciativa de ir a buscar lo que uno olvida a veces de darles.

REUBICAR LAS SITUACIONES
«AQUÍ Y AHORA»

Para entender una situación desconocida, es necesario explicar sus dos dimensiones de base: el tiempo, es decir, el momento de su aparición (¿se trata acaso de un problema originado en el pasado o que me atañe hoy en día, o que lo hará mañana?) y el espacio que ocupa, la importancia que yo le doy. Enfrentarse a una situación es empezar por tomar conciencia de los cuatro atolladeros clásicos que puede presentar sobre los ejes de coordenadas espacio y tiempo.

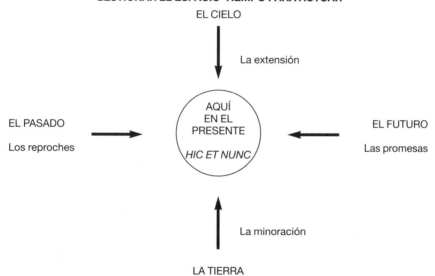

GESTIONAR EL ESPACIO-TIEMPO PARA ACTUAR

En el espacio, en algunas ocasiones se sobredimensiona y dramatiza la situación extendiéndola a los demás, al cielo, a todo el universo; es la mejor manera de no solucionarla mediante expresiones tales como: «Pero también se refiere a los demás departamentos, al conjunto de la empresa, al conjunto de la profesión. De hecho, es un problema general que nos sobrepasa», «¡Ay! Si estuviéramos en tal país, podríamos proceder de esta manera, pero aquí...!», «¿No puede Vd. hacer como los demás?», o bien al contrario, se desdramatiza de manera que al final no queda problema por resolver. Es el echar tierra al asunto mediante el desconocimiento sistemático de la situación.

Se distinguen 4 niveles de desconocimiento de una situación: Su existencia: «¿Tú crees, de verdad, estás seguro?», su importancia: «¡No es nada!», la posibilidad general de solución: «¡Es normal, hay que pasar por ahí, es el destino!», la posibilidad de solución por sí mismo o por tal persona: «es normal para ti, mientras seas...». Enfrentarse a una situación radica pues en resituarla aquí, al alcance de mis ojos, de mis manos, de mis sentidos, para vivirla personalmente y dominarla.

> *El hombre es tan sobrenatural que de lo que menos se da cuenta es de las nociones de tiempo y espacio.*
>
> LEÓN BLOY

En el tiempo, hay que evitar interesarse únicamente por las causas del pasado... y en particular, hacer de ese pasado una «belle époque» (lo que desvaloriza la situación presente y a aquellos que la viven). En el eje de las causas y las consecuencias, es decir, del ayer y del mañana, el hombre sólo controla verdaderamente sus decisiones cotidianas. Como respuesta a un «¿por qué has hecho eso?» nuestro interlocutor, que sólo podrá contestar con «porque...», se dará rápidamente cuenta de que a fuerza de explicar se está él mismo explicando y que a fuerza de explicarse se está justificando... como un culpable.

> *Nunca te preguntes: «¿Por qué cualquier tiempo pasado fue mejor?». No es de sabios preguntárselo.*
>
> **Antiguo Testamento**

> *Lamentar un infortunio que ha sucedido y que ya ha acabado es el medio más seguro de atraer un nuevo infortunio.*
>
> SHAKESPEARE

> Librarse de las necesidades comunes.
> *Vulgaridad es no estar contento ninguno con su suerte, aun la mayor, ni descontento de su ingenio, aunque el peor. Todos codician, con descontento de la propia, la felicidad ajena. También alaban los de hoy las cosas de ayer, y los de acá las de allende. Todo lo pasado parece mejor, y todo lo distante es más estimado. Tan necio es el que se ríe de todo como el que se pudre de todo.*
>
> BALTASAR GRACIÁN

> *La culpabilidad y el pecado no son más que miedos del pasado.*
>
> CURTIS

> *Ningún origen es bello. La verdadera belleza se encuentra al término de las cosas.*
>
> CHARLES MAURRAS

A la inversa, el segundo peligro respecto al tiempo consiste en preocuparse únicamente por el futuro, aunque eso implique sacrificar el presente o resignarse a él. Huir de una situación presente proyectándose en el futuro es ser mesiánico y prometer para nada. Aunque debe tomarse en cuenta el futuro en el marco de un procedimiento creativo, es necesario apoyar cualquier política prospectiva en el presente que le pueda servir de resorte. «A partir de ahora, conseguirá Vd. un 10 % al año» convence mejor que «Dentro de 10 años habrá logrado Vd. un X %».

Carpe diem minimum credula postero.
Disfruta el momento presente y fíate lo menos posible del mañana.

HORACIO

Siempre pensamos en el porvenir: la esperanza de una mejor vida nos conduce y nos sirve de apoyo, la esperanza del valor de nuestros hijos, o la gloria futura de nuestro nombre, o la huida de los males de esta vida, o la venganza que amenaza a aquellos que nos causan la muerte.

MONTAIGNE

Debemos dejar el pasado en el olvido y el futuro en manos de la providencia.

BOSSUET

Las personas que viven en el pasado deben inclinarse ante las que viven en el futuro. En caso contrario el mundo giraría al revés.

BENNETT

El presente no es un pasado en potencia, es el momento de la elección y de la acción.

SIMONE DE BEAUVOIR

Las aplicaciones de la reubicación «aquí y ahora» son numerosas. Con respecto a la expresión oral, procure no iniciar sus discursos en tiempo pasado o en voz pasiva, por ejemplo, extendiéndose demasiado sobre su intervención: «me han pedido que...», «después de haber estudiado... me he visto obligado a...» y concluirlas sistemáticamente en tiempo futuro con promesas o esperanzas: «espero que utilizará en lo sucesivo...», que indican su incertidumbre. Sitúese lo más a menudo posible en el presente, el tiempo que indica que se controla bien la situación, tanto al principio («le presento...») como al final: «le invito a...» (la acción, claro). En el terreno de la comunicación, no se compare con los demás, porque «extiende» el problema: con un «¡Podría Vd. llegar con puntualidad como los demás!» debe esperarse a un «Hablemos de los demás, ¿sabe Vd. a qué hora se van los demás? Además, a ellos, Vd. ya les aumentó el sueldo, mientras que a mí...». En el terreno de la comunicación, comparar no es una razón lógica. Frente a un «todos pensamos que Vd...», reubique mediante un: «Sí, ya entiendo, y Vd. personalmente ¿qué opina?».

DAR(SE) REGLAS DE JUEGO Y CONTROLARSE

Las primeras informaciones que debe proporcionar a las personas que le rodean para darles seguridad sobre sus verdaderas intenciones, deben ser una verdadera regla de juego de las partes. Esta regla del juego evitará que sea considerado imprevisible, permitirá a sus colaboradores poder comprometerse sobre unas bases claras. Las reglas, además, defenderán a los más débiles, aquellos que por otra parte ni se atreverán a ayudarle a defenderlos cuando se dé el caso. Observe quién cuestiona la utilidad de tal regla del juego: es un dominador que prefiere otra ley, la de la selva. Ante todo, el gerente apaciguador establece leyes y reglas a la medida de las personas (lo que las distingue de los reglamentos sacrosantos) es decir, de acuerdo con sus sentimientos. Pero no confunda reglamento con regla de juego. El primero es sagrado, el segundo útil y legítimo. El primero es histórico e intangible, el segundo debe renegociarse constantemente con los interesados. El primero es pesado, voluminoso, nadie lo conoce realmente; el segundo es ligero, y se centra en algunas reglas esenciales que todo el mundo conoce y practica.

> *Una cosa no es justa sólo porque es ley (...) pero debe ser una ley porque es justa.*
>
> **MONTESQUIEU**

> *No se puede conocer el alma, los sentimientos, las intenciones de un hombre antes de haberle visto ejercer el poder y establecer leyes.*
>
> **SÓFOCLES**

El directivo debe respetar las reglas que él mismo ha establecido e incluso deberá imponerse otras suplementarias y totalmente personalizadas para desarrollar al máximo su autodominio.

> Nunca descomponerse. *Gran asunto de la cordura, nunca desbaratarse: mucho hombre arguye, de corazón coronado, porque toda magnanimidad es dificultosa de conmoverse. Son las pasiones los humores del ánimo, y cualquier exceso en ellas causa indisposición de cordura;*
>
> **BALTASAR GRACIÁN**

> *No pudiendo arreglar los acontecimientos, me arreglo a mí mismo.*
>
> **MONTESQUIEU**

VIII

REUNIR A SU ALREDEDOR

$\textbf{\textit{M}}$OSTRARSE ACCESIBLE

Para reunir a su alrededor un sólido equipo es necesario instaurar una verdadera comunicación, es decir, desde el punto de vista etimológico, realizar una puesta en común de un máximo de elementos informativos, de marcas de pertenencia, de lenguajes compartidos, etc. Significa que tiene que haber fluidez permanente en los intercambios y que, para lograrlo, la primera condición radica en la accesibilidad del jefe, que no debe mostrarse, en ningún caso, como un extraño para el resto del grupo. Pero existen comportamientos que pueden llegar a obstaculizar esta accesibilidad, tales como el distanciamiento, la seriedad y la altanería, comportamientos característicos de quienes se muestran más como personajes que como personas respecto a los demás. Estas personas se ven así aisladas respecto a su equipo. Si no tenemos cuidado, el hecho de tomar la autoridad progresivamente sin equilibrarla mediante una voluntad constante de accesibilidad puede efectivamente disociarnos de nuestro entorno.

> *Para hacer grandes cosas no hace falta ser un genio, no se ha de estar por encima de los hombres sino entre ellos.*
>
> *MONTESQUIEU*

> *Cuando se gobierna a los hombres desde lo alto se pierde el hábito de observarles.*
>
> *MAURICE DRUON*

Cuando Vd. recibe a alguien en su despacho sea accesible. Primero colóquelo en medio de sus equipos. Y cuando reciba a su interlocutor, cualquiera que sea su cargo, levántese a buscarlo a la puerta. Del mismo modo, acompáñelo cuando salga. Ambos deben sentarse en el mismo lado de la mesa, en vez de utilizarla como barrera (¡sobre todo cuando está llena de papeles!). Procure evitar, cuando diga «le escucho», coger al mismo tiempo el bolígrafo y mantenerlo horizontal con las dos manos, como si se tratara de una pantalla filtradora de las informaciones. Favorezca que los miembros de su equipo se tuteen con respeto, ya que el «Vd.» es un elemento de distanciamiento jerárquico, propio de las culturas latinas. Por último, pregunte a sus colaboradores sobre sus principales intereses y preocupaciones diarias.

> *En el nombre del cielo, sentémonos en tierra.*
>
> *SHAKESPEARE (Ricardo III)*

2

UTILIZAR SIMILITUDES PARA INTEGRAR(SE)

«Cada oveja con su pareja», dice Homero. Así pues, para reunir es preciso evidenciar primero las similitudes que las personas tienen unas con otras, antes de mencionar sus diferencias. Así, para presentar a un recién llegado en el departamento, subraye sobre todo lo que comparte con el conjunto del equipo que lo recibe. Procure en cambio no exponer especificidades que podrían considerarse como desvalorizadoras por el grupo que le recibe, tales como: «Pedro ha tenido siempre muy buenos resultados en sus prácticas de empresa», lo que es menos integrador que «al igual que vosotros, Pedro tiene muy buena experiencia en las prácticas de empresa». Del mismo modo, acentúe las similitudes que cree Vd. tener con su entorno, por ejemplo compartiendo algunas de sus comidas con sus colaboradores, y adoptando elementos de postura, interés y expresión comunes con ellos.

> *Hasta el saber ha de ser al uso, y donde no se usa, es preciso saber hacer de ignorante.*
>
> **BALTASAR GRACIÁN**

> *Ese tipo de inclinación que tenemos hacia las personas cuya disposición creemos parecida a la nuestra.*
>
> **LA FAYETTE**

> *Los hombres se distinguen por lo que muestran y se parecen por lo que esconden.*
>
> **VALÉRY**

Haga evidentes las similitudes en la apariencia, cualidades, esfuerzos, gustos, sentimientos, cosas íntimas, y comparta los fracasos y las desgracias de sus colaboradores, sintiéndose involucrado por sus problemas (evite el «es tu problema»).

CONTROLAR EL CICLO DE VIDA DE LOS GRUPOS

Los equipos y las asociaciones tienen ciclos de vida, como los seres vivos, porque nacen, sufren crisis de adolescencia, alcanzan un apogeo de madurez y terminan por caer en decrepitud y morir. Gestionar el grupo consiste pues en identificar su estado evolutivo, adaptándole un estilo de dirección. En el inicio del grupo las relaciones entre los miembros se hallan impregnadas de desconfianza y de temor; la eficacia del grupo resulta improductiva, al estar cada participante a la defensiva. Para favorecer este nacimiento, el gerente deberá dedicarse a proporcionar una regla de juego común al equipo y a hacer compartir el mismo objetivo al conjunto de los miembros del equipo.

> *Todos somos iguales en la sociedad. Ninguna sociedad puede estar fundada sólo en la idea de igualdad, pero en ninguna manera sobre la idea de libertad. Yo quiero encontrar la igualdad en una sociedad; pero la libertad, especialmente la libertad moral que me hace aceptar mi sumisión, la llevo conmigo.*
>
> **GOETHE**

> *(...) un tipo de imagen secular que la sociedad nos devuelve de nosotros mismos y que es la del personaje que nosotros «representamos» en el mundo. Muchas personas no se conocen más que por la opinión de los demás y no ven de ellos mismos más que un reflejo. Pero todos, en tanto que existimos, hacemos los gestos que nos manda nuestra profesión, nuestra situación social, aquellos gestos que los otros esperan de nosotros.*
>
> **BURLOUD**

Se da entonces la tercera fase, la de la madurez, que constituye la más larga y la más productiva: los participantes trabajan interdependientemente. El papel del gerente ra-dicará entonces en facilitar la propia responsabilidad y autorregulación del grupo, es decir, favorecer la capacidad del grupo para proporcionarse reglas de juego propias.

> *Para que la sociedad no sea perturbada es necesario que cada uno conserve su libertad: es necesario verse o no verse sin obligación, para divertirse juntos o incluso aburrirse juntos; es necesario poderse separar sin que esta separación comporte un cambio; es necesario poder pasar los unos sin los otros si no queremos llegar a situaciones embarazosas, y debemos acordarnos de que podemos molestar cuando creemos que no lo estamos haciendo. Es necesario contribuir, en la medida de nuestras posibilidades, al divertimiento de las personas con las que queremos vivir; pero no siempre nos sentiremos obligados a contribuir a ello. La complacencia es necesaria en la sociedad pero tiene que tener unos límites, ya que*

resulta en servitud cuando es excesiva; es necesario que al menos parezca libre y que, siguiendo el sentimiento de nuestros amigos, éstos estén persuadidos de que es también el nuestro el que seguimos.

LA ROCHEFOUCAULD

Conocer las cosas en su punto, en su sazón, y saberlas lograr. *Las obras de la naturaleza todas llegan al complemento de su perfección; hasta allí fueron ganando, desde allí, perdiendo. Las del arte, raras son las que llegan al no poderse mejorar. Es eminencia de un buen gusto gozar de cada cosa en su complemento; no todos pueden, ni los que pueden saben. Hasta en los frutos del entendimiento hay este punto de madurez; importa conocerla para la estimación y el ejercicio.*

BALTASAR GRACIÁN

Por último llegará la fase de la vejez, caracterizada por conflictos formales, el ausentismo de los miembros del grupo y el abandono de los compromisos. El grupo se vuelve otra vez improductivo. En esta fase, el gerente debe esforzarse por mantener los equipos en vida, mientras los adapta a nuevos objetivos. El grupo puede en efecto morir cuando los objetivos desaparecen (frecuentemente, porque ya están realizados). Será necesario entonces que el líder vuelva a definir rápidamente un objetivo mobilizador. Pero entonces, existirá de nuevo el paso a través de una fase de (re)nacimiento y adolescencia. ¿Cómo actuar para evitar que un equipo que ya se conoce bien, en el que probablemente se ha consolidado el compañerismo, vuelva a vivir este período desagradable que es la crisis de adolescencia o crisis estatutaria? Para que cada uno dentro del grupo conserve el estatus que tenía en el momento del antiguo objetivo y que, por ejemplo, el especialista del problema siga siendo especialista, pero de otro problema, es necesario preparar a los miembros del grupo por adelantado respecto al cambio de objetivos y conseguir que los objetivos se solapen: proporcionar nuevos objetivos antes incluso de que los antiguos hayan caducado.

SABER RODEARSE PARA FORMAR UN VERDADERO EQUIPO

Salvo en casos excepcionales, debe rodearse de personas que serán sus comparsas. Pero si tiene interés en escogerlos entre sus iguales o ligeramente por encima de Vd., debe tener cuidado puesto que al frecuentar sólo a personas superiores jerárquicamente, puede Vd. convertirse en su juguete, que se tira una vez usado. Haga de sus iguales unos aliados y no sus rivales. Resultan naturalmente propensos a ello, al compartir con Vd. por lo menos dos características comunes: la necesidad de satisfacer al superior y la de dirigir a los subordinados. Respecto a sus adversarios, no piense únicamente en ellos. Sin embargo, si no consigue conciliarse con ellos tras diversos intentos, ¡encárguese entonces de asegurar los que consiguió hacerse suyos y abandone a los demás a su suerte!

> *Cuando se ha hecho bastante en favor de ciertas personas para ganárnoslas, y no hemos conseguido nada, hay todavía una cosa que podemos hacer: no hacer nada más.*
>
> **LA BRUYÈRE**

> *Las compañías no son indiferentes. Si te relacionas a menudo con un vicioso, a menos que seas muy fuerte, es más de temer que él te corrompa que esperanzas hay de que tú le corrijas. Ya que hay tanto peligro en los intercambios con ignorantes, se deben llevar a cabo con mucha sabiduría y prudencia.*
>
> **EPÍCTETO**

¿Deben constituirse equipos complementarios, es decir heterogéneos, o equipos homogéneos? A fin de poder disponer a su alrededor de todo el abanico de competencias humanas que pueden constituir, si se diera el caso, numerosas alternativas a su personalidad, constituya sus equipos sobre la base de la complementariedad: si es Vd. de tipo autoritario e inaccesible, hágase con una secretaria acogedora y servicial. Si es Vd. demasiado bonachón, disponga de una secretaria autoritaria y rigurosa.

> Atajo para ser persona, saberse ladear. *Es muy eficaz el trato; comunícanse las costumbres y los gustos, pégase el genio, y aun el ingenio, sin sentir. Procure, pues, el pronto juntarse con el reportado, y así en los demás genios; con esto conseguirá la templanza sin violencia: es gran destreza saberse atemperar. La alternación de contrariedades hermosea el universo y le sustenta, y si causa armonía en lo natural, mayor en lo moral. Válgase de esta política advertencia en la elección de familiares y de famulares, que con la comunicación de los extremos se ajustará a un medio muy discreto.*
>
> **BALTASAR GRACIÁN**

Había dividido sus soldados por números pares, teniendo cuidado de colocar a lo largo de las filas, alternando, un hombre fuerte y un hombre débil para que el menos vigoroso o el más cobarde fuera conducido a la vez por otros dos.

FLAUBERT

Sin embargo, existen límites en la heterogeneidad de los equipos, como el de la rapidez de los intercambios y el de la buena comprensión, sobre todo durante los momentos de crisis. Así, durante la guerra de Kippour, el tiempo que tardó en reaccionar el Estado Mayor israelí se calificó como inusualmente largo y se decidió llevar a cabo una encuesta. Apareció enseguida que la causa debía hallarse en la composición culturalmente demasiado heterogénea de los equipos del Estado Mayor: cuando el jefe del Estado Mayor en tal frente era, por ejemplo, de origen asquenazí, su adjunto había sido escogido intencionadamente de cultura sefardí, y a la inversa. ¿Por medida de seguridad o de creatividad? De todos modos, los resultados fueron desastrosos desde el punto de vista de la comunicación relacional: hubo numerosas equivocaciones culturales que frenaron el ritmo de la acción, al no entenderse los equipos con medias palabras.

No se ata a la misma junta el caballo fogoso y la cierva temerosa.

TURGUENIEV

125

5

SABER CONTRATAR

Resulta difícil contratar porque muchas veces caemos en la trampa de las apariencias. No juzgue la competencia de los demás a primera vista: algunos resultarán bombas de efectos retardados, otros como misiles. Incluso si confía en ellos, debe comprobar las primeras impresiones profundizando en el análisis. Debe estar entonces dispuesto a cambiar de óptica. Pero desconfíe de los candidatos camaleones.

> *Para establecerse en el mundo se hace todo lo que se puede para parecer establecido: en todas las profesiones y en todas las artes cada uno de nosotros se construye una cara y un exterior que coloca en el lugar de la cosa por la que quiere recibir mérito. De manera que todo el mundo está compuesto de rostros y nos esforzamos inútilmente en encontrar las cosas.*
> *(...) Es más fácil conocer al hombre en general que conocer a un hombre en particular.*
>
> **LA ROCHEFOUCAULD**

> *Se empieza a adivinar lo que vale alguien cuando su talento comienza a fallar, cuando deja de mostrar lo que puede hacer. El talento puede ser un ornamento y el ornamento un escondite.*
>
> **NIETZSCHE**

Para lograr mayor objetividad, escoja y valore a sus colaboradores ejecutivos en base a unos criterios reales de competencia. Los principales criterios podrían ser el sentido de la iniciativa y de las responsabilidades y la aptitud para la toma de decisiones, el entusiasmo y la resistencia, la sociabilidad, la accesibilidad, la adaptabilidad, el sentimiento de pertenencia a la empresa, el sentido de la observación y de la escucha, la capacidad de movilizar a su entorno, el espíritu de síntesis, el espíritu crítico. Pero procure evitar los criterios de seducción preliminar, tales como el aspecto exterior, la rapidez de pensamiento, la abertura de mente, la facilidad de palabra, la competencia técnica, la antigüedad y la experiencia, la capacidad de trabajo. Decántese mejor por las promociones internas modestas en vez de contrataciones exteriores de estrellas sobredimensionadas.

> Tener tomado el pulso a los empleos. *Hay su variedad en ellos: magistral conocimiento y que necesita de advertencia; piden unos valor, y otros sutileza. Son más fáciles de manejar los que dependen de la rectitud, y más difíciles los que del artificio; con un buen natural, no es menester más para aquéllos; para éstos no basta toda la atención y desvelo.*
>
> **BALTASAR GRACIÁN**

¿Cómo evaluar las posibilidades de un candidato? Para evaluar mejor a sus futuros colaboradores póngalos en un contexto que les resulte inhabitual: verá entonces el nivel de intimidación o de conformismo que tienen y podrá evaluar mejor su facilidad de adaptación. ¡Invítelos a un gran restaurante en compañía de sus amigos o de personas con quienes no tienen la costumbre de tratar y observe por ejemplo si piden los mismos platos que Vd.! De manera más general, tenga en cuenta las circunstancias de la vida para evaluar la realidad de las acciones llevadas a cabo.

Todas nuestras cualidades son inciertas y dudosas, en lo bueno como en lo malo, y todas ellas están a merced de las oportunidades.

LA ROCHEFOUCAULD

Para ayudarle a evaluar lo mejor posible a los candidatos que debe contratar, pídales que describan el tipo de persona con la cual no les gustaría trabajar, o los defectos que no soportan en los demás, porque:

Los mismos defectos que en los otros son pesados e insoportables en nosotros son como en el centro: no pesan, no los sentimos: habla de otra persona pintando un retrato horroroso quien no ve que se está definiendo él mismo.

LA BRUYÈRE

Debe saber captar a los candidatos que le interesan vendiendo sobre todo su empresa más que su propia personalidad, que ellos pueden considerar un obstáculo a su ascenso. Pero en general, no intente enfatizar demasiado pronto, y prefiera las redes más que las asociaciones definitivas: muchas veces se coge un asociado para asegurarse de que las responsabilidades se comparten. Pero al hacerlo se disminuye la agilidad de la empresa y se crean más problemas de los que se resuelven. Sin embargo, debe saber contratar en previsión de una crisis:

Creo en la virtud de un número pequeño: el mundo será salvado por unos pocos.

ANDRÉ GIDE

Una república o un príncipe deben prever con antelación los acontecimientos y los tiempos que les pueden ser contrarios, qué hombres pueden necesitar en qué momentos difíciles, y comportarse con ellos de la manera que ellos querrían ser tratados cuando llegue el momento de peligro.

MAQUIAVELO

La gestión de empresas y el cine

¿Qué se debe decir a los candidatos que no se han seleccionado? Extracto de la película de Werner Herzog «Aguirre, la cólera de Dios»

Pizarro: Los mejores combatientes compondrán esta expedición, pero que el resto no se crea por ello menos cualificado.

¿*PRESERVAR LA SOLEDAD O TRABAJAR EN EQUIPO?*

Preserve los santuarios de sus colaboradores, ya que la soledad y el aislamiento tienen sus ventajas. El sentido del territorio, fundamental en el niño, sigue siendo importante en el adulto: poder retirarse a un territorio íntimo, un jardín privado, es un elemento fundamental para el sentimiento de seguridad. Del mismo modo que los padres procurarán no regañar a su hijo en su habitación, y en particular en el lugar de esa habitación que él privilegia para jugar o en el cual ha construido su nido, un gerente seleccionará los lugares del departamento relacionados con mensajes íntimos positivos (el despacho del colaborador) o negativos (el despacho del gerente) o con mensajes sociales (el pasillo, sala de reunión).

El hombre más fuerte del mundo entero es el que está más solo.

HENRIK IBSEN

Pero no desarrolle la estrategia del erizo. El periodista y politólogo de Ginebra, Thierry Oppikofer, comentó de la siguiente manera el rechazo de la Confederación Helvética, expresado el 6 de diciembre de 1992 mediante referéndum, la adhesión al tratado sobre el Espacio Económico Europeo: «¡Este voto procede, en general, de la estrategia del erizo, que se pincha porque es el amo en su casa!». Procede del reflejo egoísta de querer preservar un particularismo y una alegría apacible que creemos amenazada por un entorno más atormentado.

Practicar la estrategia del erizo en la empresa consiste en: contratar exclusiva y tradicionalmente en un mismo ámbito de formación; rechazar cualquier contratación de gerentes externa en beneficio de la promoción interna exclusivamente; preservar a la dirección general de cualquier curso de perfeccionamiento, en concreto el de gestión de empresas, en que por otra parte se requiere la participación del resto de los ejecutivos; no desear estandarizar las normas de los productos; no estar atento al mercado y no sustituir los productos que se han vuelto obsoletos; evitar cualquier asociación comercial o cualquier política de redes; pensar que las recaudaciones exitosas de ayer serán las de mañana.

Las grandes máximas de los orgullosos les causan grandes reveses.

SÓFOCLES

128

ELIMINAR EL FEUDALISMO DE EMPRESA

El espíritu de partido y de cuerpo, la excesiva personalización de las relaciones humanas internas y su autonomía demasiado intensa, el sentido agudo de la solidaridad, al mismo tiempo que la jerarquía, son numerosos factores que pueden crear feudalismo en la empresa. Es necesario eliminarlos, constituyendo grupos de trabajo o proyectos entre varios departamentos, designando oficialmente agentes de enlace o corresponsales internos de un departamento en otro, haciendo participar en las reuniones informativas o de producción directamente al conjunto de los miembros de los equipos opuestos sin limitar las citas únicamente a los gerentes involucrados, organizando una rotación entre los puestos de trabajo de los diferentes departamentos y desarrollando el procedimiento cliente-proveedor interno.

No hacer profesión de empleos desautorizados. *Mucho menos de quimera, que sirve más de solicitar el desprecio que el crédito. Son muchas las sectas del capricho, y de todas ha de huir el varón cuerdo. Hay gustos exóticos que se casan siempre con todo aquello que los sabios repudian; viven muy pagados de toda singularidad, que, aunque los hace muy conocidos, es más por motivos de risa que de reputación.*

BALTASAR GRACIÁN

Una sociedad unida no es una sociedad sin diferencias sino una sociedad sin fronteras interiores.

OLIVIER GUICHARD

Así pues, será necesario velar permanentemente por la unidad de la empresa por medio de la unión de equipos, lo que no significa la unicidad sino la solidaridad entre ellos.

No podemos permitir ninguna disensión entre nuestras tropas. Ellas forman una sola familia en la que nada debe ser desatendido para que reinen la paz, la concordia y la unión.

SUN TSE

SABER ANIMAR UNA REUNIÓN DE TRABAJO

Para desarrollar las sinergias, tomar decisiones e innovar apóyese en pequeños grupos motivados que reunirá únicamente en el momento oportuno. Para ello, haga que sus reuniones se vuelvan excepcionales, agrúpelas: una reunión mensual de una hora de duración vale más que dos reuniones bimensuales de media hora, pero vale menos que una reunión seguida de contactos individuales para obtener información. Adapte la duración de sus reuniones a sus objetivos y a su público. En las reuniones más cortas actúe de pie, es la mejor manera de obligar a sus interlocutores a ser breves. Empiece sus reuniones con puntualidad porque la ausencia o la oposición de un único miembro no impide para nada que el grupo delibere. Haga las reuniones con pequeños efectivos: la eficacia de una reunión es inversamente proporcional al número de sus participantes, sobre todo a partir de cinco, y dirigir un grupo importante resulta peligroso: más vale dirigir a cada colaborador cara a cara mediante entrevistas individuales. Para que una misma idea quede aprobada por dos personas, intente primero que digan por separado qué idea es válida. Es probable que cuando los reúna más adelante ellos la aprueben eficazmente. Asimismo, no debe reunir a sus colaboradores para tomar en grupo una decisión que de hecho ya se ha tomado: ¡el grupo lo sabe o lo sabrá, y Vd. perderá su credibilidad!

Cuando dos hombres sabios confrontan sus ideas producen otras mejores: el amarillo y el rojo mezclados dan otro color.

Proverbio tibetano

En las reuniones de trabajo anuncie cada vez el papel que Vd. interpreta, ya sea el de un simple participante que tiene derecho a expresarse pero cuya opinión no cuenta ni más ni menos que la de otro, ya sea el de un animador-árbitro que controla la sesión (es decir, que proporciona y hace respetar las reglas del juego), ya sea el de un responsable jerárquico que en ocasiones resulta decisivo. No hay vergüenza alguna en cambiar de papel, a condición de no olvidarse de avisar a los participantes. Por otra parte, nada les impide preguntar, en caso de olvido, el papel exacto que acaba de tomar el que dirige la reunión en circunstancias determinadas. El papel de árbitro nos impone ser directivos sobre la forma (hacer respetar las reglas de juego y el tiempo de intervención, por ejemplo) y tolerantes sobre el fondo (no juzgar las opiniones expuestas), a pesar de que se es muchas veces todo lo contrario: tolerante en la forma (es la ley del que grita más) y directivo sobre el fondo («lo que Vd. dice es estúpido»).

EL DIVORCIO DE LOS EQUIPOS: TRAICIONES, SEPARACIONES, DESPIDOS

Ser prudente pero sin necesidad de tornarse paranoico sobre sus colaboradores más próximos, asegurarse de no haber creado uno mismo un precedente en términos de exceso de individualismo o de no respetar los compromisos y no dejarse tentar por el encadenamiento de las pequeñas traiciones, he aquí las mejores maneras de enfrentarse a las traiciones en el mundo de los negocios.

> *El hombre de bien nunca se vale de armas veladas, y son las de la amistad acabada para el odio comenzado, que no se ha de valer de la confianza para la venganza; todo lo que huele a traición inficiona el buen nombre. En personajes obligados se extraña más cualquier átomo de bajeza; han de distar mucho la nobleza de la vileza. Précise de que si la galantería, la generosidad y la fidelidad se perdiesen en el mundo, se habían de buscar en su pecho.*
> *BALTASAR GRACIÁN*

Concretamente, si Vd. demostró una actitud de desobediencia en el pasado, debe temer que su entorno se inspire en ella algún día, encontrándola legítima. En 1961, durante la rebelión de Argel, el argumento de que en el fondo sólo seguían el ejemplo del general De Gaulle en junio de 1940 al rebelarse contra la autoridad del mariscal Pétain, último presidente oficial de la III República, era uno de los argumentos de los rebeldes. Como él, además, utilizaron el término de «Comité de Liberación Nacional».

> *Se producen más traiciones por debilidad que por un verdadero deseo de traicionar.*
> *LA ROCHEFOUCAULD*

> *El mejor medio de derrocar un gobierno es formar parte de él.*
> *TALLEYRAND*

10 S*ABER DESPRENDERSE*
de los mejores elementos

En la empresa no esconda las «jóvenes esperanzas», sino que debe ponerlas de manifiesto: serán la imagen positiva de su gestión de empresa y no una amenaza oscura. El gerente no es la cabecera del reparto. Conserve los buenos elementos entre 3 y 4 años: el primer año deberá formarlos y no resultarán rentables; el segundo año se hallarán justo al nivel deseado; el tercero amortizarán la inversión del primer año, y el cuarto le proporcionarán beneficios. Luego deje que se marchen, si lo desean, o bien deberá saber motivarlos de verdad para conservarlos de modo perdurable.

(..) La aversión que la mayor parte de los hombres siente a retirarse hace que nunca lo hagan a tiempo, incluso en los momentos en que están más resueltos a hacerlo.

Cardenal de Retz

Crear, no poseer; obrar, no retener; acrecentar, no dominar.

Lao Tse

Aquel que cree encontrar en sí mismo la fuerza para no necesitar a nadie más se equivoca; pero el que cree que los demás no pueden pasar sin él se equivoca aún más.

La Rochefoucauld

Deje marchar a quienes le rodean cuando lo deseen, aunque sintiéndolo, sin quejarse ni precipitarse.

¿Por qué amar tanto? ¿Por qué odiar tanto? No se vive más que dejando vivir.

Goethe

Los grandes son tan felices que no soportan, en toda su vida, el inconveniente de lamentar la pérdida de sus mejores servidores o de personas ilustres de su rango y que les han proporcionado el mayor placer y la mayor utilidad. La primera cosa que el halago consigue, después de la muerte de estos hombres únicos, y que no parecen ser reparados, es la de suponerles puntos débiles pretendiendo que aquellos que les suceden no los tienen. El halago hace que uno, con toda la capacidad y el conocimiento del otro, del que toma el cargo, no tiene a su vez sus defectos. Y este tipo de cosas sirve a los príncipes para consolarse de lo grande y lo excelente por lo mediocre.

La Bruyère

IX

RECONOCER

1 ¿*DE DÓNDE PROCEDE LA NECESIDAD*
de reconocimiento y qué forma de aprecio debe buscarse?

Las necesidades llegan pronto, ya desde la infancia, y duran toda la vida, incluso cuando cambian de forma. Las necesidades de reconocimiento individual, de aprecio y de valorización aparecen sucesivamente, después de las de seguridad e integración. ¿Por qué muchas veces un niño hace travesuras cuando hay invitados, o por qué reclama más atención cuando llega un recién nacido a la familia? Esto significa que la necesidad de reconocimiento del niño es tanto más grande cuanta más gente se halla en su entorno. Esta necesidad de reconocimiento es vital para los bebés, lo mismo que comer, beber, dormir, etc. Es en general una necesidad de intercambio con el entorno, ya sea físico o relacional. Así, recibir una señal de reconocimiento es alimentarse. Desde entonces, nuestro comportamiento se va a definir como una respuesta al siguiente problema: ¿cómo conseguir lo antes posible las señales de reconocimiento que yo quiero, cuando quiero, y tantas como quiero?

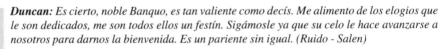

> **Duncan:** *Es cierto, noble Banquo, es tan valiente como decís. Me alimento de los elogios que le son dedicados, me son todos ellos un festín. Sigámosle ya que su celo le hace avanzarse a nosotros para darnos la bienvenida. Es un pariente sin igual. (Ruido - Salen)*
>
> SHAKESPEARE (*Macbeth*)

Al crecer, el niño evoluciona y su necesidad de reconocimiento en la edad adulta pasa de ser física a ser una necesidad de reconocimiento social, una necesidad de verse considerado por lo que es, luego por lo que hace, hasta la necesidad última e insuperable de realización de sí mismo respecto a los demás. Necesita cumplidos, intenta gustar, seducir, que su entorno le quiera y le aprecie. Pero puede igualmente, como reacción, buscar formas de reconocimiento negativas. Es como un niño que con su comportamiento intenta hacerse regañar, provocar el enfado, y por ahí atraer la atención sobre su persona. Ocurre lo mismo con el adulto. Más vale que le odien a uno que no que le ignoren, porque no hay nada más insoportable que la indiferencia. Llegar sistemáticamente tarde para que su superior le critique y le haga alguna observación consigue por lo menos captar sobre sí mismo la atención exclusiva de éste durante unos minutos. En análisis transaccional, esta necesidad de reconocimiento se llama «*stroke*», que significa al mismo tiempo golpe, caricia y tocar.

¿QUÉ SE DEBE RECONOCER Y A QUIÉN SE DEBE RESPETAR?

Distingamos dos formas de reconocimiento: por una parte, lo que se es y lo que nos distingue en general de los demás, y lo que hacemos en particular, por la otra. Empiece por utilizar la primera, sin la cual la segunda parecerá superficial: «Vaya, hoy que le hacemos un favor se acuerda de que existimos». El reconocimiento de la situación exige curiosidad, apertura, disponibilidad, amor, y el de los actos, primero memoria. Procure evitar, desde este punto de vista, «olvidar» los actos distintivos de su entorno, haciendo que se los recuerden demasiado a menudo, lo que decididamente pone de manifiesto el poco interés que siente: ver a ese propósito el extracto de la película «*Que les gros salaires lèvent le doigt*», en que el «jefecillo» interpretado por Daniel Auteuil interpela a un joven contratado con estos términos: «Dígame (...) ¿todavía no hace seis meses que entró en la empresa?». El gerente agradecido se ve capaz de reconocer los hechos (sobre todo positivos) menores y más antiguos, y de decir, como Napoleón dijo a uno de sus veteranos: «Ahora recuerdo, estabas en las pirámides...». Debe reconocer «cómo» se han hecho las cosas más que «cuántas» han sido, es decir, el cualitativo antes del cuantitativo. Y el sujeto antes del objeto: no es el informe el que es bueno, sino su autor.

> *Saber disfrutar a cada uno es útil saber. El sabio estima a todos, porque reconoce lo bueno en cada uno, y sabe lo que cuestan las cosas de hacerse bien. El necio desprecia a todos por ignorancia de lo bueno y por elección de lo peor.*
>
> BALTASAR GRACIÁN

¿Qué es lo que merece más particularmente el respeto? Según Kant, se respeta a una persona, no a una cosa. Respete a sus amigos pero también a sus adversarios, a sus clientes pero también a sus proveedores, a sus superiores pero también a sus colaboradores. En la empresa respete los derechos de sus colaboradores; también, tal y como se hallan definidas en el código laboral, sus creencias. Ello puede plantear un problema de grado de imposición de una carta de valores en la empresa.

> *Suscitar una creencia en alguien sin estar seguros de su veracidad o falsedad es el último ejercicio de poder sobre esa persona.*
>
> BERNARD WILLIAMS

¿Qué debe reconocerse? Primero los límites: el fin no justifica los medios, y existen límites a lo que se puede exigir de un colaborador y de sí mismo. Luego las costumbres (por ejemplo, las colas que evitan que uno pase delante de los demás). En general, hay que respetar los «derechos de la personalidad», y en particular los de la vida privada (de ahí el problema de la confidencialidad de las pruebas, de cónyuges invitados a vermús de empresa...), del derecho a la imagen (cuidado con el empleo del vídeo durante un seminario), del derecho al olvido: debe saber amnistiar (esta palabra tiene la misma raíz que «amnesia») a sus colaboradores de antiguos errores, o de la pertenencia a entidades competidoras poco competentes o rescatadas, o por carencias iniciales (los autodidactas...): más que un derecho incondicional al olvido, se trata aquí de imponerse una obligación al silencio, Respete igualmente el derecho a la memoria; por ejemplo, respecto a los colaboradores que se fueron, debido a accidentes o porque murieron: «La memoria es la última forma de justicia y de respeto de las personas».

3 DAR SIGNOS DE RECONOCIMIENTO Y SABER CONMOVER PARA RESULTAR CARISMÁTICO

Las interacciones hacen caer las barreras. No las interacciones de control puntilloso sino las interacciones de interés por el trabajo y la relación. Para que sus colaboradores se sientan reconocidos y se interesen por lo que hacen, debe interesarse primero por lo que son, por lo que hacen y por su trabajo. Para ello, la entrevista es un potente recurso de motivación. Y no sólo la entrevista anual de evaluación, sino las entrevistas usuales e improvisadas, incluso con terceros. Así pues, invite a algún colaborador a participar de vez en cuando con Vd. en las reuniones de escalafón superior o en reuniones transversales. Y tenga en cuenta sus sugerencias, eso lo conmoverá.

Basta con mirar algo con atención para que se convierta en algo interesante.

PICASSO

Conmover es tener pequeñas atenciones que a menudo surten grandes efectos. Desde las «caricias» al encanto y al carisma, sólo hay un paso ¡y una etimología equivalente! Practique las «caricias» más carismáticas porque nadie se resiste a ellas. De Gaulle practicaba «baños» de multitudes durante sus desplazamientos. Napoleón pellizcaba la mejilla y estiraba las orejas a sus veteranos, y recordaba sus nombres. San Luis recibía a los enfermos, en particular a los leprosos, les colocaba las manos encima, y se dice que los enfermos se curaban. San Luis poseía gracia y sabía transmitirla. Era carismático. En lenguaje moderno se diría que un jefe carismático es aquel que consigue que, a través de su contacto, sus colaboradores tienen la impresión de mejorar y de crecer. Los dos primeros signos de reconocimiento son sencillos, ya que se trata de la mirada y de la escucha.

Pequeña limosna, ¡gran júbilo!

HOMERO

Los grandes favores son como grandes piezas de oro o de plata que rara vez hay ocasión de emplear; pero las pequeñas atenciones son como moneda corriente que siempre tenemos a mano.

DIDEROT

4 APRECIAR Y RESPETAR A LOS DEMÁS

Para contrarrestar la naturaleza violenta de cualquier autoridad, el gerente debe respetar a sus colaboradores. Para respetar a sus colaboradores debe empezar por no despersonalizarlos. Debe considerarlos como un todo y no en función de los papeles que les atribuye, ni de los prejuicios o de las seudopertenencias a ciertas categorías, tipologías... Haga saber a sus colaboradores que para Vd. no es el cargo lo que ennoblece o envilece al hombre sino que es el hombre el que ennoblece o envilece al cargo. Que para Vd. el ser humano vale mucho más que su etiqueta. Empiece pues por suprimir los «uniformes», de modo que ya no sean los cargos o las instituciones quienes respondan a los clientes, sino personas y caracteres que toman más responsabilidades exponiéndose o presentándose de esa manera. Tenga igualmente consideración hacia sus colaboradores comprometiéndose personalmente y por completo en las acciones junto con ellos, estando atento a las dificultades que ellos encuentran, y considerando las opiniones de las personas involucradas antes de tomar ciertas decisiones. En una palabra, ejerciendo el poder con educación. Respetar a su personal consiste también en no intentar vender la empresa si esta funciona bien.

Hay hombres que sirven más de embarazo que de adorno del universo, alhajas perdidas que todos las desvían. Excuse el discreto el embarazar, y mucho menos a grandes personajes, que viven muy ocupados; y sería peor desazonar uno de ellos que todo lo restante del mundo. Lo bien dicho se dice presto.

BALTASAR GRACIÁN

Respetad en cada hombre al hombre, si no lo que es, al menos lo que podría ser, lo que debería ser.

AMIEL

La nueva cultura comienza donde el trabajador y el trabajo son tratados con respeto.

GORKI

A los seres provistos de razón se les llama hombres porque la naturaleza les distingue como un fin en ellos mismos, es decir, como algo que no debe ser empleado sólo como un medio.

KANT

5

¿DEBE UNO AFLIGIRSE PORQUE NO LE APRECIAN?

Antes de estar seguro de que no le aprecian, debemos comprobar que lo demostramos adecuadamente, porque tenemos una tendencia fastidiosa a anticipar los efectos producidos por nuestros méritos. Y si estos son reales, ¿qué necesidad tenemos de que la voz popular aporte pruebas suplementarias? Dígase, pero sólo para sí y no para los demás, que lo que es bueno no es necesario elogiarlo. Al buen vino, etiqueta ninguna, como dice el proverbio.

No debemos afligirnos de no ser conocidos por los hombres, sino de no conocerles.

LEL LYN-KIN

No os inquietéis por no ocupar un cargo público, buscad adquirir el talento necesario para ocupar ese cargo. No os aflijáis de no ser conocidos todavía, buscad más bien ser dignos de ello.
(...) El hombre superior no puede ser conocido y apreciado en las pequeñas cosas porque es capaz de llevar a cabo grandes hazañas. Al contrario, el hombre vulgar no siendo capaz de hacer grandes cosas puede ser conocido y valorado en las pequeñas acciones.
(...) No os aflijáis de que los hombres no os conozcan, afligíos más bien de que todavía no os hayáis ganado el ser conocidos.

CONFUCIO

Fortuna y fama. *Lo que tiene de inconstante la una, tiene de firme la otra. La primera para vivir, la segunda para después; aquélla contra la envidia, ésta contra el olvido. La fortuna se desea y tal vez se ayuda; la fama se diligencia. Deseo de reputación nace de la virtud. Fue y es hermana de gigantes la fama; anda siempre por extremos: o monstruos o prodigios, de abominación, de aplauso.*

BALTASAR GRACIÁN

Las grandes almas no son conocidas, por regla general se esconden, no parece que se trate de nada más que de un poco de originalidad. Hay más grandes almas de las que nos imaginamos.

STENDHAL

SABER ACEPTAR CUMPLIDOS

Saber recibir un «*stroke*» es a la vez aceptar las alabanzas que desea, atreverse a reclamarlas cuando se dé el caso y rechazar aquellas que no desea. No sea modesto y felicítese si los demás no lo hacen. Cuando reciba un cumplido, procure evitar las atenuaciones del tipo: «sí, pero era fácil» o «sabes, yo no intervine para nada», mejor tienda a reforzarlas positivamente, como: «efectivamente, es cierto, es Vd. muy amable por decírmelo, es Vd. simpático, está muy bien que lo haya observado». Por el contrario, no intente sacar partido inmediatamente de las felicitaciones que recibe; podría acabar con ellas. Si uno de sus colaboradores tiene esta pesada costumbre, debe aclarar enseguida la situación y plantear claramente las reglas del juego: «Si sé que no puedo felicitarle sin que Vd. me exija sistemáticamente una contrapartida financiera, en lo sucesivo me abstendré de cualquier alabanza. ¿Es lo que desea verdaderamente?». Vaya más allá de la simple aceptación de las alabanzas, recuérdeselas a los demás: en las gestiones comerciales mencione, como ejemplo de lo que le gustaría hacer por sus futuros clientes, los resultados que ha obtenido con los clientes actuales.

> *Nunca se han de acreditar de fáciles ni de comunes los asuntos, que más es vulgarizarlos que facilitarlos. Todos pican en lo singular, por más apetecible, tanto al gusto como al ingenio.*
>
> **BALTASAR GRACIÁN**

> *Nos culpamos con el secreto deseo de ser alabados.*
> *(...) El rechazo de las alabanzas no es más que el deseo de ser alabados dos veces.*
>
> **LA ROCHEFOUCAULD**

La gestión de empresas y el cine

Un rechazo de cumplidos en la película «Wall Street» de Oliver Stone

> *Soy el director comercial. ¿Hay algún problema?*
> *¿Está bromeando?*
> *No señor. Voy a discutirlo con el jefe de ventas y le llamaré al momento.*
> *Gracias, es muy amable de su parte.*
> *Para nada. Es mi trabajo.*

7

ADULACIONES Y FALSO RECONOCIMIENTO.
¿Hasta qué punto debemos ser sinceros?

¿Es necesario halagar o decir la verdad aunque ésta sea desagradable? El respeto por la verdad es un mandamiento absoluto y destructor si no se encuentra acompañado de la veracidad, es decir, de la intención de comunicar lo verdadero y de hacer comprender, respetando siempre a la persona a la que nos dirigimos como a nosotros mismos. Esta distinción puede conducir a no decir lo «verdadero» para mejor respetar a la persona y a la verdad.

ALAN MONTEFIORE

Sr. de Clèves: *Os amaba hasta estar seguro de estar equivocado, lo digo para mi vergüenza. He lamentado la falsa pausa que me habéis ofrecido. ¿Por qué no me dejasteis en esa tranquila ceguera que disfrutan tantos maridos?*

No hay nada tan peligroso como el halago en los momentos en que el que halaga puede tener miedo.

PAUL DE GONDI, **cardenal de Retz**

El adulador que nos pierde es más bienvenido que el amigo que nos salva y nos desaprueba.

DELAVIGNE

141

X

RESPONSABILIZAR

SER RESPONSABLE Y TOMAR LA INICIATIVA

Sentirse responsable de sí y de lo que uno es, es empezar por preocuparse, y estresarse uno mismo, tomando conciencia de que permanecemos siempre libres respecto a nuestros compromisos, en situación siempre de poder escoger (hacer, no hacer, decir que sí o rechazar) y que las consecuencias de lo que hemos escogido nos pertenecen, particularmente nuestros errores. Los demás no tienen nada que ver en ello. Para llevar a cabo la primera de nuestras elecciones fundamentales, es decir, escoger lo que queremos ser, somos los dueños de nuestro desarrollo personal. Ser responsable de sí mismo es proponerse objetivos vitales y conseguir los medios para alcanzarlos, conservar la independencia de la mente y asignarse voluntariamente deberes específicos, sobre todo en los momentos difíciles. Por último, ser responsable de sí significa dejar de quejarse de los demás, aceptando que no sean infalibles.

Una de las mejores muestras de responsabilidad consiste en tener iniciativas, pero éstas no se hallan tan extendidas como debería ser. En efecto, para que la iniciativa sea real, deben reunirse los siguientes factores: primero la determinación de objetivos operacionales, luego una energía suficiente, una aceptación de los riesgos ocasionales y, por último, la capacidad de sentirse un poco marginado, así como la fuerza de soportar las críticas producidas por esa marginalidad.

Somos responsables de lo que somos y tenemos el poder de hacer de nosotros mismos todo lo que desearíamos ser.

VEVEKANANDA

El hombre suele saber lo que hace, lo que nunca sabe es lo que provoca lo que él hace.

PAUL VALÉRY

Algunos signos de nobleza son: jamás pensar en reducir tus deberes a ser deberes para todo el mundo; no querer renunciar a nuestra propia responsabilidad; no querer compartirla; contar nuestros privilegios y su ejercicio como parte de nuestros deberes.

NIETZSCHE

Si un amigo universal basta hacer Roma y todo lo restante del universo, séase uno ese amigo de sí propio y podrá vivir a solas. ¿Quién le podrá hacer falta, si no hay ni mayor concepto ni mayor gusto que el suyo? Dependerá de sí solo, que es felicidad suma semejar a la Entidad Suma.

BALTASAR GRACIÁN

RESPONSABILIZAR

Responsabilizar a quienes nos rodean significa mostrar que confiamos suficientemente en ellos como para dejar de sentirnos responsables. Significa considerarlos como adultos en el sentido del análisis transaccional. Significa dejar que tomen decisiones, para que sea su decisión y no la nuestra. Significa también colocarlos en situaciones en que tengan que escoger, dándoles libertad de maniobra, por ejemplo respecto a los horarios variables y en general al tiempo de trabajo. Pero debe Vd. ser coherente: permita que la gente elija su tiempo de trabajo, pero despida a aquellos que abusan o que no logran a cambio los resultados negociados previamente.

Responsabilizar a quienes nos rodean no significa conceder extras y recompensas, sino darles la ocasión de que las merezcan tomando iniciativas y riesgos.

El mejor método, cuando tienes hombres bajo tu mando, es utilizar al avaro y al tonto, al sabio y al valiente, y darle a cada uno de ellos la responsabilidad que más les convenga.

SUN TSE

Un atleta no puede entrar en competición muy motivado cuando nunca se ha puesto a prueba.

SÉNECA

El malestar de una república es que cuando no hay dinero, sin preocuparse del gobierno y de sus propósitos, (el pueblo) espera con tranquilidad su salario.

MONTESQUIEU

CONFIAR

Para tomar iniciativas y progresar, el personal tiene que saber que Vd. confía en él (y que si se diera el caso puede solicitar su ayuda), de otro modo puede perder la confianza en sí mismo. Y si no confía en sí mismo tendrá pocas ganas de comprometerse plenamente. Pero ¿cómo comprobará que Vd. tiene confianza en él?

Confiar en sus colaboradores significa empezar por mostrarse accesible a ellos, y por lo tanto aceptar que le observen de cerca (con sus cualidades y debilidades), y significa que Vd. confía en ellos de vez en cuando al animarlos a su vez a que ellos le hagan confidencias. Existe efectivamente una estrecha relación entre confianza y confidencia. Pero, para poder confiar, es necesario no sobreestimarse (como un «sé fuerte» que no necesita a nadie) ni subestimar la capacidad de opinión de sus colaboradores. Confiar significa también creer *a priori*, concediendo a su entorno un prejuicio favorable y no el contrario. Nada le impide ir a informarse más tarde para comprender mejor las razones que dictaron tal conducta. Pero no las prejuzgue, por ejemplo, en nombre de alguna experiencia que haría que Vd. se sintiera seguro de su diagnóstico. Por último, Vd. demuestra constantemente la confianza que concede dando, más que el derecho al error, el derecho al intento. ¡Con la condición, claro está, de que le avisen siempre de dichos intentos!

Si aquel que ostenta un rango inferior no obtiene la confianza de su superior, el pueblo no puede estar bien administrado; hay una moraleja en esto: aquel que no es sincero y fiel con sus amigos, no obtendrá la confianza de sus superiores.

CONFUCIO

Toda confianza es peligrosa si no es completa: hay pocas conjeturas donde no es necesario decirlo todo o esconderlo todo. Hemos dicho demasiado de nuestro secreto a la persona que creemos deber ocultar un hecho.

LA BRUYÈRE

Prevenir las injurias y hacer de ellas favores. *Más sagacidad es evitarlas que vengarlas. Es gran destreza hacer confidente del que había de ser émulo, convertir en reparos de su reputación los que la amenazaban tiros. Mucho vale el saber obligar: quita el tiempo para el agravio al que lo ocupó con el agradecimiento. Y es saber vivir convertir en placeres los que habían de ser pesares. Hágase confidencia de la misma malevolencia.*

BALTASAR GRACIÁN

4 **_DESDRAMATIZAR LAS APUESTAS:_**
sobre el buen empleo de la alegría, de la frivolidad y de la risa

Desdramatizar las apuestas para recobrar el placer del trabajo y del compromiso significa aceptar la idea de que la costumbre de tener placer en el trabajo no sólo no resulta perjudicial para la calidad del trabajo, sino, al contrario, la fortalece. Demuestre pues a sus colaboradores que sabe Vd. sacar placer a sus actividades y le seguirán. Debe ir más allá y considerar que las personas trabajan para distraerse (de sus preocupaciones personales). Luego debe sacar la conclusión lógica de que hay que aceptar las distracciones debidas legítimamente a inatenciones (es decir de las ina-tensiones) y los errores de descuido (a condición de que no se den demasiado a menudo, claro está). Para que se entienda esta visión movilizadora del trabajo debe empezar por rehabilitar la alegría, el placer, la risa y el humor, primera fase de la desdramatización en la empresa.

> _La alegría es la madre de todo arrebato._
>
> VAUVENARGUES

> _El júbilo está en todas las cosas. Necesitamos saber extraerlo._
>
> CONFUCIO

> _El júbilo no puede brotar más que entre personas que se sienten iguales._
>
> BALZAC

La gestión de empresas y el teatro

> **_El mensajero hablando con Creonte en el Corifeo:_** _Cuando un hombre pierde la alegría, estimo que ya no está vivo, se trata de un muerto viviente._
> _Puedes ser rico si así lo deseas, vive a la manera de los tiranos. Si no hay alegría, no será más que una sombra y no seré yo quien la busque a costa de mi bienestar._
>
> SÓFOCLES **(Antígona)**

Para disipar las tensiones, por ejemplo cuando termina una reunión, utilice la risa, una fuerza constructiva y apacible. Le ayudará a atraer la atención sobre lo absurdo de un comportamiento o de una situación, con mayor eficacia que cualquier crítica directa. Utilice la risa y el humor también para distanciarse frente a amenazas o preguntas demasiado inquisitivas (como John Kennedy frente al Congreso y a la prensa), y demuestre que no se toma a sí mismo demasiado en serio. En pocas palabras, debe estar de buen humor pero sin por ello caer en la ilusión de la alegría.

5 *DEFINIR UNOS OBJETIVOS OPERACIONALES*

Existe una estrecha relación entre la ausencia de objetivos motivadores y la exigencia de señales externas de su cargo. Cuando no tengo ideales por los que luchar, entonces por lo menos exijo que me reconozcan por mi grado, mis prerrogativas, puesto que son señales de reconocimiento que me resultan indispensables para demostrarme a mí mismo quién soy. Por el contrario, si sólo pienso en el proyecto, por ejemplo el de crear tal empresa, ¡no me importará (por lo menos al principio) no disponer de un despacho de 50 m² con moqueta! Encontramos de nuevo aquí la distinción esencial entre el reconocimiento de lo que se hace, por una parte, y de lo que se es, por otra parte . Por lo tanto, es preciso detectar las señales de ausencia de objetivos motivadores en su equipo.

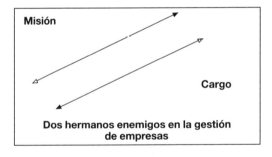

Misión

Cargo

Dos hermanos enemigos en la gestión de empresas

La hazaña psicológica más formidable de la que el hombre es capaz es la de vencer su propia pasión en nombre de una misión a la que se ha consagrado.

HUGO VON HOFMANNSTHAL

Todas las épocas reaccionarias de descomposición son subjetivas y, por el contrario, todas las épocas de progreso tienen una dirección objetiva.

GOETHE

Todo comienza por la mística y acaba por la política.

PÉGUY

Un buen objetivo debe ser ambicioso, realista y limitado. Un objetivo ambicioso hará pasar por un héroe a quien lo realice. Por lo tanto, coloque a sus colaboradores en situación de convertirse en héroes, por lo menos ante su mirada. Para ello, sobrevalore lo que espera de ellos. Que tengan la impresión de llevar a cabo una misión de interés nacional.

Poseo la ambición necesaria para tomar parte en las cosas de esta vida. No tengo la que se necesita para sentirme a disgusto en el lugar donde la naturaleza me ha puesto.
(...) Un hombre no es infeliz porque tenga ambición sino porque ésta le devora.

MONTESQUIEU

En defecto de cosas extraordinarias, queremos que nos hagan creer en aquellas que lo parecen.
(...) Los hombres tienen grandes pretensiones y pequeños proyectos.

VAUVENARGUES

Tenemos una misión. Hemos sido enviados para civilizar la tierra.

NOVALIS

Finalmente, el objetivo deberá adaptarse a las capacidades del colaborador y a la situación de la empresa. Que el colaborador se dé cuenta de que, aunque Vd. le pide esfuerzos, eso no le va a exigir unos sacrificios excesivos como apartarlo de los demás y que se sienta seguro de poder comprobar fácilmente que ha llevado a cabo cuanto se esperaba de él. Así pues, los objetivos deben ser medidos o evaluados mediante un comportamiento observable para poder controlarlos. Debemos mostrarnos siempre subjetivos en cuanto a establecer objetivos, pero objetivos en cuanto a evaluar resultados.

Nunca llega a viejo un desconcierto; el ver lo mucho que promete basta hacerlo sospechoso, así como lo que prueba demasiado es imposible.

BALTASAR GRACIÁN

El valor de poner en práctica una idea viene dado por la modificación de comportamiento que ésta comporta para el individuo o el grupo que la adopta.

VAUTHIER

Hacerse valer por cosas que no dependen de los otros, sino de uno mismo, o renunciar a hacerse valer. Es una máxima inestimable y con infinidad de recursos en la práctica, útil para los débiles, los virtuosos, para aquellos que tengan un gran espíritu, a quienes hace dueños de su fortuna o de su reposo.

LA BRUYÈRE

6 *DELEGAR*

Delegar es una herramienta de gestión de empresas que consiste (para un responsable) en asignar a un subordinado la realización de objetivos negociados conjuntamente y expresados de manera operacional en cuanto a los recursos y métodos, dentro de un contexto definido y comunicado al delegado, ayudando a este último cuando tropieza con dificultades, y haciendo el balance de los resultados dentro de un contexto de procedimiento de control cuyas modalidades, criterios y frecuencia se definen por adelantado con el subordinado. Delegar significa actuar con método, confianza, paciencia, valor para crear dinamismo: delegar + iniciativa + tomar riesgos + derecho a errores.

El gerente tiene interés en delegar para despejarse el «terreno» y distanciarse (no se puede hacer todo), para así poder dedicarse a lo esencial, es decir, a las prioridades de gestión de empresa, y para fomentar un ambiente participativo entre sus colaboradores.

Aquel que no sabe distinguir el bien del mal, lo verdadero de lo falso, que no sabe reconocer en el hombre el mandato del cielo, todavía no ha llegado a la perfección.

CONFUCIO

Para el subordinado existen dos importantes motivaciones para delegar: la necesidad de reconocimiento (delegar significa demostrar que quien delega tiene consideración hacia el delegado y sabe reconocer su valía) y la necesidad de autonomía: delegar significa «elevar» el contenido del trabajo, incrementando su complejidad, el número de parámetros a tener en cuenta, la cantidad de decisiones a tomar, la autonomía. El delegado se convierte, de ejecutor, en responsable.

Muchas cosas de gusto no se han de poseer en propiedad. *Más se goza de ellas, ajenas, que propias; el primer día es lo bueno para su dueño, los demás para los extraños. Gózanse las cosas ajenas en doblada fruición, esto es, sin el riesgo del daño, y con el gusto de la novedad. Sabe todo mejor a privación: hasta el agua ajena se siente néctar. El tener las cosas, a más de que disminuye la fruición, aumenta el enfado, tanto de prestallas como de no prestallas; no sirve sino de mantenellas para otros, y son más los enemigos que se cobran que los agradecidos.*

BALTASAR GRACIÁN

¿A quién se debe delegar? A un subordinado directo en quien Vd. confía y que es competente, es decir, que tiene la capacidad técnica, intelectual y humana necesaria y la aptitud, es decir, que le agradan las responsabilidades y las iniciativas, y que dispone de tiempo para integrar las tareas asignadas en el ámbito de sus actividades.

Es más sabio encargar de una expedición a un solo hombre dotado de una capacidad ordinaria que confiarla a dos hombres superiores investidos de la misma autoridad.

MAQUIAVELO

Delegar significa conceder un margen de maniobra al subordinado en cuanto a la manera de realizar el trabajo. Se delega una tarea, no un método. Delegue lo que sabe hacer (de esta manera podrá controlarlo) y lo que le gusta hacer, porque existen muchas probabilidades de que a su colaborador también le guste. Delegue todo lo que otra persona pueda hacer tan bien o mejor que Vd. y todo lo que es secundario para Vd., pero no para sus colaboradores: dispense a los demás de las tareas desagradecidas y no delegue asuntos basura.

Si desea que una cosa esté bien hecha, no la haga usted mismo, a menos que sepa cómo se hace.

EMPIRE TOOL COMPANY

El arte de un príncipe consiste en hacer el bien en persona y el mal a través de un segundo.

ÁNGEL GANIVET

¿Dentro de qué límites se debe delegar? Se delega autoridad pero no responsabilidad. Me mantengo responsable pero además consigo que también mi colaborador se vuelva más responsable ante mí. No delegue todos sus cargos, porque eso no es delegar sino hacerse sustituir. Más concretamente, no delegue lo que constituye las prerrogativas de gestión de empresa del responsable. No delegue ante todo el concebir los objetivos fundamentales a medio y largo plazo para preparar el futuro y controlar las modificaciones, ni las decisiones esenciales en lo referente a organización y gestión de recursos (materiales y humanos). No delegue luego la tarea de animar a las personas ni las relaciones clave con el exterior, la jerarquía y los demás departamentos de organización, la información, el diálogo y la formación de los colaboradores, el arbitraje en caso de tensiones importantes, la intervención en caso de accidentes graves. Por último, debe guardarse para sí el control final de los asuntos clave y de las tareas más ingratas, las más difíciles (cuando resultan sistemáticas).

De hecho, el papel que tiene Vd. como gerente consiste en conciliar su disponibilidad para tomar las grandes decisiones prioritarias con un sentido del terreno y del contacto que no debe hacerle dudar por ejemplo en utilizar Vd. mismo la fotocopiadora de vez en cuando. Su responsabilidad final como gerente implica que tiene que poder contar también con personal ayudante de confianza que le facilitarán la tarea.

Tratar a la ligera lo principal o lo más importante, y con gravedad lo que no es más que secundario, es un método de actuar que nunca debe seguirse.

CONFUCIO

7

DESCONFIANZA Y CONTROLES

Dices que la confianza y la precaución son incompatibles. Es un error, puedes unirlas. Aplica sólo la precaución a las cosas que dependen de ti y la confianza a las que no dependen de ti en absoluto. De esa manera serás confiado y precavido. De esa manera, evitando por tu prudencia los verdaderos males, contendrás con coraje los falsos males que te amenazan.

EPÍCTETO

los hombres encuentran en su ignorancia y en sus vicios motivos para desconfiar, y en sus luces y en sus virtudes encuentran motivos para confiar. La desconfianza es el patrimonio de los ciegos.

JOUBERT

Nos engañamos mucho más por la desconfianza que por la confianza.

*PAUL DE GONDI, **cardenal de Retz***

Nunca me canso de declarar que el diploma es el peor enemigo de la cultura. Cuanta más importancia cobran los títulos en la vida (y esta importancia no hace más que crecer debido a circunstancias económicas) más débil es el rendimiento de la enseñanza. Cuanto más control se ha ejercido y se ha multiplicado, peores han sido los resultados.

VALÉRY

Desconfiad de todo el mundo y en particular de aquellos que os aconsejan que desconfiéis.

LA ROBERTIE

XI

SERVIR Y AYUDAR A LOS DEMÁS A REALIZARSE

¿CÓMO SERVIR ADECUADAMENTE A SUS SUPERIORES Y A LA EMPRESA?
¿Cuándo obedecerles y cuándo debe uno marcharse?

La mejor manera de no tener que soportar la autoridad de su superior sigue siendo el reconocérsela permanentemente. ¡Esto le bastará muy a menudo! Porque si al jefe le gusta que le sirvan, le complace sobre todo darse cuenta de que su colaborador lo hace con buena voluntad. Y que este último no se queja regularmente de que tal o cual tarea no forma parte de su trabajo. El ideal no publicado es que el colaborador entienda a medias al responsable y que haga lo que por pudor uno no se atreve a pedirle.

> *Aquellos llamados grandes ministros sirven a su príncipe según los principios de la justa razón (y no según los deseos del príncipe). Si no pueden obrar así, entonces se retiran.*
> *(...) Cuando sirváis a un príncipe, poned cuidado y atención en sus asuntos y haced poco caso del sueldo.*
>
> **CONFUCIO**

> *¡Servir! Es la divisa de aquellos a los que gusta mandar.*
>
> **JEAN GIRAUDOUX**

> *No preguntéis nunca lo que vuestro país puede hacer por vosotros. Preguntad lo que vosotros podéis hacer por vuestro país.*
>
> **JOHN F. KENNEDY**

El gerente intermediario debe servir y a la vez mostrar un espíritu crítico. La primera actitud le impulsará a decir que sí y la segunda a decir que no. Procure no decir que sí formalmente sin hacerlo en el fondo, o decir que no formalmente sin reflexionar en el fondo. Si no existe vergüenza en obedecer y trabajar bajo presión, sí la hay en cambio en participar de manera pasiva y servir a causas ingratas por puro conformismo. Si Vd. cree que resulta difícil triunfar contra su jefe, entonces intente triunfar sin él: ¡es más fácil!

> *Los hombres que ocupan altos puestos sirven a tres cosas: sirven al soberano o al Estado, sirven a su gloria y sirven en los negocios.*
>
> **BACON**

> *Estaría encantado de servir. Lo que me repugna es que se sirvan de mí.*
>
> **GRIBOIEDOV**

2 *PONERSE AL SERVICIO DE LOS COLABORADORES Y HACERLES FAVORES*

Atender a sus colaboradores consiste, en primer lugar, en motivarlos hasta el último piso de la pirámide de Maslow, es decir, ayudarlos a realizarse en sus propios objetivos. Pero Vd. se preguntará: ¿Y si éstos no se corresponden con los objetivos de la empresa? Tanto peor: empresa y gerentes se hallan tanto al servicio del personal como el personal lo está de la empresa. Estar al servicio de sus colaboradores consiste en ayudarles a abrirse, luego a desarrollarse, procurando que gracias a Vd. se acerquen un poco más a la realización de su sueño. Para ello hay que empezar por conocer y reconocer los sueños más locos de sus colaboradores, aceptarlos, considerándolos compatibles con los objetivos de la empresa, y por último intentar tenerlos en cuenta en las tareas que Vd. asigna. Así, frente a uno de sus colaboradores cuyo sueño más íntimo es abrir un día una tienda de antigüedades cuando ahora mismo es relaciones públicas en un banco, puede proponerle ocuparse de la cuenta de algún tasador o anticuario como si fuera una oportunidad para familiarizarse desde ahora con la futura actividad, al conocer a algunos de los miembros. Su colaborador ya no verá en Vd. un obstáculo a una aventura a largo plazo, sino, al contrario, un servidor y alguien que facilita proyectos, lo que le motivará mucho más.

No tiene otra comodidad el mando sino el poder hacer más bien.

BALTASAR GRACIÁN

La generosidad es un deseo de brillar por acciones extraordinarias. Es un empleo hábil y eficaz del desinterés, de la firmeza, de la amistad y de la magnanimidad, para conseguir pronto una gran reputación.

LA ROCHEFOUCAULD

El servir no es esclavitud sino, al contrario, control de sí mismo, esplendor y generosidad, cuando no se ejerce con hipocresía. Incluso en momentos difíciles, cuando desea Vd. por ejemplo cortar un discurso interminable o contestar mediante un rechazo educado a un deseo, puede Vd. utilizar el argumento del servicio mediante expresiones tales como: «Justamente, para contestar a su pregunta, quisiera concretar primero que...» o «Para responderle mejor, me tomaré el tiempo de instalarme, si Vd. me lo permite». Pero el mejor servicio que debe dar a los demás es ayudarles en su desarrollo, sin necesidad de cambiarse por ellos.

SABER MARCHARSE A TIEMPO Y PREPARAR LA SUCESIÓN

Más vale marcharse demasiado temprano que demasiado tarde. Esto resulta válido tanto para cargos sucesorios como al hacer una intervención o una exposición. No hay ningún inconveniente en dejar hambriento a su público o a su entorno. Sí lo hay, en cambio, en cansarlo. Aquí la abundancia de bienes resulta perjudicial. Pero para marcharse a tiempo debe haber preparado previamente el terreno, concretamente en el caso de su sucesión. De otro modo resultará fácil alegar que es prematuro. O entonces se vería Vd. tentado a practicar la política de lo peor (después de mí el diluvio). Pero cuidado, preparar su sucesión no es abdicar de todos los poderes y dejárselos a un «heredero». Si tiene Vd. varios sucesores potenciales, no consagre demasiado rápido a su favorito.

> No está el punto en el vulgar aplauso de una entrada, que ésas todos las tienen plausibles, pero sí en el general sentimiento de una salida, que son raros los deseados; pocas veces acompaña la dicha a los que salen; lo que se muestra de cumplida con los que vienen, de descortés con los que van.
>
> **BALTASAR GRACIÁN**

> Los ciudadanos que han sido revestidos de las más altas acciones no deben desdeñar las menores.
>
> **MAQUIAVELO**

> La violencia que se emplea para permanecer fieles a lo que amamos no vale mucho más que una infidelidad.
>
> **LA ROCHEFOUCAULD**

> Me gustan las personas que no saben vivir más que para desaparecer. Son ellos los que van más allá.
>
> **NIETZSCHE**

> Hay lugar al sol para todo el mundo, sobre todo cuando todo el mundo quiere quedarse a la sombra.
>
> **JULES RENARD**

ABNEGACIÓN EN LA EMPRESA

No somos más que siervos inútiles. Hemos hecho sólo lo que debíamos hacer.

Antiguo Testamento

¿Conocéis otra libertad que la del sacrificio?

MILOSZ

Es en la abnegación que se consuma toda afirmación.

GIDE

Hay hombres que no tienen otra misión entre los demás que servir de intermediarios. Se les flanquea como si se tratase de puentes para llegar más lejos.

FLAUBERT

Pregunta: Servir a los hombres no nos reporta a veces más que ingratitud. ¿Qué obtendremos de nuestros esfuerzos?
Respuesta: Es honroso recibir ingratitud. Es infame ser ingrato.

FEDERICO II

157

XII
EVALUAR LOS RESULTADOS

SABER CRITICAR SIN SER DEMASIADO CRÍTICO

Evaluar resultados responde a una doble necesidad: por una parte, la de la empresa, para la que es necesario saber regularmente si sus miembros tienen capacidad para realizar el trabajo asignado; y por otra parte, la necesidad de los empleados, que quizá desean saber en qué punto se hallan y que se les reconozca socialmente. Resulta importante para un directivo saber evaluar adecuadamente las situaciones y los resultados de sus colaboradores para orientarles mejor sobre las tareas en que éstos desarrollarán mejor sus competencias y para completar su formación. No obstante, esta función, que es prioritaria para la gestión de una empresa, es difícil llevarla a cabo correctamente. Así pues, el gerente aplicará un particular esmero en prepararse adecuadamente para realizar las técnicas de evaluación, que tienen sus factores de éxito y sus riesgos de fracaso. Sobre todo cuando los juicios acarrean consecuencias, porque implican una reciprocidad, al estar tentada la persona juzgada de juzgar a su vez a su propio juez.

> *Después de la dicha de dirigir a los hombres, el más gran honor (...) ¿no es el de juzgar? (...) Sin la libertad de culpar no hay alabanza lisonjera.*
>
> **BEAUMARCHAIS**

> *No es cierto (lo que dijo Rousseau sobre Plutarco) que cuanto más se piensa menos se siente, pero sí que es cierto que cuanto más se juzga, menos se ama. Pocos hombres son la excepción a esta regla.*
>
> **CHAMFORT**

> *Ni los hombres ni sus vidas se miden con el mismo rasero.*
>
> **MONTAIGNE**

No confunda el espíritu crítico, que es una necesidad, con el espíritu de criticar, que es un defecto peligroso para la buena calidad de las relaciones humanas, porque suscita en las víctimas unas reacciones de disimulo y de agresión. Además, este estado de ánimo es a menudo la señal de nuestra propia deficiencia.

> *Pero no se ha de hacer profesión de desagradarse de todo, que es uno de los necios extremos, y más odioso cuanto por afectación que por destemplanza.*
>
> **BALTASAR GRACIÁN**

2

¿HASTA DÓNDE DEBE LLEGAR LA INDULGENCIA?

La indulgencia es ciertamente una necesidad por el hecho de que el error y la debilidad son humanos. Cuando esto no se admite uno se arriesga mucho a practicar una gestión «inhumana», es decir, enfocada más hacia objetivos que hacia personas y a frenar el aprendizaje y la iniciativa de sus colaboradores. Por el contrario, llevar la indulgencia demasiado lejos puede convertirse en una debilidad que podría volverse contra los propios autores. Entre ambos extremos, la actitud de indulgencia de la persona que evalúa deberá ser más que nada selectiva y referirse más a pequeños errores que a los grandes, y más a las personas cercanas, a quienes uno tiene tendencia a tomar el pelo, que a aquellos que conocemos menos y de quienes, por lo tanto, no estamos seguros. La primera forma de indulgencia en la empresa consiste en preferir evaluaciones subjetivas «positivas» que «negativas». Cuando la evaluación es subjetiva y «positiva», como «excelente», casi nunca plantea problemas. Decir de alguien que es excelente resulta agradable y le sube la moral. Cuando la evaluación es «negativa», nos arriesgamos a adentrarnos en la susceptibilidad. Decir de alguien que es un incapaz (afirmación que se hace con facilidad) lo desmotivará, y sus posibles reacciones serán: agresividad, rebelión, enfado, etc., del tipo: «¡Espérate! Éste va a ver lo que yo voy a...».

> Cuando el gobernante es indulgente, el pueblo permanece puro. Cuando el gobernante es puntilloso, el pueblo se equivoca.
>
> **LAO TZU**

> Comprender es perdonar.
>
> **Madame de STAEL**

La gestión de empresas y la Biblia: no tire la primera piedra

Según la ley judía, la muerte por lapidación se infligía en caso de idolatría, brujería o adulterio por parte de la mujer. No obstante, en presencia de una mujer adúltera que los fariseos y los escribas iban a lapidar, Jesús los desafió de la siguiente manera: «¡Quien esté libre de culpa tire la primera piedra!». Entonces se marcharon uno tras otro, empezando por los más ancianos. (Juan VIII, 2-11).

¿QUÉ DEBE TENERSE EN CUENTA EN UNA REUNIÓN DE EVALUACIÓN DE RESULTADOS?

Nunca evalúe a una persona, si desea evitar susceptibilidades y conseguir una buena calidad de diálogo. En cambio, es posible evaluar sus actos en un contexto particular (haber sido capaz de animar una reunión con tantas personas), los resultados obtenidos (llevar a cabo 10 informes en un día), las capacidades en un momento dado (ser capaz de vender un póliza de seguro de vida y de concluir la venta), la diferencia existente entre una norma particular y la acción o el comportamiento de una persona, el grado de satisfacción o de insatisfacción de un tercero (hacérselo evaluar en base a una escala de valores). En general, para juzgar a alguien ¿qué criterios hay que tomar? ¿La intencionalidad, el esfuerzo desarrollado o los resultados obtenidos? Si debe evaluar una tarea o una obra sobre la base de los esfuerzos desarrollados para llevarla a cabo, entonces debe tenerlo todo en cuenta desde el inicio, a partir de la experiencia que se ha adquirido progresivamente para llegar a ese punto.

No debemos juzgar a los hombres por lo que éstos ignoran sino por lo que saben y por la manera en que lo saben.

VAUVENARGUES

El gran general es el que vence y no el que tendría que haber vencido.

RENAN

¿Deben tenerse en cuenta los medios utilizados y las circunstancias? En cualquier caso no debe despreciar los resultados obtenidos con recursos escasos, y más que el origen de un acto debe analizar las consecuencias. El error más frecuente consiste en separar la evaluación del contexto y generalizar. Se engancha entonces una etiqueta a la persona, lo cual la encierra, la desmotiva y la agrede: «Es incapaz de hacer un...» se convierte en «es incapaz» (de no hacer nada bueno). No obstante, si la capacidad de cada uno se tuviera que evaluar mediante este único criterio, poca gente «valdría algo». ¿Sirve acaso el hecho de atribuir etiquetas para valorizarse en detrimento de los demás? El interlocutor no lo aceptaría por mucho tiempo.

4

¿*ES NECESARIO ESCONDER O CONFESAR LAS EQUIVOCACIONES?*

Aunque resulta necesario confesar sus equivocaciones para liberar su estrés y no culpabilizarse más, también es necesario que esta confesión esté relacionada con la importancia del acontecimiento y de sus consecuencias. Así, en el caso de pequeñas equivocaciones que pasan desapercibidas la mayor parte del tiempo, no debe perder tiempo: la mejor manera de gestionarlas consiste en pasarlas por alto, lo cual no significa intentar por todos los medios disimularlas. Si cuando está Vd. tratando de animar provoca un incidente, no suelte un «disculpadme» ni convierta a la audiencia en cómplice de sus estados de ánimo mediante una afirmación de fracaso del tipo: «Ya no encuentro la manera de...». La mayor parte de las veces, esta actitud sólo sirve para atraer la atención de personas para las cuales el incidente había pasado hasta ese momento desapercibido. Al oficializar la equivocación, se transforma, al contrario, en la confesión de una falta. Ahora los interlocutores se dan cuenta de ella. En cambio, si la equivocación es demasiado patente o no consigue Vd. guardársela para sí, entonces sí debe confesarla, pero sin tener que justificarse ni esperar que le excusen: puede confesar que tiene miedo pero no añada que se debe a que no sabe hablar en público, porque a fuerza de explicar uno acaba explicándose y a fuerza de explicarse uno acaba justificándose. Además, para no dar la impresión de que Vd. se está justificando frente a una pregunta demasiado inquisitoria, ¡diga que Vd. la contesta de hecho para hacer un favor a su autor! «Ya que Vd. me lo pide, de buen grado le contestaré...». Cuando se comete una equivocación, no pierda tiempo en justificarse; tenga el valor de admitirlo sin escapatorias. Es la mejor manera de convencer a los demás de que está seguro de sus propias capacidades.

> *Nadie nos juzga tan severamente como nosotros mismos nos condenamos.*
>
> **VAUVENARGUES**

> El mayor desdoro de un hombre: *es dar muestras de que es hombre; déjanle de tener por divino el día que le ven muy humano. La liviandad es el mayor contraste de la reputación. Así como el varón recatado es tenido por más que hombre, así el liviano por menos que hombre.*
>
> **BALTASAR GRACIÁN**

> *Aceptar que nos hemos equivocado es probar con modestia que nos hemos vuelto más razonables.*
>
> **SWIFT**

¿CÓMO CORREGIRSE Y CONTROLAR LAS EQUIVOCACIONES?

Controlar las equivocaciones significa, en primer término, aceptar equivocarse sin necesidad de culpabilizarse por ello, porque «errar es humano»; y significa tener confianza en la posibilidad de corregirlo. Apóyese en sus errores y rectifique el tiro; es lo único que cuenta en caso de fracaso. Para ello, es necesario tener agallas y al mismo tiempo visión de conjunto y capacidad de discernimiento. Pero no es tan difícil como eso. Después de todo, un hombre avisado ¿no vale por dos? Además es necesario darse cuenta de la propia equivocación, sin necesidad por ello de dramatizarla, sino relativizándola. ¡Recuerde que siempre existen grados en las catástrofes! y que quien hace un cesto, a pesar de lo que dice el proverbio, no siempre hace ciento.

Equivocarse y a pesar de ello seguir confiando en su ser interior, eso es el hombre.

GOTTFRIED BENN

Nadie llega a ser maestro en un terreno donde no ha conocido la impotencia, y quien esté de acuerdo con esto sabrá también que esta impotencia no se encuentra al principio ni antes del esfuerzo que acometemos, sino en su centro.

WALTER BENJAMIN

Hace el cuerdo espejo de la ojeriza, más fiel que el de la afición, y previene a la detracción de los defectos, o los enmienda, que es grande el recato cuando se vive en frontera de una emulación, de una malevolencia.

BALTASAR GRACIÁN

Intente, desde luego, no repetir sus errores: un error no constituye una falta pero perseverar en él sí lo es. Más bien saque una lección positiva a partir del primer fracaso, sin necesidad de considerarlo como un defecto infame que es necesario ocultar. Pero ¡cuidado de no agravar lo que se ha hecho mal, al querer corregirlo!

Casi todos los hombres mueren de sus remedios y no de sus enfermedades.

MOLIÈRE, El enfermo imaginario

Uno de los mayores defectos de los hombres es que casi siempre buscan, en el mal que les llega por sus faltas, excusas antes de buscar un remedio, lo que hace que a menudo encuentren demasiado tarde los remedios ya que no los buscan a tiempo.

PAUL DE GONDI, cardenal de Retz

¿CÓMO REACCIONAR ANTE LOS ERRORES DE LOS DEMÁS Y AYUDAR A SUS COLABORADORES A CORREGIR LOS SUYOS?

Para ayudar a sus colaboradores a progresar, procure que caigan en la cuenta de sus equivocaciones, sin necesidad de dramatizarlas ni de considerarlos culpables, sino al contrario perdonándolos. Perdonar los errores de alguien significa ante todo no enfadarse. Al enfurecerse por errores menores (suyos o de su entorno), se arriesga a perder toda credibilidad y parecer alguien a quien le falta autocontrol, madurez y discernimiento. Y para conseguir que se den cuenta de ello, debe practicar las cuatro fases del proceso de la amonestación de Thomas Gordon. Debe mencionar explícitamente el comportamiento no deseable manifestado por el colaborador: «Torres, cuando llega usted tarde...»; luego las consecuencias tangibles que este comportamiento tiene para el departamento: «atrasa el trabajo de la secretaria, como demuestra el hecho de que tiene que quedarse cada tarde media hora más». Luego debe expresar claramente los sentimientos y las preguntas que se le empiezan a ocurrir, para que su interlocutor caiga en la cuenta de la urgencia de la situación: «Me pregunto si se da usted cuenta de la importancia de su papel en el departamento». Y pida entonces claramente explicaciones para mejorar la situación, «¿qué explicación daría usted para que encontremos una solución?».

Los hombres están hechos los unos para los otros; así que corrígeles o sopórtales.
(...) Si alguien se equivoca, corrige con bondad y muéstrale cuál es el error. Si no puedes
hacerlo, acúsate tú mismo o mejor no te acuses.
MARCO AURELIO

Lo que quiero saber antes que nada no es si habéis fracasado sino si habéis aceptado vuestro
fracaso.
ABRAHAM LINCOLN

Después de haber corregido a sus colaboradores, procure que vuelvan a confiar en sí mismos para demostrar de nuevo su iniciativa. Para ello, debe asignar prioritariamente a aquellos de sus colaboradores que acaban de fracasar en una tarea específica, la misma tarea si se vuelve a presentar; esto les demuestra que usted no los responsabiliza de su primer fracaso. Como a un nadador que acaba de hacer un planchazo, pídales que vayan en seguida a repetir el salto. De otro modo podrían dramatizar su fracaso y dejar de «saltar» definitivamente. Para hacer tomar conciencia a alguien de que la responsabilidad de una equivocación le incumbe de todos modos, amonéstelo mediante la ley de los 50/50: «Tranquilícese, una parte de la responsabilidad se atribuye a su entorno», lo que conseguirá hacerle reflexionar y preguntar de pronto «¿Quiere usted decir que soy igualmente responsable en parte?». Para que su entorno se vuelva emprendedor, debe incitarlo a correr el riesgo de equivocarse: pero el derecho al error no equivale al derecho a la equivocación profesional.

7 CONTROLAR LOS ÉXITOS Y CAMBIAR LAS REGLAS CORRESPONDIENTES

Debemos ser modestos respecto a nuestros propios éxitos. Cuanto más nos felicitemos por éstos, más motivos deberíamos tener para preocuparnos por ello. Primero porque resulta inusual que seamos enteramente responsables de tales éxitos y que la casualidad no esté presente por algún motivo. En segundo lugar, porque nunca analizamos demasiado a qué se debe nuestro éxito. Estos errores de interpretación explican que muchas veces tras un primer éxito nos consideremos víctimas de un rotundo fracaso. A menos que éste llegue en seguida porque, aunque no nos hayamos equivocado respecto a la naturaleza de nuestros éxitos, cometimos el error de pensar que bastaría con reproducir idénticamente nuestros comportamientos originales para asegurarnos la repetición casi automática del éxito, es decir, no tener en cuenta que el ambiente sin duda habrá cambiado.

Es menester arte en el ostentar: aun lo muy excelente depende de circunstancias y no tiene vez; salió mal la ostentiva cuando le faltó su sazón.

BALTASAR GRACIÁN

Se ha visto a hombres caer de una alta fortuna por los mismos defectos que les habían subido allí.

LA BRUYÈRE

Es más corriente tener éxito, no por lo que hacemos, sino por lo que no hacemos.

JULES TÉLLIER

La fama de habilidad proviene a menudo de errores de los que se ha sabido sacar partido.

HENRI DE RÉGNIER

LO QUE IMPIDE ATRIBUIR CORRECTAMENTE LOS RESULTADOS

Aquí hay que evitar tres escollos: enorgullecerse de sus méritos, atribuir a los demás los propios fracasos personales y atribuirse los méritos de otro. El «jefecillo» dice «yo +» en los éxitos y «vosotros/nosotros –» en los fracasos, es decir que se adueña de los resultados de su equipo cuando son positivos y los atribuye a sus colaboradores cuando éstos son negativos. Dice por ejemplo: «Hace tres años, cuando compré la empresa, tuvimos graves problemas y nos topamos con muchas dificultades. Hoy en día he conseguido enderezar esta empresa». No sólo debe ser modesto sobre sus resultados positivos (sin negarlos no obstante cuando se los atribuyen), sino que debe reivindicar la propiedad de sus buenas ideas: le pagan a usted para que las tenga y para que quien le empleó saque provecho de ellas. Acepte también de buen grado que su entorno o su jefe se las quiten.

¿Quiere que se piense bien de usted? No critique.

PASCAL

El mundo está lleno de gente que tiene el hábito de compararse interiormente con los demás y decide siempre en favor de su propio mérito, actuando en consecuencia.

LA BRUYÈRE

La gestión de empresas y el cine

Una reevaluación de los méritos en la película **«Danton»** de **Andrzej Wajda**

Robespierre criticando a Danton (Gérard Depardieu): *La República la ha edificado el pueblo entero. ¿Quién de entre nosotros podría tener el valor de decir «soy yo, y sólo yo, el alma del 10 de agosto»? Ningún mérito da derecho a un tal privilegio. Es cierto, para nosotros los privilegios no existen.*

Ciertos autores, hablando de sus obras, dicen: «mi libro, mi comentario, mi historia, etc.». Ellos se parecen a los burgueses que tienen casa propia y siempre tienen un «en mi casa» en la boca. Harían mejor en decir: «nuestro libro, nuestro comentario, nuestra historia, etc.», ya que generalmente hay más en ello de cosecha de otras personas que de la suya propia.

PASCAL

9

LA CORRECTA ATRIBUCIÓN DE ÉXITOS Y FRACASOS

El verdadero líder dice «yo –» en los fracasos y «vosotros/nosotros +» en los éxitos. Como por ejemplo: «Hace tres años, cuando compré la empresa, tuve graves problemas y me topé con muchas dificultades. Hoy en día, nuestro equipo ha conseguido enderezar esta empresa». Ante todo es necesario, como se ha visto anteriormente, saber reivindicar para sí mismo sus fracasos, desde luego, pero igualmente los de sus colaboradores. Esto resulta imposible, dirá usted, sin perder prestigio. Pues bien, resulta que no; confesar con la cabeza alta sin parpadear y sin justificarse siempre ha sido el atributo de los grandes. Así, al principio de la primera guerra mundial, las tropas francesas, bajo el mando del general Joffre, empezaron a retroceder en el río Marne. Tras varios días de retirada, y cuando se empezaba a temer por la moral de las tropas, Foch, jefe de Estado Mayor de Joffre, comunicó a las tropas la orden del día siguiente:

> *Mi centro se ha hundido, mi flanco derecho se retira, mi flanco izquierdo está perdido, excelente situación. Voy a atacar.*
>
> *FOCH*

¿Cómo empieza dicho comunicado? Mediante la valiente confesión de lo que podía parecer como un fracaso personal: Foch se atribuye la paternidad de lo que funciona mal mediante la utilización de los posesivos repetidos tres veces «mi». ¿Y cómo acaba el discurso? Tomando responsabilidades, aquí también personales, respecto a lo que va a ocurrir (con el empleo del «yo»): que se sepa bien quién será el responsable si se da el caso de un fracaso. Y mediante la voluntad de acción con el empleo del verbo atacar. ¿Cuántos, en su lugar, habrían «nominalizado» un verbo tan fuerte hablando más bien de «proceder al ataque»?

> *Si se trata de miedos, son los nuestros. Si se trata de abismos, son los míos.*
>
> *RAINER MARIA RILKE*

Luego conviene atribuir sus méritos personales a los demás reconociendo la verdadera ayuda que nos han aportado. Así, en sus negociaciones dentro de la empresa, deje que los sindicatos se atribuyan solos el mérito de los acuerdos: no subestime a su entorno, ya sabrá dar a conocer las cosas. En sus negociaciones comerciales dé a entender, tras la conclusión, que fue su socio quien negoció lo mejor y que obtuvo más ventajas que Vd. Esto lo tranquilizará sin causarle perjuicio a usted.

CASTIGAR Y SANCIONAR(SE)

Castigar es una necesidad, tanto para el que castiga como para el culpable, quien, si no se le castiga, podría carecer de puntos de referencia. Pero aunque el castigo presenta unas ventajas aseguradas no está exento de inconvenientes. Así, sólo debe sancionar los fuera de juego, es decir, las transgresiones de un objetivo o una tarea claramente definida (y aprobada). Después de hacer las advertencias usuales, proceda a una sanción simultáneamente rápida, orientada y basada en la condición de que el interesado se vuelva a poner en juego.

> *Que durante la paz, el miedo y el castigo sean el móvil del soldado. Durante la guerra, que sea la esperanza y las recompensas.*
>
> **MAQUIAVELO**

> *Aquel que no haya sufrido la severidad de un amo sufrirá las severidades de la vida.*
>
> **MUSLAH-AL-DIN SAADI**

> *Todo castigo, si la falta es conocida, debe ser no sólo medicinal sino ejemplar. Se debe corregir al culpable y al público.*
>
> **JOUBERT**

> *Las galeras hacen al galeote.*
>
> **VICTOR HUGO**

Para evitar el síndrome de Munich y el círculo vicioso del abandono, utilice, cuando sea necesario, una de sus prerrogativas de gestión de empresa más importantes, la del poder de sancionar. Pero un buen castigo se aplicará sin necesidad de enfadarse y con la verdadera intención de corregir y de conseguir que se caiga en la cuenta del error más que de vengarse. Para corregir adecuadamente, es necesario no excederse, sino saber explicar bien el porqué de las medidas aplicadas, y hacerlo con... amor. No difiera sus sanciones, eso pondría en tela de juicio su legitimidad ante la mirada de los culpables. Pero garantice la «impunidad» a aquellos colaboradores que toman riesgos, con la condición no obstante de que saquen conclusiones de sus equivocaciones y no las vuelvan a repetir.

RECOMPENSAR Y DESEAR QUE LE RECOMPENSEN

Sepa recompensar los esfuerzos de sus colaboradores, estarán dispuestos a dar lo mejor de sí mismos si saben que recogerán los frutos. Prefiera las recompensas a los castigos como herramienta de motivación. Pero explique que llegan después del éxito. La primera de las recompensas: saber agradecer y felicitar. Debe recompensar los primeros intentos más allá de su verdadera importancia porque es esta primera recompensa la que condicionará la repetición o no de los éxitos. Cuanto más diga usted a un colaborador que es bueno, más lo será. La corriente «behaviorista», es decir, comportamentalista, encabezada por Skinner, ha demostrado cómo este refuerzo positivo puede constituir un factor de progreso. Lo contrario también es cierto. El fracaso fortalece al fracaso. El verbo es creador. ¡Las tropas de elite lo son porque ante todo se las convenció de ello!

> *Si no esperan ningún provecho de su conducta, el hombre veraz mentirá igual de bien y el mentiroso dirá la verdad.*
>
> **HERODOTO DE HALICARNASO**

> *¡Por Dios, señor! Os sirvo en la medida en que me pagáis. Me parece que ninguno de los dos puede quejarse más que el otro.*
>
> **ALAIN-RENÉ LESAGE**

En general, puede haber tantos inconvenientes desmoralizadores en recompensar demasiado como en no hacerlo lo suficiente. Procure en particular no confundir el respeto de la definición de función y el hecho de sobrepasar los objetivos al honrarlos idénticamente. Al recompensar demasiado a aquellos que hacen únicamente sus deberes se acaba por quitarle sentido a este concepto y transformar al personal en mercenarios muy poco seguros de sí el día en que hay que hacer un esfuerzo «fuera de tarifa». Aunque es necesario mantener un buen equilibrio entre la contribución del asalariado y su retribución, éste se definió seguramente en el contrato de trabajo libremente aceptado. Volver a poner en tela de juicio las reglas del juego inicialmente formalizadas equivaldría a introducir una negociación permanente del tipo relación de fuerza con sus colaboradores. Si sus colaboradores desean ser remunerados en su justo valor, dígales que el mejor medio sigue siendo volver a la forma más pura del capitalismo y convertirse en emprendedores o en trabajadores independientes.

> *Es a los esclavos y no a los hombres libres a los que se les ofrece un regalo para recompensarles su buena conducta.*
>
> **SPINOZA**

XIII

FORMAR Y CAMBIAR

1

TENER PRESENTES SUS BAZAS Y ACEPTAR LOS LÍMITES

Para estar preparado frente a los cambios sociales, que van a ser cada vez más frecuentes, debe tener presentes sus puntos fuertes y sus puntos débiles. Sobre todo los primeros, por los que tendrá que apostar. Respecto a sus puntos débiles, no los dramatice: puede compensarlos mediante el esfuezo, el aprendizaje, el perfeccionamiento y la experiencia.

Conocer su defecto rey. *Ninguno vive sin el contrapeso de la prenda relevante, y si le favorece la inclinación, apodérase a lo tirano. Comience a hacerle la guerra, publicando el cuidado contra él; y el primer paso sea el manifiesto que, en siendo conocido, será vencido, y más si el interesado hace el concepto de él como los que notan. Para ser señor de sí es menester ir sobre sí. Rendido este cabo de imperfecciones, acabarán todas.*

BALTASAR GRACIÁN

Quien no siente su enfermedad es quien está más enfermo.

CORNEILLE

Somos rápidos en conocer nuestros más pequeñas virtudes y lentos en penetrar en nuestros defectos. No ignoramos al momento que tenemos hermosas cejas, las uñas bien hechas. Apenas sabemos si somos tuertos. Y nunca sabremos si nos falta espíritu.

LA BRUYÈRE

(...) Tus singularidades son suficientemente tenaces, Cultiva tus cualidades.

GOETHE

¿Pero qué límites es preciso dar(se) y (hacer) sobrepasar? Aceptar sus límites significa en la empresa comprometer a los mejores colaboradores para que le aporten y le enseñen lo que usted no sabe. O, mejor aún, formar a aquellos que le rodean para beneficiarse posteriormente del saber que adquirirán. Por otra parte, debe establecer unos límites en su departamento y respetarlos. Desde el punto de vista comercial, lo que cuenta es que el cliente no se decepcione, y no lo estará si usted no le promete lo imposible.

Sobrepasar los límites no es menor defecto que quedarse corto.

CONFUCIO

¿HASTA DÓNDE IMITAR? ¿ES NECESARIO TEMER LAS INFLUENCIAS?

Sabemos que el niño despierta su atención a partir del conocimiento y progresa mediante la imitación, en particular de los padres. ¿Por qué la persona adulta debe abandonar este procedimiento si todavía puede serle útil? ¿En nombre de un orgullo mal entendido? Hable siempre de las personas que le rodean, de sus colaboradores, de sus competidores, en términos de elogio: al valorizarlos, usted se valoriza, puesto que «dime con quién andas y te diré quién eres». Si los conoce lo suficientemente bien como para reconocerles sus méritos significa que usted juega en el mismo patio, el de los mayores. Por el contrario, al criticar sistemáticamente a las personas que le rodean, usted se rebaja en seguida (es el síndrome del patio de los pequeños).

Debemos escoger un hombre de bien, tenerlo siempre ante nuestros ojos, de manera que vivamos siempre como en su presencia.

EPICURO

Busca quien es superior a ti, calcula las probabilidades, ya que pierdes tu tiempo con alguien que sea tu igual.

MUSLAH-AL-DIN SAADI

Los hombres siguen casi siempre las rutas que ya han sido hechas por otros, y no se conducen en sus actos más que por imitación. Como no todos podemos seguir el mismo camino ni llegar a la altura de aquellos que tomamos por modelo, un hombre sabio no debe seguir más que los caminos trazados por hombres superiores e imitar a los que han mostrado su excelencia a fin de que si no les pueden igualar al menos se acerquen en algunos aspectos.

MAQUIAVELO

Que ninguno de entre vosotros sea igual al otro, pero que cada uno de vosotros sea igual al más alto. ¿Cómo puede ser eso? Que cada uno sea total en sí.

GOETHE

3

ENFRENTARSE A LAS CRISIS DE TRANSFORMACIÓN DE LA ORGANIZACIÓN

Resulta particularmente importante aprender a cambiar dentro del universo profesional, incluso más allá de cualquier ambición personal, porque la vida de las empresas es una sucesión de momentos de equilibrio que se transforman en períodos de crisis (independientemente de las presiones específicas que el entorno puede aportar). Las crisis derivan siempre del éxito procedente del período de equilibrio anterior, que implicó el desarrollo «cuantitativo» de la actividad y de las estructuras sin una evolución paralela de la organización, que se vuelve así obsoleta. Las crisis no pueden resolverse mediante un retorno al estado de equilibrio anterior, sino que deberán superarse mediante un cambio «cualitativo» de las modalidades de organización y de los estilos de gestión de empresas.

El primer estado de equilibrio es el nacimiento de la organización, centrado en la creatividad y la imaginación. A éste le sucede una crisis de mando y de búsqueda de estructuras. La organización alcanza entonces un segundo estado de equilibrio mediante la implantación de una jerarquía, seguido, no obstante, de una crisis de autonomía. Luego el equilibrio se conseguirá de nuevo a partir del enfoque hacia la delegación, que implicará más tarde una crisis de control. Cuarto estado de equilibrio: la organización apuesta por la coordinación y sufre una crisis burocrática. Luego se vuelve a enfocar en la colaboración directa, que producirá una crisis de exceso de estrés. Por último, encontrará un último equilibrio al orientarse hacia la gestión de empresas intuitiva, con el riesgo de crisis debido a la falta de estrategia.

Hay vez para cada una: lógrese, que no será cada día el de su triunfo.

BALTASAR GRACIÁN

Desde el instante en que Dios creó el mundo, el movimiento del caos hizo que se llegara a un caos más desordenado que aquel que reposaba en un desorden apacible. Es así que entre nosotros la confusión de una sociedad que se reorganiza debe parecer un exceso del desorden.

CHAMFORT

La vida humana conlleva diferentes etapas por las que el hombre debe pasar, y cada una de ellas tiene sus virtudes y sus inconvenientes que, cuando se manifiestan, deben ser consideradas conforme a la naturaleza y son de alguna manera justificadas. En la etapa siguiente, el hombre se convierte en otra persona. Ya no hay rastro en él de sus primeras virtudes y de sus vicios, pero otros hábitos buenos o malos han tomado su lugar. Y así una y otra vez hasta que el hombre llega a su última transformación, que todavía no sabemos qué nos reserva.

GOETHE

¿QUÉ DEBE CAMBIARSE?

No crea que corresponde usted a un modelo de hombre, de mujer o de director estableci-do con precisión y de una vez por todas. Al contrario; tenga presentes las continuas modi-ficaciones de su cuerpo, de sus gustos, de sus costumbres y de su estilo. Aunque resulta deseable cambiar regularmente de opinión (incluso a riesgo de parecer un oportunista), de costumbres, modas, lugares, es necesario saber conciliar lo nuevo con lo antiguo y destruir sólo para construir. La sustitución resulta una forma eficaz de modificación dia-ria. Así, cuando usted critica, debe proponer siempre simultáneamente una solución que sustituya, al ser la acción la tercera etapa de un pensamiento completo (ver capítulo I). ¿Desea hacer desaparecer un tic de lenguaje? Empiece pues por sustituirlo por otro tic menos visible. Un clavo saca otro clavo.

Los hombres siguen siempre con placer sus hábitos; tanto es así que abandonan las innova-ciones con tanta prontitud como las acogen.

MAQUIAVELO

Usar el renovar su lucimiento. *Es privilegio de fénix, suele envejecer la excelencia, y con ella la fama; la costumbre disminuye la admiración, y una mediana novedad suele vencer a la mayor eminencia envejecida. Usar, pues, del renacer en el valor, en el ingenio, en la dicha, en todo: empeñarse con novedades de bizarría, amaneciendo muchas veces como el sol, variando teatros al lucimiento, para que, en el uno la privación y en el otro la novedad, soli-citen aquí el aplauso, si allí el deseo.*

BALTASAR GRACIÁN

Los ideales también son productos de transición.

NOVALIS

Nuestras ideas no son más que instrumentos intelectuales que nos sirven para penetrar en los fenómenos, y es necesario cambiarlas cuando ya han cumplido su misión, del mismo modo en que cambiamos un bisturí cuando ya ha servido el tiempo suficiente.
(...) Todos los hombres son sinceros pero cambian a menudo de sinceridad.

CLAUDE BERNARD

Nada hay más peligroso que el ser demasiado moderno. Nos arriesgamos a pasar de moda muy pronto.

OSCAR WILDE

¿*Cómo cambiar?*
Regresiones y progresiones

Para progresar, debe perseverar y aceptar retroceder. Según Peter Koestenbaum en «Sócrates y el negocio»: «Encontrará entonces alguna resistencia y eso es normal. Es una ley de la física (la inercia, segunda ley de Newton) de la sociedad y de la mente. Todos los gerentes deben esperarlo, no asustarse por ello y superar las resistencias con un espíritu de paciencia y tolerancia (respecto a sí mismo y respecto a los demás). La etapa del cambio más difícil consiste justamente en identificar con claridad las resistencias y enfrentarse a ellas con perseverancia». En efecto, cualquier aprendizaje tiene que pasar necesariamente por una fase de regresión temporal que usted deberá aceptar si desea progresar permanentemente: ¡Es como aquellos que practicaban un poco el tenis y que deciden asistir a unas clases para mejorar, y se percatan, decepcionados, que juegan peor que antes! Es la etapa decisiva del cambio. Aquella que, porque tiene usted el valor de pasar a los actos, transformará su saber hasta ahí teórico y externo a usted en renacimiento de algo nuevo en usted.

No intente diferir las regresiones por orgullo. Asimismo, para favorecer la progresión o el cambio de sus colaboradores, anúncieles que espera una disminución provisional de resultados, consecutiva a cualquier cambio de comportamiento.

> *Prolongar las despedidas no vale nunca la pena. No se prolonga la presencia sino la partida.*

E. A. Bibesco

CURVA DEL APRENDIZAJE DEL CAMBIO Y DEL PROGRESO

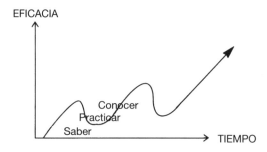

6

SOBRE EL RITMO DE LOS CAMBIOS:
el aprendizaje mediante el método de los pequeños pasos

Aunque tiene usted interés en iniciar rápidamente los cambios necesarios, debe sin embargo empezar modestamente, seleccionando un comportamiento completo que usted trabajará regularmente. Por lo tanto, cambie constantemente pero lentamente y «progresivamente» mediante pequeñas etapas. Al igual que la gimnasia, aunque pueda dedicarle quince minutos al día, debe marcarse el objetivo de practicar sólo cinco minutos, ¡por lo menos los hará! Porque en el primer patinazo de los quince minutos, se arriesga usted a dejarlo todo. Pero si tiene usted prisa entonces apóyese en los aceleradores de cambio, que son la posición y la suerte, ¡sobre todo cuando esta última resulta contraria!

Las cosas que debemos aprender para poder hacerlas son las que se aprenden haciéndolas.

ARISTÓTELES

Escoge entrar en el mar por los pequeños arroyos.

SANTO TOMÁS DE AQUINO

El apetito viene comiendo, la sed se apaga bebiendo.

FRANÇOIS RABELAIS

No hay pequeños pasos en los grandes negocios.

PAUL DE GONDI, cardenal de Retz

No hay ningún oficio que no tenga su aprendizaje. Subiendo desde las menores condiciones hasta las más elevadas podemos observar que en todas es necesario un tiempo de práctica y ejercicio, que prepare a los empleos, donde las faltas no tienen consecuencia y llevan hacia la perfección. La guerra mismo, que no parece nacer y durar más que en medio de la confusión y el desorden, tiene sus preceptos. No se guerrea por pelotones y por tropas en campaña sin haberlo aprendido, y se mata de manera metódica. Hay una escuela de la guerra, luego ¿dónde está la escuela del magistrado? Hay un uso de las leyes, de las costumbres, ¿dónde está el tiempo que se emplea a su comprensión y a su instrucción? Las pruebas y el aprendizaje de un adolescente que pasa del palmetazo a la púrpura y del cual la consignación ha hecho un juez con el poder de decidir soberanamente sobre las vidas y las fortunas de los hombres.

LA BRUYÈRE

Sólo es el primer paso el que cuesta.

Marquesa de DEFFAND

177

7 HACER CAMBIAR Y EVOLUCIONAR A SUS COLABORADORES

El gerente debe ayudar a sus colaboradores a cambiar, porque las personas se ven generalmente incapaces de cuestionarse a sí mismas. Sólo lo logran cuando una causa exterior las obliga a ello. Sea Vd. esa causa, o más bien esa gracia. Para hacer cambiar a sus colaboradores, debe desdramatizar lo que está en juego, evitando mostrarse «serio», Y relativice las consecuencias de una falta de éxito del cambio. Para hacer cambiar a la gente es necesario ante todo y sobre todo actuar sobre sus mentalidades y su escala de valores. Para favorecer el cambio en la empresa hay que actuar sobre el tipo de cultura dominante, y por ello permitir que todos se expresen, respecto a todo y en todo momento; proporcionar todas las informaciones útiles para que comprendan la situación, y dar a conocer a cada uno la contribución que se espera de él, así como las sanciones correspondientes y las remuneraciones que se les ofrecen.

No hay nada más difícil de coger con la mano, más peligroso de dirigir o más aleatorio que comprometerse en la implantación de cosas, ya que la innovación tiene por enemigos a todos aquellos que han prosperado en las condiciones pasadas, y tiene por tibios defensores a todos aquellos que pueden prosperar en el nuevo orden.

MAQUIAVELO

No hay que pensar en lugar de los demás sino suscitar en ellos ideas.

MICHEL GODET

El cambio genera necesariamente contradicciones, en la medida en que tiende a imponer nuevas normas que no resultan coherentes con las que ya se admitían. Se trata de un proceso más que de un plan perfecto, concebido por adelantado: resulta vano querer resolver por adelantado todos los problemas que suscita. Prever no es predecir. Es necesario que ese proceso sea ante todo un proceso de aprendizaje colectivo, de desarrollo de la aptitud hacia la movilidad. Prefiera la organización en redes, móvil, fluida, que varía en función de los proyectos a realizar, y necesariamente transitoria, a la organización definitiva, como si desafiara al tiempo. Desarrollar la aptitud al cambio es saber perder y abandonar: la crisis enseñó a los gerentes que era necesario, para sobrevivir y eventualmente crecer, empezar por saber abandonar aquello que no es productivo, o que ya no lo es lo suficiente.

SER EN UN GERENTE FORMADOR
para desarrollar a sus colaboradores

Como verdadera herramienta estratégica, la formación permite preparar los futuros cambios en la empresa. Así, formar uno mismo a sus colaboradores debe ser el objetivo legítimo de cualquier gerente preocupado por el desarrollo permanente de sus equipos. En efecto, el superior inmediato posee las mejores bazas de un procedimiento pedagógico eficaz: conoce (o debería conocer) mejor a quienes le rodean, así como las decisiones a las que deberán enfrentarse. El gerente formador consigue constantemente que su entorno se beneficie de su habilidad. Para él, las tareas que asigna y la aplicación que hace de ellas tienen también una finalidad pedagógica: el enriquecimiento personal de su equipo... ¡y con eso incluso el suyo propio!

Enseñad a todo el mundo sin distinción de clases o de rangos.

CONFUCIO

Es bueno ser virtuoso, pero enseñar a los demás a serlo es aún mejor... y mucho más fácil.

MARK TWAIN

Todavía necesito discípulos en vida y si mis libros precedentes no han servido de anzuelo han fallado su intención. Lo mejor y lo esencial no puede comunicarse más que de hombre a hombre.

NIETZSCHE

El gerente formador da prioridad al desarrollo de los puntos importantes, contentándose con neutralizar los efectos negativos de los puntos débiles. Sensibiliza a los responsables jerárquicos respecto a aquellos que están recibiendo cursos de formación, para que los primeros reciban positivamente a los segundos a su regreso de la formación cuando a menudo éstos son más críticos. El gerente formador debe dar la impresión a sus colaboradores de que se les ha asignado una verdadera tarea para la cual deben formarse, y que no deben decepcionarlo en ese ámbito. Construye las carreras de sus colaboradores como si fueran cursos de formación (por ejemplo, haciendo que permanezcan en varios departamentos y asociando cualquier nueva responsabilidad que éstos toman con una formación adecuada).

No es suficiente con que nuestra institución no nos estropee, tiene que cambiarnos para mejor.

MONTAIGNE

¿Qué es una mala hierba sino una planta de la que aún no se han descubierto sus propiedades?

R. W. EMERSON

Un gerente formador es un imitador. Primero porque hace que a sus primeras intervenciones de sensibilización las sigan revisiones regulares y profundizaciones progresivas; luego porque acaba por conseguir que el colaborador penetre en el corazón del problema. Porque el iniciado no es para nada aquel que posee únicamente un tinte superficial de algo sino, al contrario, es alguien que al haber terminado su recorrido inicial, se transforma en un verdadero especialista. Organizar el seguimiento de una formación, es no sólo conseguir que cada uno de los participantes se involucre en un objetivo de perfeccionamiento completo, sino también programar una formación de revisión que tratará las dificultades de aplicación encontradas, realizar balances diarios en el transcurso de reuniones, y una entrevista individual de evaluación con la jerarquía. El profesionalismo en pedagogía (como en otras partes) consiste en conseguir la máxima preparación antes de la acción y la explotación máxima después.

Las enseñanzas del hombre superior son cinco. Hay hombres a los que convierte al bien de la misma manera en que la lluvia que cae en el tiempo justo hace crecer los frutos de la tierra. Está allí donde perfecciona la virtud, está allí donde desarrolla las facultades naturales y las luces. Está allí donde ilumina por las respuestas que da a sus preguntas. Está para que se conviertan ellos mismos al bien y se hagan mejores (entrenados como están por el ejemplo). Estas son las cinco maneras en que el hombre superior instruye a los hombres.

CONFUCIO

Dar entendimiento. *Es de más primor que el dar memoria, cuanto es más. Dé luz el que la alcanza, y solicítela el que la mendiga, aquél con detención, éste con atención; no sea más que dar pie. Es urgente esta sutileza, cuando toca en utilidad del que despierta; conviene mostrar gusto, y pasar a más cuando no bastare.*

BALTASAR GRACIÁN

Hay almas agudas a las cuales no hay que mostrarles muchas cosas para instruirlas y que, con lo poco que ven, adivinan de golpe todo lo que podrían hacer.

MARIVAUX

180

ACABAR CON EL MITO DE LA NATURALEZA PARA (HACER) PROGRESAR

El principal factor que pone freno al desarrollo personal es la creencia de que aplicando lo más rápido posible una nueva técnica de comportamiento se pierde la personalidad innata. Esta creencia no tiene base alguna ya que el hombre, a pesar de lo que puedan pensar Jean-Jacques Rousseau y otros, no es un animal natural sino un animal cultural; es en primer lugar el producto de sus influencias. Influenciado por su entorno desde su nacimiento e influenciándolo a su vez (el particular intercambio de la madre y el bebé) es en primer lugar el producto de sus propias experiencias. Reacciona siempre en función de los esquemas aprendidos y de los prejuicios: tiene la idea preconcebida de que el rojo significa peligro porque cuando era pequeño se quemó con el fuego. Todo ello le ayuda a adaptarse. Por otra parte, todos aquellos que creen en «lo innato» del hombre son los primeros en apoyar su convicción con conclusiones moralizantes, culpabilizantes y contradictorias del tipo «Es perezoso por su culpa. No tiene más que ponerle remedio». Así que no temáis ir en contra de vuestra propia personalidad cada vez que se os pida llevar a cabo una acción. Con todo, es mejor tener un papel secundario que ser un extra. La verdadera naturaleza del hombre es social, no sólo biológica. Ser natural conlleva ante todo estar de acuerdo con la situación social que vive y las que le rodean. Para tener éxito en esta adaptación con el resto de personas deberá sustraerse a las estrechas presiones naturales de lo innato y convertirse en un ser de construcción, de artificio, de voluntad. De hecho eso que llamamos personalidad innata en el hombre son etapas de aprendizaje ya superadas. Y superadas con éxito porque hemos dedicado el tiempo suficiente para ello. Es el falto de personalidad el que quiere cambiar sin invertir su tiempo, un mal del que peca el hombre moderno. Para ser «natural» hay que hacer como Demóstenes que, a pesar de haber nacido tartamudo, se convirtió en uno de los mayores oradores de la Antigua Grecia ejercitándose en hablar con piedras en la boca... durante más de diez años. Gracias a la formación y a la repetición de un determinado comportamiento elegido, que parecerá poco natural al principio, acabaréis por adquirir el estilo de gestión que deseeis. Ya que «el hábito es una segunda naturaleza». Debemos tener en mente que la mayor parte de nuestros esquemas de comportamiento no son innatos sino adquiridos culturalmente. Si las personas no cambian no es porque no puedan hacerlo sino porque no quieren; y si no quieren hacerlo es porque comporta un peligro y hace falta armarse de valor para afrontarlo. Pero el valor también puede adquirirse.

No digáis jamás «es innato» para que nada parezca inmutable.

BRECHT

HACERSE ACONSEJAR BIEN

Una manera sencilla de hacerse ayudar (y de valorizar a su entorno) es pedir consejo. Cuando usted solo no pueda solucionar un problema, pregunte a su jefe qué soluciones tiene a su alcance para ayudarle. A la inversa, debe saber identificar los buenos consejos (en general son escuetos, desagradan y suelen darse en momentos de crisis). Relativícelos, sin dejar que se los impongan nunca y sin ofenderse. Identifique a los buenos consejeros. Deben disponer de habilidad para comprender las diferentes situaciones, aptitud para conseguir que el interlocutor progrese, un lado positivo y realista, sentido del compromiso, y credibilidad, una aptitud para apaciguar tensiones relacionales, capacidad de persuasión y por último honestidad, en particular intelectual, sin que haya, respecto al contenido de un mismo tema, tantos argumentos como interlocutores.

No ser inaccesible. *Ninguno hay tan perfecto que alguna vez no necesite de advertencia. Es irremediable de necio el que no escucha. El más exento ha de dar lugar al amigable aviso; ni la soberanía ha de excluir la docilidad. Hay hombres irremediables por inaccesibles, que se despeñan porque nadie osa llegar a detenerlos. El más entero ha de tener una puerta abierta a la amistad, y será la del socorro; ha de tener lugar un amigo para poder con desembarazo avisarle y aun castigarle; la satisfacción le ha de poner en esta autoridad, y el gran concepto de su fidelidad y prudencia. No a todos se les ha de facilitar el respeto, ni aun el crédito; pero tenga el retrete de su recato un fiel espejo de un confidente a quien deba y estime la corrección en el desengaño.*

BALTASAR GRACIÁN

Pero procure no pedir demasiados consejos: un gerente que toma decisiones intentará más bien sentirse seguro en las decisiones que ya ha tomado. Para estar bien aconsejado, si Vd. así lo ha decidido, exija de quienes le aconsejan que le digan quién los aconseja y los educa a ellos mismos. Prefiera un consejero práctico que se pone en su lugar antes que un casuista, que todo lo sitúa en el mismo plano. Si Vd. no sigue sus consejos, ahí va «un buen consejo»: haga Vd. mismo lo que él debía hacer: informarse entre sus colaboradores o sus clientes para conocer sus expectativas.

Se halla seguridad en la multiplicidad de los consejeros.
La Biblia

182

XIV

ADAPTARSE A LAS DIFERENTES SITUACIONES

¿QUÉ IDEA TIENE VD. DEL HOMBRE EN EL TRABAJO?

Según Mac Gregor, nuestro estilo de gestión de empresas depende esencialmente de la idea que tenemos del hombre en el trabajo. Si esta idea es pesimista, y ésta es la teoría X, es porque creemos que el hombre no está hecho por naturaleza para el trabajo. Para los detentores de la teoría X, el hombre experimenta una aversión innata hacia el trabajo, y hará todo lo posible por evitarlo. Con motivo de tal aversión al trabajo, la mayoría de la gente no toma iniciativas y se les debe controlar, dirigir y amenazar mediante sanciones para que realicen los esfuerzos necesarios para poder alcanzar los objetivos de la empresa. Según dicha hipótesis X, el individuo medio prefiere que le dirijan, desea evitar las responsabilidades, tiene relativamente pocas ambiciones y aspira más que nada a la seguridad: no le gusta cambiar. El gerente que se decanta por la teoría X ya no tiene «el corazón en la mano». Sus manos están demasiado ocupadas por el trabajo. Su corazón ha cambiado y ha olvidado muy pronto que tenía uno. Su gestión resulta en consecuencia autoritaria y directiva.

> La confianza es buena, el control es mejor.
>
> **LENIN**

> La experiencia muestra que los hombres tienen tendencia a ir hacia lo más bajo y que se necesitan cuerpos sólidos para retenerles.
>
> **JEAN-PAUL SARTRE**

> En la glorificación del trabajo, en los infatigables discursos sobre la «bendición del trabajo», veo la misma idea escondida que en las alabanzas dedicadas a los actos impersonales y útiles para todos; es decir, el miedo a todo lo que es individual (...) se tiene en mente siempre bajo este nombre el duro trabajo de sol a sol - (que) tal trabajo constituye la mejor de las policías.
>
> **NIETZSCHE**

Si la visión que tenemos del hombre en el trabajo resulta optimista, y ésta es la teoría Y, creemos que el hombre se desarrolla por naturaleza en su trabajo, que el gasto de esfuerzo físico y mental en el trabajo es tan natural como el juego o el descanso. Y que, en consecuencia, el control externo y la amenaza de poner sanciones no son los únicos métodos para obtener un esfuerzo dirigido hacia resultados, porque al hombre le gusta tomar iniciativas y puede controlarse a sí mismo para alcanzar los objetivos de los que es responsable. En efecto, es capaz de imaginar y crear para resolver problemas. Para los detentores de esta óptica Y, el individuo medio aprende en determinadas condiciones no sólo a aceptar sino también a buscar las responsabilidades: el compromiso frente a los objetivos depende de las recompensas asociadas con su realización. El estilo de gestión correspondiente será entonces más participativo y delegativo.

> *Mi corazón se alegraba en mi trabajo; éste es el fruto que he sacado de él.*
>
> **Antiguo Testamento. Eclesiastés II, 10 (Maredsous)**

> *Escoge un trabajo que te guste y no tendrás que trabajar ni un solo día de tu vida.*
>
> CONFUCIO

> *Empleo intolerable el que pide todo un hombre, de horas contadas y la materia cierta; mejores son los libres de fastidio, juntando la variedad con la gravedad; porque la alternación refresca el gusto. Los más autorizados son los que tienen menos o más distante la dependencia; y aquél es el peor, que al fin hacer sudar en la residencia humana, y más en la divina.*
>
> BALTASAR GRACIÁN

> *El mundo no será feliz hasta que todos los hombres tengan alma de artistas, es decir, cuando todos hagan su trabajo con placer.*
>
> AUGUSTE RODIN

Ejercicio: Indique en la siguiente escala dónde colocaría Vd. sus propias actitudes básicas frente a sus subordinados, en función de la teoría X y de la teoría Y.

```
Teoría X                                              Teoría Y
I...:...:...:...:...:...I...:...:...:...:...:...:...I...:...:...:...:...:...:...I
10                  20                  30                  40
```

Para realizar su autoevaluación, reste el 30 % de resultados, porque uno suele considerar que tiene mayor confianza en el hombre en el trabajo de lo que es en realidad. Obtendrá entonces su estilo real: si éste es inferior a 25 en la escala anterior, su estilo es de tipo directivo. Si es superior a 25, su estilo de gerente es participativo, favorable al «enriquecimiento de las tareas de sus colaboradores». Si Vd. quiere realmente ser Y, debe emprender la gestión de empresas como lo sugiere Mac Gregor, es decir, como si fuera un jardinero: debe escoger el buen ambiente (relacional), el abono adecuado (informaciones, sistemas de motivación y de remuneración) y esperar que crezca. Los resultados llegarán por sí solos.

> *Los hombres no están hechos para los puestos sino que los puestos están hechos para ellos.*
>
> JEAN-JACQUES ROUSSEAU

2 DESCUBRIR SU ESTILO DE DIRECCIÓN
Basándose en la red de gestión de empresas de Black y Mouton

A partir de la aproximación a la gestión de empresas mediante la organización y las condiciones de trabajo (Taylor, Mayo...) por una parte, y la aproximación mediante el «*leadership*» y la personalidad de los dirigentes (Lewin, Lippitt, White) por otra, dos estadounidenses, Black y Mouton, elaboraron en 1964 una «red de gestión de empresas» que permite posicionar el estilo de dirección de una persona en función de dos dimensiones: el interés del gerente por la producción o la tarea, que lo impulsará también a centrarse en el concepto de autoridad y de organización, y el interés del gerente por las relaciones humanas o la persona. Black y Mouton dividieron los dos ejes de estas variables en 9 grados, que valoran de 1 a 9 el interés que se puede tener por ellas, y pusieron de manifiesto 5 combinaciones principales posibles de comportamiento del gerente de empresa. Los 3 comportamientos considerados extremos son: **el estilo 9/1 «duro»**, que hace prevalecer el interés por la producción en detrimento del interés hacia el personal. Este estilo está calificado como de «alta presión», y sus «consignas» son autoridad y obediencia. El gerente 9/1 es autoritario, planificador, le gusta la uniformidad y es incapaz de motivar a su equipo, al que somete a los fines que él se fijó.

> *No hay ningún maestro de armas melancólico.*
>
> **ALFRED DE MUSSET**

> *El problema del dominador es que sacrifica a su ideal a aquellos a los que ama.*
>
> **NIETZSCHE**

La gestión de empresas y el teatro

> **Señor Blanksee:** *¿Largarme?*
> **Sir Harold, orgulloso:** *Tengo un hijo. Y por salvar el patrimonio de mi hijo, yo sacrificaría a mi hijo.*
>
> **JEAN GENET (Los biombos)**

El estilo 1/9 «blando» y paternalista, que; por el contrario hace prevalecer el interés por las personas en detrimento del interés por la producción, corresponde más a un animador de centros de veraneo («*country club*») que a un gerente de empresas. Un gerente tal no cree que los hombres vayan a «aplastar al de al lado» para triunfar, cosa que él mismo es incapaz de hacer. Tiene miedo a imponerse, intenta siempre mostrarse «amable» y constantemente procura conformar su comportamiento al de los demás. Las consecuencias del estilo 1/9 son la improductividad, la escasez de esfuerzos y de innovaciones, y los conflictos subyacentes sin resolver.

Llamamos personalista a toda doctrina, toda civilización que afirma la supremacía de la personalidad humana sobre las necesidades materiales y sobre las organizaciones de colectivos que sostienen su desarrollo.

MOUNIER

El estilo 1/1, apático y dimisionario, rechaza cualquier interés respecto por ambos conceptos (personas o tareas) considerados como antagonistas, y se caracteriza sobre todo por su transparencia y su inexistencia. Este gerente de tipo burocrático tiene como lema «escondámonos para ser felices». Es posible que se haya convertido en tal reacción ante un estilo 9/1.

Existen otros dos comportamientos más recomendables. **El estilo 5/5, escéptico y oportunista**, es un estilo de compromiso que concede un interés intermedio a ambos conceptos de personas y producción. Según Black y Mouton se considera válido, pero insuficiente comparado con el estilo ideal 9/9. En efecto, este gerente teme tener que escoger y comprometerse: no cree en un estilo ideal. El estilo 5/5 sucede a menudo a los estilos 9/1 y 1/9. Evita el fracaso pero no permite conocer el verdadero éxito. **El estilo ideal es el 9/9 catalizador**, que concede un máximo interés tanto a la producción como a los hombres. Se basa en una fuerte implicación del gerente, que se propone objetivos ambiciosos que pretende alcanzar gracias a una cohesión de equipo fundamentada en la confianza mutua. Pero existen otras muchas posiciones posibles (¡en total 81!), dependiendo de los diversos elementos que influyen en nuestro comportamiento.

La técnica no basta para crear una civilización. Para que ésta sea un elemento de progreso, exige un desarrollo paralelo de nuestras concepciones morales, de nuestra voluntad de realizar juntos un esfuerzo constructivo.

BALDUINO I, en la inauguración de la Exposición Universal de Bruselas, 1958

La gestión de empresas y el cine

Analice el estilo dominante de los principales personajes de la película de Sidney Lumet, «12 hombres enfadados», particularmente «legibles» según la red de Black y Mouton.

La gestión de empresas y la historia

No es sólo por la fuerza de los acontecimientos por lo que se cumplirá la revolución social, sino por la fuerza de los hombres.

JEAN JAURÈS, un perfil 9.9

*I*DENTIFICAR EL NIVEL DE DESARROLLO
De sus colaboradores y adaptarle el propio estilo de gestión de empresas

Debido a que gestiona un equipo compuesto ante todo de seres individuales, el gerente debe adaptar su gestión a cada uno de sus colaboradores, dependiendo de cada tarea. No existe un estilo de gestión de empresa ideal, sino estilos adaptados a diferentes situaciones. En ello consiste la aproximación de Hersey y Blanchard que, al definir el concepto de gerente educador, en los años 80, propusieron clasificar a los colaboradores según dos criterios: la competencia, es decir el saber, compuesto por habilidad y potencial (el carácter) y el compromiso, es decir aceptar, compuesto por motivación y autoconfianza.

El cielo rara vez hace nacer juntos al hombre que quiere y el hombre que puede.

*C*HATEAUBRIAND

Blanchard («el gerente rápido», 1982) profundizó más específicamente en el concepto de ciclo de desarrollo del colaborador hacia la autonomía. Para él, la evolución de una persona en su puesto de trabajo transcurre por cuatro etapas sucesivamente. Primero el nivel D1, de aquel que a la vez está comprometido y no es competente, pero que atraviesa una fase de entusiasmo. Es el nivel del «comprometido voluntario», el neófito, el que acaba de encontrar trabajo o realiza un nuevo trabajo que deseaba (= nuevecito y bonito). Todavía no conoce todas las trampas que le esperan y subestima las futuras dificultades. Luego el nivel D2, de quien no se compromete, es poco o nada competente y atraviesa una fase de incomprensión y de desánimo. Esta fase puede darse inmediatamente después de la anterior, con frecuencia al cabo de algunas semanas. ¿Por qué? Porque una vez la luna de miel ha terminado, el nuevo titular de un cargo se percata de que no resulta de color de rosa, como le parecía al principio. Y luego su incompetencia no le permite enfrentarse a las primeras dificultades; los errores no tardan en manifestarse. ¡Vaya chasco! Luego el nivel D3, de quien se halla poco comprometido, pero que es competente y atraviesa una fase de cautela. Tras varios meses, incluso años, de haber estado en D2, el colaborador D3 empieza a controlar todos los aspectos de su cargo, y sin embargo no consigue encontrar el compromiso inicial (D1). Porque su confianza en sí mismo se ha visto seriamente quebrantada cuando en la fase D2 cometió errores: sacó la conclusión de que era necesario ser prudente para que ese período D2, que todavía es reciente, no se vuelva a reproducir. De hecho, ahora se subestima. Por último, el nivel D4, de quien está a la vez comprometido, es competente y atraviesa una fase de apertura. Consciente de su competencia, el colaborador saca de ella una confianza acrecentada en sus capacidades. La comprobación de sus éxitos reales le motiva. Por otra parte, ya no resulta necesario decirle que es eficaz para que él mismo se dé cuenta: los resultados que obtiene lo demuestran por sí mismos.

Todos los principios son informes, y queda después la imaginación de aquella deformidad; la memoria de haberlo visto no lo deja lograr acabado.

BALTASAR GRACIÁN

Tomad el nombre de vuestros oficiales, haced con ellos una lista especial indicando sus capacidades y sus aptitudes, a fin de que cada uno tenga una función acorde con sus cualidades.

SUN TSE

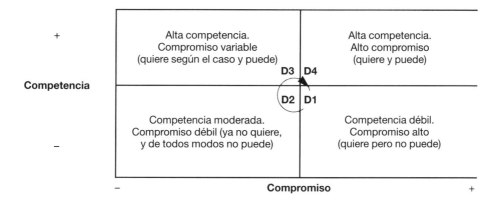

La evolución del desarrollo en el trabajo se basa, por lo tanto, en el ciclo D1 —> D4, es decir, desde la directividad hacia la delegación:

La mayor parte de los grandes capitanes han llegado a su puesto grado a grado.

VOLTAIRE

Desde este punto de vista, los siguientes estilos se verán así cronológicamente justificados:

Al mismo tiempo debemos hacerles darse cuenta, y no por vagas alabanzas sino por alguna prueba efectiva de estima, que se les tiene en más alta estima cuando dudan y preguntan lo que no saben que cuando deciden lo mejor posible. Esta es la única manera de hacerles entender, con mucha educación, una verdadera modestia y un gran menosprecio por las respuestas a las que son dados los jóvenes no muy listos.

FÉNELON

El verdadero patrón es alguien que se mete apasionadamente en vuestro trabajo, que lo hace con vosotros, por vosotros.

JULES ROMAIN

Para definir los estilos de gestión de empresas, Hersey y Blanchard también tienen en cuenta las dos dimensiones de la red de gestión de empresas de Black y Mouton, a saber: la relación humana (el gerente se centra en el concepto de solidaridad y sabe animar) y la organización (el gerente se centra en el concepto de obtención de resultados y sabe mandar).

Al cruzar dos a dos estas dos dimensiones de la acción de gestión de empresas, se obtiene 4 estilos posibles de dirección: dirigir, arrastrar, respaldar, delegar.

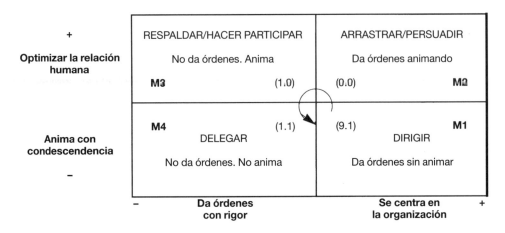

Para adaptar su estilo, es necesario por lo tanto hacer coincidir los mismos niveles de gestión de empresas y de desarrollo de sus colaboradores; es decir, dirigir a los D1 (los comprometidos, incompetentes), arrastrar a los D2 (los decepcionados, poco competentes), respaldar a los D3 (los escépticos, competentes) y delegar en los D4 (los independientes profesionales).

El gerente podrá así acompañar las diferentes fases de la evolución de su colaborador al adaptar a cada vez su estilo para llevarlo hasta el nivel de su autonomía profesional. Sin embargo, no dedicará la misma proporción de su tiempo a cada una de las etapas; únicamente las fases 2 y 3, en que uno debe estar disponible para animar, le requerirán mucho tiempo. Tendrá por lo tanto interés en economizarlo en las fases 1 (estilo directivo) y 4 (estilo delegativo).

¿*C*UÁNDO Y CÓMO SER DIRECTIVO, PERSUASIVO, PARTICIPATIVO Y DELEGATIVO?

El estilo directivo conviene a los colaboradores D1, que son incompetentes aunque motivados.

Conocer: no se trata ni de desmontar ni de explicar, es acceder a la visión. Pero para ver, es conveniente en primer lugar participar. Todo ello es un aprendizaje muy duro.

*S*AINT*-E*XUPÉRY

Practicar el estilo persuasivo con los colaboradores D2 (poco competentes y desmotivados) es como considerarse las 24 horas del día una persona que arrastra a los demás continuamente y mostrarse ante todo disponible para sus colaboradores en el terreno, para resultar sincrónico con los acontecimientos y decidir en el momento adecuado las pequeñas cosas que facilitan el trabajo de los demás (dar su acuerdo para desbloquear una situación determinada...).

No es suficiente con relevar al débil, es necesario sostenerle después... ¡Adiós!

*S*HAKESPEARE *(Timon)*

No demostramos gran sabiduría al pronunciar palabras de reproche. Pero sí hay sabiduría en pronunciar una palabra que, sin burlarse de la desventura del hombre, lo reanime, le devuelva el valor, como las espuelas devuelven el valor a un caballo al que el abrevar ha enfriado.

*N*ICOLÁS *G*OGOL

El estilo consultivo y participativo se aplica prefectamente a los colaboradores que han alcanzado un nivel D3 de desarrollo, es decir, que son a la vez competentes y poco motivados.

No hay en la tierra hombres verdaderos excepto los que consultan, los que aman, los que siguen esta razón eterna (...) Es como un océano de luz. Nuestros espíritus son como pequeños arroyos que salen de ella y vuelven a ella para perderse.

*F*ÉNÉLON

5 *DISTINGUIR LA MANERA DE PENSAR*
de los «cerebros izquierdos» y de los «cerebros derechos»

Una de las causas de la ambigüedad y de la complejidad humana procede del hecho de que el hombre posee en realidad varios «cerebros» o modos de ver las cosas. Gracias a su cultura privilegia las verdaderas tablas de lectura mental. Desde el punto de vista horizontal, ante todo, existe una lateralidad de los hemisferios cerebrales: el premio Nobel de Medicina (1981), el profesor Roger Sperry, puso de manifiesto mediante el método del *«split brain»* que los hemisferios izquierdo y derecho, aunque comuniquen entre ellos, son la sede de funciones cerebrales diferentes pero complementarias. El cerebro izquierdo es el del contenido, más que de la forma, y pone en movimiento el lado derecho del cuerpo. El cerebro derecho funciona globalmente sin entrar en los detalles, y pone en movimiento el lado izquierdo del cuerpo. Privilegia así la imagen y la imaginación frente al lenguaje, que pertenece al cerebro izquierdo. El cerebro derecho tiene un carácter innato marcado, mientras que lo adquirido y las opiniones pertenecen al cerebro izquierdo. Pero desde hace tiempo numerosas personas han intuido esta dualidad humana:

 Hay dos tipos de espíritus, uno es geométrico y el otro tiene lo que podemos denominar como sutileza.

PASCAL

LA LATERALIDAD CEREBRAL: JANUS CON DOS CARAS

IZQUIERDO	DERECHO
Verbal	No verbal
Activo	Receptivo: La armonía musical, la reserva
Objetivo	Subjetivo
Analítico	Sintético
Simbólico: el lenguaje	Concreto: las imágenes, la imaginación
Abstracto. Científico. Intelectual. Cuantitativo	Analógico. Artístico. Sensual
Temporal, con acceso secuencial	Atemporal, con acceso directo, simultáneo. Libre
Orientado, ordenado	
Racional. Realista	Irracional, intuitivo. Espiritualista
Numérico o digital	Espacial
Memoria de nombres y cifras	Memoria de las imágenes
Lógico. Factual. Preciso	Intuitivo, impreciso
Lineal y convergente	Global y divergente

¿*CÓMO EMPLEAR LOS TRES CEREBROS HISTÓRICOS?*

Desde el punto de vista vertical, el cerebro humano está constituido por tres cerebros superpuestos y encajados: esta estratificación cronológica fue descubierta por Mac Lean, quien explica que el hombre ha conservado los diferentes tipos de cerebro que se han ido sucediendo desde que existen seres vivos en la Tierra. Primero apareció el cerebro de los reptilianos. Es el más antiguo: el cerebro de los peces y de los reptiles. Corresponde en el hombre al tronco cerebral. Su función consiste en preservar la especie mediante la realización de las necesidades fundamentales. Constituye por lo tanto la sede de comportamientos primitivos tales como: agresividad, territorialidad, costumbres, gestos, reflejos o estereotipos. El hombre se ha acostumbrado a hacer actuar su cerebro reptiliano mediante los otros dos más evolucionados, el límbico y el córtex. Así, durante un altercado con alguien, sustituiré mi deseo de matar por un enfado intenso, a su vez frenado por el razonamiento.

La forma más rara guarda en secreto la forma primitiva.

GOETHE

Luego, en los primeros mamíferos (rata, gato...), se incorporó al cerebro reptiliano una especie de córtex primitivo. Se trata del cerebro límbico. En el hombre se sitúa en la base del cerebro, en el borde del córtex y del tronco cerebral a la vez, de ahí su nombre (*limbus* = borde). Es el cerebro de la supervivencia mediante la adaptación a un ambiente social. Con esta finalidad, este cerebro es la sede de mecanismos de motivación (del placer...) y filtra la información según las emociones experimentadas: amplifica o anula, dependiendo del interés «experimentado», los datos que debe transmitir al córtex a través de los captadores de los sentidos (ojos, orejas, nariz, boca, manos...), con los que está estrechamente relacionado. De esta manera permite que el córtex se comunique con el mundo. Almacena los recuerdos que permiten la repetición de las experiencias agradables y que impiden las experiencias desagradables. Constituye la sede principal de la memoria a largo plazo. Por último, condiciona la acción mediante una constante experimentación sobre el terreno.

Todo conocimiento entra en nosotros por los sentidos. Ellos nos gobiernan. La ciencia comienza en ellos y se resuelve en ellos.

MONTAIGNE

ENTENDER MEJOR LA AMBIGÜEDAD
y las preferencias cerebrales mediante el modelo Herrmann de los «4 cerebros»

A Ned Herrmann, formador en la General Electric, se le ocurrió la idea de cruzar las dos redes neurológicas de la lateralidad –cerebro izquierdo, cerebro derecho (razón/intuición)– de Sperry y de la superposición histórica –cortical/límbico (abstracto/límbico)– de Mac Lean. Con ello se obtiene el siguiente modelo, denominado de los cuatro cerebros: córtex izquierdo y derecho, límbico izquierdo y derecho.

<table>
<tr><td colspan="2" align="center">**CÓRTEX**
(las ideas)</td></tr>
<tr>
<td align="center">**CORTICAL IZQUIERDO**
(CoI)

El personaje sagrado
y autoritario, que
quiere distinguirse</td>
<td align="center">**CORTICAL DERECHO**
(CoD)

El jugador
imprevisible o soñador</td>
</tr>
<tr>
<td align="center">**El juicio**</td>
<td align="center">**La visión**</td>
</tr>
<tr>
<td align="center">**El orden**</td>
<td align="center">**Los sentimientos**</td>
</tr>
<tr>
<td align="center">El servidor «ordenado»
y administrativo</td>
<td align="center">La persona natural
y humana</td>
</tr>
<tr>
<td align="center">**LÍMBICO IZQUIERDO**
(LiI)</td>
<td align="center">**LÍMBICO DERECHO**
(LiD)</td>
</tr>
<tr><td colspan="2" align="center">**LÍMBICO**
(las emociones)</td></tr>
</table>

PASADO (cautela) — **FUTURO** (audacia)

> *Cada talento que poseen los hombres, lo mismo que cada árbol, tiene sus propiedades y sus efectos que le son únicos.*
>
> **LA ROCHEFOUCAULD**

Por lo tanto, motive a sus colaboradores según los perfiles cerebrales que presenten: a los «Cortical Izquierdo» debe responsabilizarlos, a los «Límbico Izquierdo» debe confortarlos, a los «Límbico Derecho» debe amarlos y para los «Cortical Derecho» debe estimular su creatividad. Desde luego, pocos de nosotros recurrimos a una única dominante. Ned

Herrmann pudo inventariar más de 81 perfiles cerebrales, según que utilicemos de manera preferencial, medianamente o evitemos utilizar tal o cual de los cuatro hemisferios cerebrales. Algunos de estos perfiles pueden resultar particularmente ambiguos y paradójicos: por ejemplo, CoI + LiD o bien CoD + LiI.

Por otra parte, más que limitarnos a las expresiones córtex, límbico, izquierdo y derecho, debemos entender en esta aproximación un ensayo de tipología simple (y por lo tanto un poco reductor) que tiene como objetivo entender mejor los reflejos culturales dominantes de un individuo y adaptarse a ellos. Dominantes no significa automáticos al 100 %. El individuo no puede reducirse únicamente a una tipología, por muy sofisticada que sea. Por ello es necesario comparar y combinar constantemente los diversos análisis psicológicos. Sin perjuicio de que uno se encuentre a menudo sorprendido por la concomitancia de los preceptos o seducido por sus paradojas.

Veo pasar al hombre moderno con una idea de sí mismo y del mundo que ya no es una idea determinada... Le resulta imposible ser hombre de un solo punto de vista y pertenecer realmente a un solo idioma, a una sola concepción, a una sola física.

PAUL VALÉRY

Una buena definición del perfil de emprendedor con dominante doble (CoI + CoD):

Un hombre de negocios es un cruce entre un bailarín y una calculadora.

PAUL VALÉRY

Ejercicios: Restituya según las cuatro dominantes cerebrales la siguiente tipología Taine.

Existen cuatro tipos de personas en el mundo: los enamorados, los ambiciosos, los observadores y los imbéciles. Los más felices son los imbéciles.

HIPÓLITO TAINE

La gestión de empresas y la historia

Un contraste CoG/LiD:

El pueblo no tiene mucho espíritu y los grandes no tienen alma. El primero tiene un buen fondo pero nada en el exterior. Los últimos sólo son un exterior y una simple superficie.

JEAN DE LA BRUYÈRE

La gestión de empresas y la pintura

Pista: Edvard Munch, «Dans le cerveau de l'homme» «En el cerebro del hombre» 1897, (grabado en madera).

ENTENDER LOS REGISTROS SENSORIALES GRACIAS A LA PNL

Para Bindler y Grinder, fundadores de la PNL (programación neurolingüística), nuestros pensamientos se elaboran primero a través de nuestros sentidos y se forman a partir de imágenes, de sonidos o de emociones físicas. Mac Lean no se refería a otra cosa al declarar que el cerebro límbico filtraba emocionalmente las informaciones antes de transmitirlas al córtex para un tratamiento objetivo (pero a partir de una selección subjetiva de datos). Las palabras que utilizamos y la orientación de nuestra mirada son buenos indicadores de la manera como se elabora sensorialmente nuestro pensamiento. En lugar del verbo entender, abstracto, puedo emplear de tres a cuatro verbos más concretos y reveladores de cómo se elabora mi pensamiento. «Sí, ya veo lo que usted quiere decir» (visual). «Sí, le oigo bien...» (auditivo). «Sí, lo presiento...» o «Sí, lo he cogido...» (quinestésico/físico). Para entender mejor a sus interlocutores, resulta pues deseable primero encuadrarlos identificando el registro sensorial que utilizan, y luego introducirse en ello uno mismo empleando palabras ya no abstractas sino visuales, auditivas o quinestésicas (= física). El interlocutor se dará cuenta de que está en la misma onda que él y en comunión de «ideas», si usted le devuelve su registro sensorial. Así, frente a alguien que le dice que «la situación está bastante negra», no debe contestar (en quinestésica) que efectivamente «la empresa ya no está en contacto con la realidad, que se trata de un asunto de poco calibre y que incluso resulta difícil de aguantar» o, en auditivo, que «el ambiente de la empresa ya no presenta armonía porque las personas no se escuchan entre ellas», sino más bien que «no hay perspectivas de futuro y que no se trata de un pequeño problema».

> *Si rechazáis el testimonio de todos los sentidos no os quedará ningún medio de distinguir lo verdadero de lo falso.*
>
> *EPICURO*

> *A menudo es más corto y más útil cuadrar con los otros que hacer que los otros se ajusten a nosotros.*
>
> *LA BRUYÈRE*

La gestión de empresas y la pintura

Pista: Bosch, «La forêt qui entend et les champs qui voient» «El bosque oye y el campo ve», dibujo.

¿SER GENERALISTA O ESPECIALIZARSE?

Si la especialidad tiene una ventaja, ésta se encuentra más a nivel de la organización de la empresa, que a nivel individual del personal. Así, al principio, para tener éxito con su empresa más vale concentrar las actividades, apuntar hacia mini-vías de marketing, adquirir un peritaje que da autoridad y que será la mejor imagen de marca.

> *La concentración es la clave del éxito económico, (...) ningún otro principio de eficacia es violado más a menudo que el principio fundamental de la concentración. (...) Con decir que nuestra divisa es «Llegar a todo».*
>
> **PETER DRUCKER**

Incluso con un cargo de especialista, debe darle estilo a su gestión. En más de las dos terceras partes de los casos, la mayoría de las situaciones de gestión recurren a las obligaciones del cargo. Pero el tercio restante requiere un estilo personal. Cuanto más lugar deje a este último tercio, más impacto tendrá su gestión. Se puede ser un buen profesional sin por ello tener que ser un especialista o un experto.

> *El verdadero hombre es el que no se inmuta por nada.*
>
> **LA ROCHEFOUCAULD**

> *Señor, no me gustan los especialistas. Para mí, especializarse significa estrechar el propio universo (...)*
>
> **CLAUDE DEBUSSY**

> *Todas las profesiones son conspiraciones contra los profanos.*
>
> **G. B. SHAW**

Para conseguir la carrera de gestión de empresas, uno debe convertirse en polivalente. Si volvemos a tomar, aunque ligeramente modificados, los dos criterios de gestión según Black y Mouton, se puede describir la evolución de una carrera de gestión de empresas según el siguiente esquema, mediante un proceso constante de desespecialización y de sustitución progresiva de actividades de animación de personas a actividades técnicas, al ser las tareas correspondientes a cargos de baja responsabilidad esencialmente técnicas, las de los mandos intermedios esencialmente relacionales y las de la gestión de empresas superior relacionales, simbólicas y especulativas.

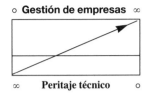

o **Gestión de empresas** ∞

∞ **Peritaje técnico** o

Dicho de otro modo: al principio de la carrera, lo que nos requerirán y será nuestro criterio de éxito es esencialmente el peritaje técnico. No obstante, cuanto más evolucionemos hacia tareas con responsabilidades, más importante resultará para triunfar la gestión de empresas enfocada en los hombres (y en la relación). Esta desaparición progresiva de la dimensión técnica de una carrera explica que los gerentes de alto nivel se vuelvan prácticamente intercambiables, cualquiera que sea el ámbito de actividad. La dimensión de gerente de empresas ideal es por lo tanto un factor de adaptación, movilidad y triunfo.

> *La vida es una serie de combinaciones y es necesario estudiarlas, seguirlas, para llegar a mantenerse siempre en buena posición.*
>
> *BALZAC*

> *Ya que no podemos ser universales y saber todo lo que se puede saber sobre todo, es necesario saber un poco de todo. Es mucho mejor saber un poco de todo que saberlo todo de una sola cosa, esta universalidad es lo mejor. Si pudiésemos tener ambas, todavía mejor, pero debemos elegir, y el mundo lo siente y lo hace, ya que el mundo es un buen juez.*
>
> *PASCAL*

> *La variedad con perfección es entretenimiento de la vida. Gran arte de la de saber lograr todo lo bueno, y pues le hizo la naturaleza al hombre un compendio de todo lo natural por su eminencia, hágale el arte un universo por ejercicio y cultura del gusto y del entendimiento.*
>
> *BALTASAR GRACIÁN*

> *Aquel que sólo es militar es un mal militar; aquel que sólo es profesor, es un mal profesor; aquel que sólo es un industrial es un mal industrial. El hombre completo, aquel que quiere cumplir su destino en su totalidad, debe tener sus linternas abiertas sobre todo lo que hace el honor de la humanidad.*
>
> *Mariscal LYAUTEY*

La gestión de empresas y la historia

Hubo aficionados con éxito e improvisación que también hicieron historia: muchos generales pertenecientes a la Grecia antigua, Hoche, Marceau, Kléber, el equipo de la Revolución de Octubre y el de la Sierra Maestra en Cuba, Benjamin Franklin... De esa manera el mito Tapie ha sido desde un primer momento el mito de todo aquel que llega a todos los temas y en todos consigue el éxito, que no se toma en serio a sí mismo, que es capaz de improvisar y dirigir a más de diez mil personas y que no se siente desfallecer ante un fracaso, sino que le hace frente.

ADAPTARSE A LAS ESPECIFICIDADES CULTURALES E INTERNACIONALES

En las relaciones internacionales, la comunicación no puede economizar las especificidades culturales. Pero ¿cómo comprender otra cultura? Al final de una encuesta acerca de la filial de IBM, Hermes, que analizaba más de 160.000 preguntas distribuidas en 72 países, el sociólogo holandés Geert Hofstede actualizó cuatro criterios específicos de diferencia cultural, siendo cada país una mezcla de los cuatro. En primer lugar, la distancia jerárquica: los países con distancia elevada tienen una relación sagrada con la autoridad que convierte a una persona de poder en un personaje un poco inaccesible. Han tenido frecuentemente monarcas absolutistas a la cabeza de sus gobiernos, en particular emperadores. A estos países les gustan las barreras sociales. En su mismo lenguaje, hacen distinción entre el tuteo y el hecho de tratar de usted, entre las edades y los sexos. Privilegian las relaciones de respeto y lo que las condiciona: la edad, el nivel jerárquico... En países con distancia corta las relaciones humanas son más directas, más sencillas y la edad o el grado no son un criterio de autoridad. Tienen tendencia a llamarse por el nombre, más que por su título.

Otro criterio: la masculinidad o la feminidad. Las culturas denominadas masculinas privilegian el éxito, los resultados obtenidos, en particular los individuales. El fracaso no es nada glorioso. Por el contrario, en las culturas femeninas se compadece y se honra de buen grado al perdedor, el que ha sufrido inútilmente. Se desconfiará además del que gana demasiado «fácilmente». Lo que es importante en esas culturas es preservar el buen entendimiento. Hallará aquí las dos dimensiones de la red de Black y Mouton: enfocarse en las tareas (masculinidad) o las relaciones humanas (feminidad).

Tercer criterio: el espíritu comunitario o individualista. En las culturas comunitarias el individuo está al servicio del grupo, y cualquier éxito debe ser ante todo colectivo. Los valores de solidaridad, cohesión y de «seguridad social» predominan en este caso. En cambio, en las culturas individualistas es necesario distinguirse para triunfar.

Por último, cuarto criterio: el control de la incertidumbre. A los países que toleran poco la duda les gusta rodearse de reglamentos. Tienen tendencia a querer codificarlo todo; lo cual no significa, por otra parte, que respeten la ley, porque es un principio de economía muy conocido que el valor sigue primero a lo escaso. Los países con poco control de la incertidumbre toleran un nivel más elevado de imprecisión, pragmatismo, confiando más en el futuro y en las habilidades que tiene el hombre en adaptarse a las circunstancias. Privilegian la libertad de comportamiento y la ligereza de las estructuras.

La cultura se define esencialmente por lo que se comparte y se transmite... la cultura es lo que tenemos en común con los demás. La pregunta reside en saber si esta cultura será la comunicación de todos o la complicidad de unos pocos.

C. ROY

Para comprender una cultura diferente es necesario prepararse para respetar la forma de vivir donde ésta halla su expresión, aceptar esa concepción de vida como válida en sí y apropiada para los pueblos en cuestión.

BALDOON DHINGRA

Algunas tipologías culturales de origen geográfico: el contraste Norte-Sur y el de la llanura y la montaña.

Hacer tu cama de láminas de hierro y de corazas de pieles de bestias salvajes, contemplar sin temblar la cercanía de la muerte. Ahí se demuestra la fuerza viril de las regiones septentrionales y a ella se atienen los valientes.
(...) Tener modales condescendientes y dulces para instruir a los hombres, tener compasión por los insensatos que luchan contra la razón. Ahí reside la fuerza viril propia de las regiones meridionales. A ella se adhiere el sabio.

CONFUCIO

Las montañas siempre han hecho la guerra a las planicies.

VICTOR HUGO

XV

GESTIONAR EL ESTRÉS Y EL TIEMPO

1 IDENTIFICAR LOS FACTORES Y LOS SÍNTOMAS DE ESTRÉS

El estrés es una tensión ejercida sobre nuestro metabolismo: tomamos la energía del mundo mediante la inspiración. Pero si esta energía permanece demasiado tiempo acumulada y no se expira bajo la forma de desechos, se transforma en tensión.

El estrés no es en sí mismo un concepto negativo ni positivo. Lo que importa es tener el nivel óptimo de estrés, que corresponde al umbral personal de tolerancia: ciertas personas sólo soportan bajos niveles de tensión de duda, por ejemplo los «cerebro izquierdo». Otras, al contrario, sólo se movilizan cuando están «entre la espada y la pared», bajo altas presiones. Necesitan una cierta dosis de ansiedad para sentirse satisfechos (por ejemplo, los emprendedores). Para gestionar el estrés, por lo tanto, la primera cosa que debe hacer es descubrir el punto óptimo de estrés que le moviliza sin destruirle. El sobre-estrés, así como el sub-estrés, nos angustian. El sub-estrés creado por el aburrimiento, la rutina, el ocio, la falta de interés en las actividades, puede engendrar en ciertas personas los mismos efectos negativos que el sobre-estrés. El sobre-estrés es la presión de la apuesta. Deben distinguirse 5 niveles de sobre-estrés, de intensidad creciente: el primer nivel de tensión provoca una simple curiosidad («veamos»); luego, cuando aumenta, la curiosidad se transforma en envite, luego en reto. Si este último parece demasiado fuerte acarrea una pérdida de confianza en las propias posibilidades de solución (se trata de «pedir ayuda» a terceros). En la última etapa el estrés se convierte en idea fija: «Para mí es un asunto personal; o se arregla o se echa todo a perder, eso es lo que más cuenta».

Para resolver el estrés debe expresarse de verdad evitando frases hechas estereotipadas y vacías de sentido, que aumentan la ansiedad. Hay que volver a la expresión auténtica y positiva para no convertirse en lo que usted dice: el «estoy muerto»; eso debe convertirse en: «Estoy cansado en este momento, pero ya lo superaré».

Las conductas menos forzadas y más naturales de nuestra alma son las más bellas.

MONTAIGNE

Es perder la vida el llenarla de demasiadas preocupaciones.

SHAKESPEARE

La calma o la agitación de nuestro humor no dependen de las cosas más importantes que nos pasan en la vida, sino de un conjunto agradable o desagradable de pequeñas cosas que nos pasan todos los días.

LA ROCHEFOUCAULD

La importancia de la pérdida puede medirse mediante la escala de estrés de Holmes y Rahe. Añadiendo, en la siguiente escala, el valor de la intensidad de cada estrés experimentado durante un año (por ejemplo, 3 cambios de residencia representan 60 puntos, y 2 multas representan 22 puntos) es posible conocer la gravedad de la situación. Las estadísticas de este estudio, que se publicó en los Estados Unidos en 1967, indican que el 37 % de las personas que alcanzan un total de 150 a 200 puntos en el transcurso de un período de 12 meses cayeron gravemente enfermas ese mismo año. Aquellas personas cuyos totales alcanzan de 200 a 300 puntos tienen más del 50 % de probabilidades de caer enfermas. El 80 % de las que suman más de 300 puntos en un año contraen una enfermedad en el transcurso de ese período.

Muerte del cónyuge	*100*
Divorcio	*93*
Separación de los cónyuges	*65*
Período de cárcel	*63*
Muerte de un pariente	*63*
Lesión corporal o enfermedad	*53*
Matrimonio	*50*
Despido	*47*
Reconciliación entre cónyuges	*45*
Jubilarse	*45*
Modificación de la salud de un miembro de la familia	*44*
Embarazo	*40*
Dificultades sexuales	*39*
Llegada de alguien a la familia	*39*
Cualquier modificación en el terreno laboral	*39*
Cambio de estatus financiero	*38*
Muerte de un amigo íntimo	*37*
Cambio de cargo profesional	*36*
Modificación del número de discusiones conyugales	*35*
Hipoteca de más de 4.500.000 pesetas	*31*
Embargo de hipoteca o de préstamo	*30*
Cambio de responsabilidad en el trabajo	*29*
Un hijo / una hija se marcha del hogar	*29*
Dificultades con los suegros	*29*
Éxito excepcional	*28*
El cónyuge empieza o deja de trabajar	*26*
Empezar o acabar una carrera universitaria	*26*
Cambios en las condiciones de vida	*25*
Cambios en las costumbres	*24*
Dificultades con el jefe	*23*
Cambio de horario o de condiciones de trabajo	*20*
Cambio de residencia	*20*
Cambia el lugar donde estudia	*20*
Cambios en el ocio	*19*
Cambios en las actividades religiosas	*19*
Cambios en las actividades sociales	*18*
Hipoteca o préstamo menor de 4.500.000 pesetas	*17*
Cambio en las costumbres de dormir	*16*
Cambio en el número de reuniones familiares	*15*
Cambio en las costumbres alimentarias	*15*
Vacaciones	*13*
Navidad	*12*
Multas	*11*

APRENDER A DESCANSAR Y A RELAJARSE

La relajación es un proceso progresivo que implica las 3 energías de base del hombre: intelectual, emocional y corporal. Se puede alcanzar por varias vías diferentes, según el nivel de intensidad deseado. Para relajarse hay que empezar poniéndose cómodo en un ambiente tranquilo, sin ruido y si es posible con poca luz. Luego respirar profundamente, es decir, inspirar el aire lentamente haciendo «el vientre de Buda»: el aire desciende desde los hombros hasta el abdomen y hace bajar el centro de gravedad al plexo y a la espalda. Se siente usted más fuerte. Cuando usted espira, el abdomen entra hacia dentro. Tercera etapa: debe reencontrar el cuerpo. Existen también varias técnicas: sentir el peso de los diferentes miembros, el calor, sentir y regular el ritmo cardíaco, sentir una impresión de frescura en la frente... Luego, debe hacer el vacío mental. Evacuar todas las ideas parásitas fijándose en algo insignificante: pasar revista a los diferentes colores del espectro en el sentido de la vida activa (colores de infrarrojo) hacia el pensamiento (colores ultravioletas): rojo, naranja, amarillo, verde, azul, añil, violeta. Visualizarse uno mismo bajando unos escalones (es decir, entrar dentro del subconsciente) o fijarse mentalmente unos números.

Ahora sueñe despierto, es decir, visualice con los ojos cerrados diferentes elementos de la naturaleza, por ejemplo en el transcurso de un paseo por un jardín o un paisaje que incluye en particular la montaña (la fuerza), la vegetación (la armonía), el agua (la paz), o en una balsa a merced de las olas. Luego elabore sueños que le hagan revivir los momentos positivos de su pasado, de los que se siente satisfecho u orgulloso, a fin de reforzar la autoestima. Otros tipos de sueños que debe practicar son los que le hacen vivir por adelantado unos momentos que usted teme en el futuro, y respecto a los que usted desea aumentar su convicción de éxito: así Jean-Claude Killy, antes de sus competiciones, repasaba mentalmente la «película» del futuro descenso (conseguido) con esquís según las tres principales modalidades sensoriales: primero, en la modalidad visual, se observaba mientras realizaba el descenso, como si fuera él mismo un espectador de la competición, luego entraba en su personaje y era él quien veía desfilar la pista y los observadores, con la meta cada vez más próxima. Luego, en la modalidad auditiva, oía los ánimos que le daba la gente y al final los aplausos victoriosos. Finalmente, en la modalidad física: sentía la sensación de velocidad, el rozamiento de los palos, el estrechamiento de manos de su entrenador que lo felicitaba, etc. Este acontecimiento futuro que usted visualiza se convierte así en más familiar y se ancla entonces la convicción del triunfo que consigue a menudo que los campeones digan: «no se por qué, pero vi que ganaría».

Sexta adición. Traeré a mi memoria pensamientos capaces de hacer nacer dentro de mi corazón el contentamiento, el júbilo y la alegría espiritual, como sería la gloria del cielo.

(...) Después de la oración preparatoria y de los tres preludios, será útil ejercer los cinco sentidos de la imaginación sobre los misterios de la primera y la segunda contemplación, de la manera siguiente:

En el primer punto, veré con los ojos de la imaginación a las personas, meditando y contemplando en el detalle las circunstancias en las que se hallan e intentando extraer de esta visión algún provecho.

En el segundo, escucharé con la ayuda de la imaginación lo que ellas dicen o pueden decir, reflexionando sobre mí mismo para sacar de ello algún provecho.

En el tercero, me imaginaré sentir, respirar y gustar la suavidad y la dulzura infinitas de la Divinidad, del alma, de sus virtudes, y de todo el resto, según la persona que yo contemple, reflexionando sobre mí mismo y esforzándome en hallar en ello utilidad.

En el cuarto, ejerceré el sentido del tacto, abrazando, por ejemplo, y besando los lugares por donde marchan las personas que contemplo y el suelo donde reposan, intentando siempre hacerlo con provecho.

SAN IGNACIO DE LOYOLA

Reequilibre el tiempo de trabajo mediante actividades físicas o intelectuales, a condición de que no resulten febriles sino distantes, aparentemente inútiles, y que le pongan en contacto con mentes abiertas o almas generosas. Tómese tiempo para descansar: tomar el aire, respirar, rehacerse escuchando el silencio y a sí mismo, mediante la soledad y la meditación. Aprenda a hacer pausas y siestas.

No vivir aprisa. *El saber repartir las cosas es saberlas gozar. A muchos les sobra la vida y se les acaba la felicidad; malogran los contentos, que no los gozan, y querrían después volver atrás cuando se hallan tan adelante; postillones del vivir, que, a más del común correr del tiempo, añaden ellos su atropellamiento genial; querrían devorar en un día lo que apenas podrán digerir en toda la vida; viven adelantados en las felicidades, cómense los años por venir y, como van con tanta prisa, acaban presto con todo. Aun en el querer saber, ha de haber modo, para no saber las cosas mal sabidas. Son más los días que las dichas. En el gozar, a espacio; en el obrar, aprisa. Las hazañas, bien están hechas; los contentos, mal, acabados.*

BALTASAR GRACIÁN

Los espíritus que no reposan jamás están sujetos a muchas desviaciones.

JOUBERT

Hoy día se tiene vergüenza de reposar y casi se sienten remordimientos por meditar (...) Ya que la vida se ha convertido en una búsqueda del beneficio y obliga al espíritu a agotarse sin tregua en el juego del disimulo, engañar (...) la verdadera virtud consiste hoy día en hacer una cosa más rápidamente que otra persona (...) el gusto de la alegría se llama ya «necesidad de reposo».

NIETZSCHE

La gestión de empresas y la historia

¿Sabe usted lo que hizo Churchill cuando se le informó del drama de Mers-El-Kebir y le preguntaron qué pensaba hacer? ¡«Primero una siesta»! contestó.

205

VIVIR SU EDAD

¿Será porque el número 40 ejerce una fascinación negativa en los hombres (los 40 días del diluvio, Alí Babá y los 40 ladrones, la cuarentena...)?

Lo cierto es que frecuentemente el paso de los 40 se vive mal; como fuente de tensiones, es el momento de los primeros balances. ¿Por qué no aprovechar para volver a empezar con más fuerza y con energía renovada (¡los 40 rugientes!)?

> *Si la curva de «rendimiento» de un hombre está en su punto más alto a los cuarenta y cinco años y sigue subiendo, es posible que continúe así toda su vida, pero si a esa edad ya está bajando no podrá más que seguir en descenso.*
>
> **N. M. BUTLER**

> *Por regla general, nos encontramos que hacia la mitad de la vida de un hombre a menudo se produce un cambio. Del mismo modo que en su juventud todo le era favorable y le iba bien, de repente todo cambia y los fracasos y desventuras se suceden.*
> *¿Sabéis cómo lo veo? ¡El hombre debe ser destruido de nuevo! Todo hombre extraordinario tiene una misión que ha sido llamado a llevar a cabo. Una vez cumplida, su presencia bajo esa forma ya no es necesaria y la Providencia lo emplea de nuevo con otro fin (...)*
> *Así pasó con Napoleón y tantos otros. Mozart murió a los treinta y seis años, igual que Rafael. Byron con poca más edad. Pero todos ellos habían cumplido su misión y ya era hora de que se fuesen para que quedase para otros algo que hacer en este mundo.*
>
> **GOETHE**

Para luchar contra la ansiedad debida a la edad, debe proporcionarse un ideal y llevarlo a cabo. Conoce usted el proverbio: «Nunca es tarde para hacer las cosas bien». Para que su vida tenga sentido, emprenda.

> *No se vuelve uno viejo por haber vivido un cierto número de años. Nos volvemos viejos porque hemos abandonado nuestros ideales. Los años arrugan la piel, renunciar a los ideales arruga el alma.*
>
> **General MAC ARTHUR**

Pero ¿es necesario desear mantenerse joven? Resístase al síndrome de Peter Pan, «el niño que no quería crecer» para poder gozar continuamente de una felicidad sin preocupaciones.

CINCO LEYES PARA GESTIONAR EL TIEMPO Y SABER CENTRARSE EN LO ESENCIAL

Para gestionar adecuadamente hay que tener en cuenta la Ley de Pareto o Ley de los 20/80, que propone que lo esencial tome poco tiempo y lo accesorio mucho. Se trata de la aplicación, en el ámbito de la gestión del tiempo, de la célebre ley del economista y sociólogo italiano del siglo XIX, Vilfredo Pareto. Los responsables de empresas observan en los sectores más diversos que el 20 % de los productos (o clientes) consiguen aproximadamente el 80 % de la facturación, y que el 80 % restante sólo consigue el 20 % de la facturación. En el marco de su cargo, pregúntese si no consagra usted el 80 % de su tiempo a actividades que sólo entran en un 20 % en los objetivos de triunfo de su cargo.

> *Meted todos vuestros huevos en la misma cesta y ¡vigilad la cesta!*
>
> *MARK TWAIN*

> *Un hombre hábil debe saber el orden de importancia de sus intereses y conducir a cada uno por turno. Nuestra avidez les molesta a menudo ya que nos lleva a hacer cien cosas a la vez. De ello se desprende que por desear en demasía las cosas menos importantes no nos esforzamos por conseguir las que más nos interesan.*
>
> *LA ROCHEFOUCAULD*

Pero evite la Ley del mínimo esfuerzo, que nos incita a hacer lo que nos place antes de hacer lo que no nos agrada, lo que va rápido antes que lo que toma tiempo, lo que es fácil antes que lo que es difícil, lo que sabemos hacer antes que lo que es nuevo, y lo que es urgente antes que lo que es importante. Evite también dejar actuar al azar, la costumbre, a los demás, y actuar por puro reflejo, bajo el impulso de la acción.

> *El espíritu se siente apegado por pereza o por constancia a lo que le es más fácil o agradable. Este hábito pone límites a nuestros conocimientos. Nunca nadie se ha tomado la molestia de extender y de conducir su espíritu tan lejos como le fuera posible.*
>
> *LA ROCHEFOUCAULD*

> *No comenzar a vivir por donde se ha de acabar. Algunos toman el descanso al principio y dejan la fatiga para el fin: primero ha de ser lo esencial, y después, si quedare lugar, lo accesorio. Quieren otros triunfar antes de pelear; algunos comienzan a saber por lo que menos importa, y los estudios de crédito y utilidad dejan para cuando se les acaba el vivir; no ha comenzado a hacer fortuna el otro cuando ya se desvanece. Es esencial el método para saber y poder vivir.*
>
> *BALTASAR GRACIÁN*

Tenga en cuenta también la Ley de Parkinson, de la tendencia a la autoinflación del tiempo empleado, que hace que, como los gases en la Ley de Mariotte, el tiempo invertido ocupa todo el espacio que uno le da. El humorista inglés Northcote Parkinson observó que en un sistema con tendencia burocrática, los medios (luego también los costes) se desarrollan por sí mismos sin que necesariamente los resultados mejoren en consecuencia.

Con la vida pasa como con nuestros otros bienes. Todo se disipa cuando pensamos tener un gran fondo. La economía no es exacta más que para manejar lo poco que nos queda.

SAINT EVREMOND

¿Osaré exponer aquí la más grande, la más importante, la más útil regla de toda educación? No es la de ganar tiempo sino la de perderlo.

JEAN-JACQUES ROUSSEAU

Más allá de un cierto umbral horario, la productividad del tiempo invertido decrece y se vuelve negativa: es la Ley de Illich o Ley de la contra-productividad del tiempo invertido más allá de un cierto umbral: Ivan Illich expuso la hipótesis de que más allá de un cierto umbral los efectos perversos superan los resultados positivos: la escuela se convierte en un obstáculo para la educación, la medicación un obstáculo para la salud..., es el «siempre más» de los dialécticos. La analogía con la organización personal sigue siendo ahí interesante. ¿A partir de qué carga horaria se vuelve usted improductivo? ¿A partir de cuándo le conviene no intentar seguir haciendo lo mismo, sino otra cosa, como por ejemplo... nada de nada? Sea consciente de sus límites.

Hay asuntos y enfermedades que en ciertas épocas empeoran con los remedios y la mejor habilidad consiste en conocer cuándo es peligroso usarlos.

LA ROCHEFOUCAULD

El tiempo tiene una dimensión objetiva y una dimensión subjetiva o psicológica, que depende del interés que se pone en la actividad ejercida. Paul Fraisse, psicólogo especialista en psicología del tiempo, estableció las siguientes leyes: «Cuanto más se fracciona una actividad, más tiempo parece durar», «Cuanto más interesante es una actividad, más breve parece» y «El tiempo de espera siempre resulta demasiado largo». Decir «no tengo bastante tiempo» significa frecuentemente «lo que hago me interesa». Decir «el tiempo pasa lentamente» significa «lo que hago me aburre». Es pues útil confrontar el tiempo subjetivo con el tiempo objetivo, desconfiando de la tendencia espontánea a realizar primero o por más tiempo aquello que nos gusta más y no lo que es más importante.

La grandeza del alma no reside tanto en aspirar a lo más alto e ir hacia delante como en saber apartarse y retraerse. El alma tiene por grande todo lo que es suficiente, y muestra su grandeza en que prefiere las cosas medianas a las eminentes.

MONTAIGNE

5 *PREVER LAS ACTIVIDADES Y PLANIFICAR LOS OBJETIVOS VITALES*

Cuidado con el círculo vicioso de la previsión: al estar encandilados por las decisiones que debemos tomar urgentemente, se nos hace imposible mirar a medio plazo. Pero por no haber previsto este plazo medio en seguida se encuentra uno a la defensiva, desbordado por un corto plazo que se nos ha hechado encima. Aunque saber prever no es la panacea, constituye sin embargo una de las bases de la gestión eficaz del tiempo, a pesar de que llevarlo a cabo no sea fácil.

Lo que se ha previsto casi siempre está desprovisto de peligro.

MAQUIAVELO

Pensar anticipado. *Hoy para mañana, y aun para muchos días. La mayor providencia es tener horas de ella; para prevenidos no hay acasos, ni para apercibidos aprietos. No se ha de aguardar el discurso para el ahogo y ha de ir de antemano; prevenga con la madurez del reconsejo el punto más crudo. Es la almohada sibila muda, y el dormir sobre los puntos vale más que el desvelarse debajo de ellos. Algunos obran y después piensan; aquello más es buscar excusas que consecuencias; otros, ni antes ni después. Toda la vida ha de ser pensar para acertar el rumbo. El reconsejo y providencia dan arbitrio de vivir anticipado.*

BALTASAR GRACIÁN

Gobernar es prever.

METTERNICH

El papel de un hombre precavido es bastante triste. Aflige a sus amigos anunciándoles las desgracias a las cuales les expone su imprudencia. No le creen y cuando esas desgracias tienen lugar, los mismos amigos le culpan del mal que ha predicho y su amor propio les hace bajar los ojos ante el amigo que debería ser su consolador y que habrían elegido si no se encontrasen humillados en su presencia.

CHAMFORT

Al planificar es útil empezar por inventariar sus actividades según el método ABC, clasificando como A lo urgente e importante, B lo urgente o importante y C lo que no es ni urgente ni importante. Luego asigne a cada actividad un tiempo determinado y un plazo. Resulta más engorroso asignar demasiado poco tiempo que al contrario. Eso le obligaría a correr siempre para recobrar el retraso. Luego distribuya esas actividades en una jornada, en función de su curva diaria de eficacia personal. La mayoría de las personas prefieren hacer lo arduo por la mañana, cuando están en plena forma, más que por la tarde,

209

que se reserva a las actividades exteriores en que los horarios resultan menos controlables. Acometa las actividades A por la mañana (puede usted por ejemplo hacer sus reuniones importantes a partir de las 7 de la mañana y empezar luego por dictar el correo). Reserve las actividades C para los huecos del día y tome las actividades B en el segundo vértice del día, es decir, al final de la tarde. Planifique su jornada y su semana previendo zonas de imprevistos y de alternativas. En el transcurso del día consulte regularmente su agenda para ver lo que le queda por hacer. Si se retrasara, acelere el ritmo antes que suprimir una actividad prevista.

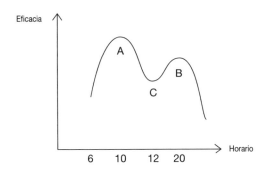

El futuro (...) no es más que el presente que tenemos que ordenar (...) no tienes que preverlo sino permitirlo.

ANTOINE DE SAINT-EXUPÉRY

No soportamos el futuro, lo construimos.

GEORGES BERNANOS

Si desea que su planificación sea todavía más coherente, inscríbala sin dudar a largo plazo, empezando por hacer sus planes de vida. Elabore el conjunto de sus planes en cascada, partiendo de lo que desea hacer o ser desde ahora al final de su vida (para disponer de reserva en caso de que el primer objetivo resulte imposible de satisfacer, márquese tres objetivos, y no más, de los cuales sacará los objetivos intermedios que es indispensable alcanzar dentro de tres o cinco años para poder realizar sus objetivos vitales). Luego extraiga de ellos los objetivos anuales, mensuales, etc.

Actuar como un hombre primitivo y prever como un estratega.

RENÉ CHAR

Antes que desear mucho una cosa debemos examinar la fortuna de aquel que la posee.

LA ROCHEFOUCAULD

Encuentro incomprensible que un hombre pueda vivir sin un plan de existencia. Teniendo en cuenta la seguridad con la que utilizo el tiempo presente, la calma con la que miro hacia el futuro, siento con fuerza la felicidad inestimable que mi plan de existencia me procura.

KLEIST

LUCHAR CONTRA LAS INTERRUPCIONES Y LOS DIFERIDOS

Según la Ley de Carlson, o Ley de las secuencias homogéneas de trabajo, todo trabajo que se interrumpe resulta menos eficaz y toma más tiempo que si se realizara continuadamente. Al principio de los años 50, en Suecia, el profesor Sun Carlson y sus asistentes cronometraron durante varios meses el trabajo diario de diferentes gerentes. Observaron que no trabajaban nunca más de 20 minutos sin interrupciones. En Francia, unas encuestas más recientes han demostrado que la mayoría de las secuencias homogéneas de trabajo de los ejecutivos franceses duran menos de 15 minutos. Estas interrupciones engendran pérdidas de tiempo, dispersión y a largo plazo fenómenos de estrés. No caiga en la ley injusta de las interrupciones, que implica que el que llega primero debe ser el que se sirve el último, y que el que llega el último debe ser el primero en servirse. Se observa en general en Francia los siguientes porcentajes de distribución del tiempo:

Número de actividades	
Trabajo en el despacho	33 %
Charlas telefónicas	22 %
Intercambios verbales imprevistos	20 %
Intercambios verbales previstos	20 %
Desplazamientos	5 %

Duración de las actividades	
Trabajo en el despacho	20 %
Charlas telefónicas	7 %
Intercambios verbales imprevistos	10 %
Intercambios verbales previstos	60 %
Desplazamientos	3 %

Queda claro, según esta tabla, que el gerente se sienta a menudo en su despacho, pero que no se queda mucho tiempo en él; que le molestan frecuentemente pero que estas interrupciones no le toman demasiado tiempo. El centro de sus actividades son las citas previstas.

> *Pendent opera interrupta.*
> *Las obras interrumpidas quedan en suspenso.*
>
> VIRGILIO

Para luchar contra las interrupciones, compartimente sus funciones en el tiempo: reagrupe las llamadas telefónicas a ciertas horas, acepte las citas sólo en días concretos, etc., no deje que nadie entre en su despacho hasta que usted haya terminado su conversación telefónica o cualquier otro trabajo iniciado, no se auto-interrumpa, acabe la actividad iniciada, limite las interrupciones externas, haga que su secretaria actúe a modo de filtro, eduque a su entorno. Sepa decir «no». A pesar de todo, cuanto más evolucione hacia la gestión de empresas superior, más se verá fraccionado su tiempo porque estará consagrado fundamentalmente a las interacciones entre individuos.

Nadie trabaja mejor que el que se dedica a una sola cosa.

SAN IGNACIO DE LOYOLA

Prever no significa posponer indefinidamente. No posponga por exceso de racionalidad de elección, por pasividad, por miedo a equivocarse o al riesgo, por indecisión. En particular, cuando desee citarse con alguien, llámele por teléfono e intente fijar una cita para el mismo día o para el día siguiente por la mañana. Haga lo mismo con aquellos que le llaman (si usted considera que debe recibirlos). Tome sus decisiones sin diferir. Mañana será otro día que tendrá otros problemas.

Vivir a la ocasión. *El gobernar, el discurrir, todo ha de ser al caso; querer cuando se puede, que la sazón y el tiempo a nadie aguardan.*

BALTASAR GRACIÁN

El gran secreto de nuestra enfermedad oscila entre la precipitación y la negligencia.

GOETHE

Guardaos de pedir tiempo. La mala fortuna nunca lo concede.

MIRABEAU

No empiece por hacer (al principio del día y/o de la semana) lo que resulta breve y fácil, sino lo que es largo y difícil; lo habitual, sino lo que es nuevo; lo que le gusta hacer, sino lo que no le gusta. ¡Porque si no lo hace en ese momento mismo en que todavía no ha sufrido todas las interrupciones del día, ya no lo hará nunca! La madurez en la vida profesional es la capacidad para diferir la satisfacción de sus gustos para adaptar ante todo sus horarios al de su equipo.

Lo que me interesa no es siempre lo que me importa.

PAUL VALÉRY

SER EFICIENTE, ES DECIR, EFICAZ EN EL MOMENTO OPORTUNO

La eficiencia es la eficacia en el momento oportuno. Para alcanzarla es necesario aplicar la Ley del Eclesiastés, que dice que hay «un momento para todo y un tiempo para cada cosa bajo el cielo». El Eclesiastés, texto bíblico impregnado por la dialéctica y por la filosofía griega sobre el eterno retorno, puede leerse como una invitación a saber encontrar el momento oportuno para cada actividad y la actividad correspondiente a cada momento. Enuncia que la alternancia existe en el mundo y en la naturaleza, pero también en el hombre, si sabe comportarse como debe en cada momento. Parafraseando el Eclesiastés, se podría decir que existe un tiempo para reflexionar y un tiempo para actuar, un tiempo para organizarse y un tiempo para llevar a cabo, un tiempo para la actividad y un tiempo para el descanso, un tiempo para hablar y un tiempo para escuchar, un tiempo para sí y un tiempo para los demás, un tiempo para obedecer y un tiempo para dar órdenes. Cuánta gente sólo dispone de tiempo para ciertas cosas y no hace nunca otras, o nunca hace las cosas en el momento oportuno, o hacen un poco de todo y nada bien...

Escoger su tiempo es ganar tiempo.

BACON

Nunca se insistirá demasiado en avisar de todo el mal que puede hacer un buen príncipe cuando se abusa de él.

RIVAROL

El resultado más precioso de la educación podría ser el llegar a hacer lo que es necesario –de buen grado, de mal grado– en el momento justo. Es la primera lección que debería aprender el hombre tan pronto como empieza su adiestramiento, y es probablemente la última lección que aprenda bien.

THOMAS H. HUXLEY

Por lo tanto, sea «oportunista» y encuentre la actividad oportuna en cada momento. En particular, haga todo lo que la gente hace en el momento en que nadie lo hace (pero procure, por ejemplo, no hacer llamadas telefónicas importantes los lunes por la mañana o los viernes por la tarde). Haga sólo una cosa a la vez y hágala bien, involucrándose en ella por completo. Distribuya las cosas distintas e incluso contrarias en momentos diferentes.

8 *TENER EN CUENTA LOS RITMOS BIOLÓGICOS*

El ritmo es una de las mayores leyes a las que está sometido el universo. Es la esencia misma de cualquier cosa y de cualquier vida. En el hombre los ritmos básicos son el ritmo cardíaco, respiratorio, y el influjo nervioso con ondas. Todo tiene su propio ritmo, con fases de flujo y de reflujo, como por ejemplo las fases «de anabolismo y de catabolismo de las células, es decir, de asimilación de las sustancias nutritivas y de rechazo de productos de desecho». Cuanto más evolucionado es un organismo, más numerosos son sus ritmos. Un gerente eficaz deberá por lo tanto estar continuamente a la escucha y adaptarse a los diferentes ritmos de los hombres y de los órganos que componen su departamento.

> *Toda forma es sinuosa.*
>
> **LEONARDO DA VINCI**

En Estados Unidos, en Japón y en Europa, son muchas las personas que calculan sus «biorritmos» (ciclos físicos de 23 días, emocionales de 28 días e intelectuales de 33 días, con períodos de carga y de descarga) para mejorar los resultados profesionales o deportivos o para disminuir los riesgos de accidente de cualquier tipo. Esta aproximación parece interesante no por su «cientifismo», que ciertos estudios sobre los accidentes de carretera pusieron en tela de juicio, sino por la incitación pedagógica respecto al descubrimiento de los múltiples ritmos que nos rodean (ritmo de las estaciones, influencia del clima sobre nuestros comportamientos, ritmos diarios, ritmos escolares, ritmos del sueño...). Éste es el ámbito de la cronobiología, ciencia en pleno desarrollo.

> *El mérito de los hombres tiene su estación a la vez que sus frutos.*
>
> **LA ROCHEFOUCAULD**

> *Todo método es ritmo. Perdiendo el ritmo del mundo es como se pierde también el mundo.*
> *Cada hombre tiene su ritmo particular.*
> *El álgebra es la poesía. El sentido del ritmo es el genio.*
>
> **NOVALIS**

Descubra sus ritmos personales y manténgase a la escucha de sus relojes internos. Sáqueles partido (programe actividades estratégicas o de reflexión en momentos de gran forma y actividades de rutina en momentos de recarga o de recuperación).

El ritmo tiene algo de mágico. Nos hace incluso creer que lo sublime nos pertenece.

GOETHE

Toda existencia tiene su apogeo, un tiempo durante el cual las causas actúan y tienen una exacta similitud con los resultados. Este punto álgido de la vida, cuando las fuerzas vivas se equilibran o se producen en todo su esplendor, no sólo es común a los seres organizados sino también a las naciones, a las ideas, a las instituciones que, tal y como ocurre con las razas nobles y las dinastías, nacen, se elevan y caen.

BALZAC

Planifique las actividades durante el año teniendo en cuenta los ciclos estacionales. Como promedio, en el hemisferio norte y en las condiciones climáticas de Europa Occidental, los meses en que el ser humano se halla en el mejor momento de sus recursos físicos son, según Hellpach, junio y julio, y los meses en que se halla en lo más bajo son en general a finales del verano y en otoño.

VARIACIÓN DE LOS RESULTADOS ANUALES

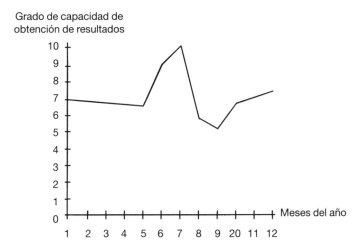

Y si ese esquema no le corresponde, lleve Vd. mismo el historial de sus períodos de eficacia, anotando regularmente mediante unos apuntes que representan su eficacia intelectual (Durante ese período, ¿he tomado buenas o malas decisiones? ¿He tenido las ideas claras?), su eficacia emocional (¿Me he peleado? ¿He hecho amigos?), y por último, su eficacia física (¿Caí enfermo? ¿Me encontré cansado?). Sintetice esas evaluaciones intentando extraer, si se da el caso, una referencia estadística propia.

215

XVI

PROPONERSE UNA ÉTICA PROFESIONAL

RESPETAR LA CALIDAD

La calidad de la prestación o del producto es la contrapartida del respeto que Vd. debe al cliente y a Vd. mismo. Para ser un «hombre de calidad» debe empezar por respetar su trabajo, cualquiera que sea, desde el momento en que Vd. lo escogió. Para ello, debe superar las simples exigencias de su cargo y preocuparse constantemente por mejorar el servicio aportado a los clientes. Trátelos siempre como unos invitados de «marca» y pregúntese lo que puede hacer de más por ellos. Debe saber, por ejemplo, sorprender a sus clientes mediante gestos inesperados. No existe a largo plazo ningún éxito duradero sin la creencia, compartida por todos, de que dicho éxito debe fundarse en una política de calidad. Así, si desea Vd. crear una nueva actividad, empiece por dedicarse al mejor producto, o al que Vd. cree que es el mejor.

Haced todas las cosas como si alguien estuviese observándoos.
EPICURO

Lo que vale la pena hacer, vale la pena hacerlo bien.
Divisa de NICOLÁS POUSSIN

La limpieza es el barniz de los amos.
VAUVENARGUES

Se echa a perder la vida aceptando cualquier cosa en lugar de lo mejor.
JACQUES CHARDONNE

¿La calidad se halla en los detalles? De hecho, no existen más detalles pequeños que pequeños defectos, porque éstos pueden causar los grandes fracasos. Y, al revés, los grandes triunfos nacen frecuentemente de ideas y principios sencillos. Empezando, en los departamentos, por la disponibilidad y la amabilidad, que constituyen un factor importante de ventas. Para alcanzar un alto nivel de calidad, debe conseguir que sus colaboradores, sobre todo los que se hallan en contacto con clientes, reciban un alto nivel de formación y de información.

Una tal minuciosidad por los detalles puede pareceros superflua, pero esta enumeración tiene como fin llamar vuestra atención sobre la necesidad de observar y de reflexionar y convenceros de que nada es inútil si puede contribuir a vuestro éxito. La experiencia me lo ha enseñado. Ella se encargará de enseñároslo también, pero que no sea a vuestras expensas.

SUN TSE

218

No debe confundir calidad e innovación. La calidad no significa, por ejemplo, crear un nuevo concepto de coche, sino que los coches reciban una décima capa de pintura suplementaria para que resistan mejor al sol. Cuidado: calidad no equivale a cantidad. Al contrario, hay que saber pasar del «siempre más» al «siempre mejor» y «a los pequeños más» que hacen las grandes diferencias. Si uno busca bien, siempre hay algo que puede mejorar cualquier cosa. En ese caso, puede uno preguntarse si la calidad profunda es compatible con la industria de masas. Pues sí, al contrario. La calidad se convierte en la única manera de hacer duradera la diferencia frente a sus competidores, en unos mercados por otra parte cada vez más banalizados, en particular añadiendo a todos sus productos servicios realmente útiles. Los nuevos productos que aparecen y se imponen en los mercados conllevan ante todo una nueva idea de servicio.

2 DAR SENTIDO A SU EXISTENCIA Y A LA DE LOS DEMÁS. GESTIONAR PROYECTOS

En nuestra sociedad moderna, móvil, inestable, donde reina la apología del caos y de la diversidad, el sentido del hombre en el trabajo no resulta siempre muy claro. ¿Es Y, según Mc Gregor, o X? Sin embargo, el sentido que se dé al trabajo no puede dejar de tener repercusiones sobre el resto de la vida personal. El hombre no está hecho por compartimentos estancos; se va poniendo progresivamente al mismo nivel en todos los ámbitos de su vida, y la acaba por englobar en una misma concepción, que da un sentido general a su vida y le da todo el valor ante su mirada. Pero ¿a partir de qué se debe dar sentido? En el tiempo, el pasado, el presente y el futuro tienen sentido conjuntamente.

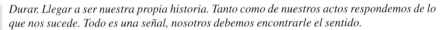

Durar. Llegar a ser nuestra propia historia. Tanto como de nuestros actos respondemos de lo que nos sucede. Todo es una señal, nosotros debemos encontrarle el sentido.

PIERRE EMMANUEL

En el espacio, el sentido nos puede llegar a la vez mediante el contacto (¿y la imitación?) de la naturaleza, mediante la cultura, y sobre todo mediante el fortalecimiento de nuestras relaciones con los demás hombres. En una palabra, teniendo en cuenta lo perenne que relativiza los gajes de la vida diaria. La naturaleza ante todo da sentido porque nos recuerda las leyes fundamentales de la vida. La cultura nos hace descubrir el sentido a partir de obras maestras que atravesaron el espacio y el tiempo y que nos hacen salir de nosotros mismos al aportarnos serenidad y fe en la actividad del hombre orientada hacia finalidades elevadas y no efímeras. Así pues, para recobrar la voluntad de caminar en el «buen sentido», haga pausas culturales, para escuchar, por ejemplo, el *Himno a la alegría* de Beethoven o para visitar la sonrisa de los ángeles de nuestras catedrales. Por último, el servicio del hombre, la contribución a su desarrollo, llevan implícito un sentido importante, el del reconocimiento del ser humano. Debe incorporar, por lo tanto, un sentido de servicio a sus diferentes actividades profesionales (clientes, proveedores, colaboradores) y se verá más motivado (así como su entorno). Ayudar a los demás es también dar sentido a su propia vida.

Hacer las cosas más pequeñas por las más grandes razones, y ver en los objetos más pequeños los más grandes rendimientos. Este es el mejor medio de perfeccionarse tanto para el hombre sensible como para el intelectual.

JOUBERT

Ante todo, nada debe dejarse al azar o sin una finalidad clara. Después, nunca proponer otro fin a nuestras acciones más que el bien de la sociedad.

MARCO AURELIO

Aquel que golpea con su pico quiere encontrarle un sentido a su golpe. Y el golpe del presidiario que humilla al presidiario no es en absoluto parecido al golpe del investigador que engrandece al investigador. El presidio está allí donde los golpes de pico no tienen ningún sentido ni vuelven a unir al que los da con la comunidad de los hombres.

ANTOINE DE SAINT-EXUPÉRY

Si quieres ser feliz con lo que vales dale valor al mundo.

SCHOPENHAUER

La única posibilidad de dar un sentido a tu existencia es elevar tu relación natural con el mundo a la altura de una relación espiritual.

ALBERT SCHWEITZER

Los proyectos son incitaciones a tomar riesgos calculados. Ayudan a enfrentarse mejor a una situación inusualmente difícil y se llevan en paralelo con la gestión habitual del cargo. Su individualidad procede del hecho de que están asociados a vencimientos concretos y dotados de presupuestos particulares. Pero no tome nunca un proyecto al pie de la letra, y adapte la teoría «planificar, organizar, coordinar y controlar» al contexto real. Sólo debe aceptar un proyecto después de haberlo discutido, y estando seguro de haber obtenido los mejores plazos, medios y autoridad para llevarlo a buen fin. Ello no significa enterrarlo o transformarlo en polvorín, sino al contrario reenfocarlo: ¿Es realmente útil y soy yo la persona idónea para resolverlo? ¿Me han explicado bien las verdaderas dificultades y me han definido bien los resultados previstos? Por otra parte, no debe creer todo lo que le vayan a decir, porque los medios necesarios y las dificultades para respetar los plazos se subestiman casi siempre. Una vez tomadas estas precauciones, busque proyectos que tengan sentido para Vd. Le ayudarán a elevarse más rápido. Empezando por el más importante: el proyecto de su vida.

Hay algunos tan paradojamente impertinentes que pretenden que todas las circunstancias del acierto se ajusten a su manía, y no al contrario. Mas el sabio sabe que el norte de la prudencia consiste en portarse a la ocasión.

BALTASAR GRACIÁN

Motivos y móviles no tienen más que el peso de mi proyecto.

JEAN-PAUL SARTRE

La ciencia de los proyectos consiste en prever las dificultades de la ejecución.

VAUVENARGUES

La empresa también tiene que convertirse en una casa de la cultura para que tome todavía mayor sentido ante la mirada de sus miembros internos y de los socios externos.

*H*ACER SOÑAR

Organizar el sueño en su empresa puede parecer paradójico. En efecto, es intentar utilizar el cerebro límbico izquierdo para estimular el córtex derecho. Pero ¿esto no es precisamente sincretismo y unión de contrarios? El procedimiento resulta por lo tanto menos «exagerado» de lo que parece. Organizar la concepción de la empresa significa definir y afirmar con regularidad la vocación. Al igual que las finalidades de los dirigentes.

> *Falto de visión, el pueblo vive sin freno.*
> *(...) Cuando no hay visión, los pueblos perecen.*
>
> **La Biblia**
>
> *Toda acción humana comienza por ser un sueño y acaba por convertirse en un sueño.*
>
> **THEODOR HERZL**

Para hacer progresar a sus colaboradores y ayudarles a realizarse completamente en el trabajo, debe relacionar los objetivos que Vd. les asigna con los sueños que ellos tienen, en vez de oponerlos. No les diga: «Tienes que escoger: o te interesas de una vez por todas por tu cargo en nuestra empresa y paras de hablarnos de tu antiguo proyecto de... o nos separamos». Dígales más bien: «Sabes, si obtienes resultados en tu cargo actual, todavía tendrás más posibilidades de realizar un día tu sueño, porque...».

> *De todas las naciones son los griegos los que han construido el más bello sueño de vida.*
>
> **GOETHE**
>
> *Nada grande se hace sin quimeras.*
>
> **ERNEST RENAN**
>
> *Todo comienza por la mística y acaba por la política.*
>
> **CHARLES PÉGUY**
>
> *Han vencido porque han sabido hacer soñar a los pueblos.*
> *Han vivido porque han sabido cumplir con sus sueños.*
>
> **RENÉ CHAR**

REALIZAR LA VOCACIÓN

Para sentirse feliz con lo que hace, asegúrese de que sus actividades profesionales le dan la ocasión de desarrollar aptitudes naturales: todos las tenemos. Además, es necesario hacer una lista de éstas, analizarlas y clasificarlas por orden de preferencia. Trabajar poniendo en práctica y desarrollando nuestros talentos nos proporciona una fuerza certera y una gran satisfacción, lo cual nos conduce al éxito.

> *El hombre es hijo de sus obras. Es lo que quiere ser, es a la imagen de Dios que se hace. Es la realización de su propio ideal.*
>
> **LOUIS CONSTANT**

Para realizar su vocación empiece por identificar los valores dominantes que Vd. posee y preguntarse lo que a Vd. le satisface más en el trabajo; quizá sea el ambiente relacional, el hecho de trabajar en equipo, intercambiar ideas o la oportunidad de tomar responsabilidades y de tener poder. O también hacer cosas concretas, crear, producir (trabajar en la industria), o triunfar sin saber realmente por qué (en ese caso debe escoger cargos en que le reconocerán y le recompensarán a partir de objetivos definidos a corto plazo), tener dinero y ventajas materiales o poder reflexionar con método a partir de hechos y de números sin implicación emocional alguna, sentirse seguro en una empresa bien organizada o relativamente conformista y burocratizada o, por el contrario, tener margen de maniobra y una cierta flexibilidad. Debe encontrar, por lo tanto, la tarea que se corresponde más con sus valores y sus potenciales ¡y debe realizarla!

> *La única verdad que existe es que es necesario crearse. Es solamente entonces cuando nos encontramos a nosotros mismos.*
>
> **PIRANDELLO**

> *Cada hombre extraordinario tiene una misión particular que cumplir.*
> *(...) Si nos fallamos a nosotros mismos, todo nos falla.*
> *(...) La finalidad de la vida es la vida en sí.*
>
> **GOETHE**

> *Conviértete en lo que eres.*
>
> **NIETZSCHE**

> *Que nadie diga que un pobre sastre no puede llegar lejos ni conseguir las más altas distinciones. No tiene más que llamar a la puerta correcta y sobre todo tener suerte.*
>
> **GRIMM**

La gloria de los grandes hombres debe un cuarto a su audacia, dos cuartos al azar y el último cuarto a sus crímenes.

UGO FOSCOLO

Para ser un gerente eficaz, debe preguntarse con regularidad si está Vd. en el lugar adecuado, es decir, el que corresponde a sus valores, y si realiza en él su vocación. No será ése el caso si Vd. no puede pensar en su trabajo sin ansiedad, si es Vd. reticente sobre todo en lo que atañe a su actividad profesional, si sus relaciones con sus superiores o sus colegas son difíciles o si envidia el trabajo de sus amigos. La inadaptación al oficio que lleva a cabo puede proceder de necesidades sociales o financieras aceptadas demasiado rápido, o de no tomar bien en cuenta sus aptitudes naturales, ocultas por deseos que no son realmente los suyos sino los de su entorno. Porque uno se vuelve progresivamente, no lo que cree ser, tampoco lo que los demás creen que uno es, sino lo que uno cree que los demás creen que uno es.

Trabajad, cada uno según su vocación.

RABELAIS

Es mejor faltar a su cualidad que a su genio. Sería un gran error conservar un estado mediocre a costa de una gran fortuna y de la gloria.

VAUVENARGUES

Las vocaciones frustradas dejan rastro en toda la existencia.

BALZAC

Encontrar la propia vía no consiste en buscar un cargo en el que se tiene mayor libertad o dinero. Esas son más bien buenas razones para dejar su actual trabajo más que para realizarse en una nueva actividad. En cualquier caso, no son motivos suficientes para trabajar por su cuenta; tendría remordimientos muy pronto. Sólo debe fundar su propia empresa si se ve impulsado por una pasión irresistible, incluso una obsesión que le da el sentimiento de que si no realiza su proyecto, nunca se lo podrá perdonar. Realizar la vocación significa desear vivir a partir de sus más auténticas pasiones, es decir, las que nos parece que se identifican más con la finalidad de la vida, sin satisfacerse con nada más.

La vida no es más que como nos la hacen los sentimientos.

BALZAC

5 *LOS CAMINOS DEL ÉXITO Y DE LA FORTUNA.*
Gestionar bien la carrera

Existen muchas maneras de fracasar, pero hay pocas para triunfar. Además, raras veces se produce una brillante carrera sin rodeos. De todos modos, para tener las máximas probabilidades de «triunfar», resultará indispensable empezar por proponerse unas ambiciones realistas, es decir, ajustadas a sus puntos fuertes y a sus puntos débiles, y establecer sus planes de carrera muy pronto. Luego estar bien informado para aprovechar las oportunidades, lo que implica saber cambiar de situación cuando es necesario (en particular, si Vd. ascendió demasiado rápido y demasiado arriba y corre el peligro de estancarse, o si no reconocen su talento). Más vale hacer algún cambio pronto que correr el riesgo de estancarse. Cuanto más diversifique sus actividades para no depender de un único sector de éxito, más ascenderá.

> *No ser eminente en empleo vulgar, por querer ser mediano en el sublime, excusa tiene de generosidad; pero contentarse con ser mediano en el último, pudiendo ser excelente en el primero, no la tiene. Requiérense, pues, naturaleza y arte, y sella la aplicación.*
>
> *BALTASAR GRACIÁN*

> *No hay nada más agradable que conseguir hacer nuestra propia fortuna. El primer paso nos cuesta trabajo pero los otros son más fáciles. Hemos de ser ahorradores durante la juventud y así tendremos en la vejez unos fondos que nos sorprenderán.*
>
> *VOLTAIRE*

> *Amigos, qué es una gran vida más que un pensamiento de la juventud llevado a término al llegar a la madurez.*
>
> *ALFRED DE VIGNY*

> *Esa edad que para todos los hombres se encuentra entre los veintidós y los veintiocho años es la época de los grandes pensamientos, la edad de las primeras concepciones, porque es la edad de los más grandes deseos, la edad en que no se duda de nada y quien dice duda dice también impotencia. Después de esta edad, como una exhalación, viene la edad de la ejecución. Hay en cierta manera dos períodos de juventud: la juventud durante la cual creemos, y la juventud durante la cual actuamos. A menudo ambas se unen en los hombres a los que la naturaleza ha favorecido y que son, como César, Newton o Bonaparte, los más grandes entre los hombres.*

> *¡Lo conseguiré! La palabra del jugador, del gran capitán, palabra fatalista que pierde más hombres que no salva.*
>
> *BALZAC*

225

Debe saber reorientarse en plena carrera para hallar un cargo a su medida. Y si no lo encuentra, créelo volviéndose emprendedor. Para triunfar en su nueva empresa, haga lo que ya hizo por otra persona.

Algunas personas han aprendido durante su juventud un oficio, para ejercer otro totalmente diferente el resto de su vida.

(...) Un hombre alto y robusto ancho de espaldas y de pecho musculoso puede cargar con facilidad un gran peso y todavía le queda un brazo libre. Un enano sería aplastado con la mitad de su carga. Del mismo modo, los grandes cargos engrandecen aún más a los grandes hombres y empequeñecen todavía más a los más insignificantes.

(...) Los hombres, obligados por las necesidades de la vida y a veces por el deseo de obtener un beneficio o la gloria, cultivan talentos profanos o se dedican a profesiones equivocadas, y de esa manera se engañan a sí mismos sobre el peligro y las consecuencias de su acción. Después las abandonan para consagrarse a otra ocupación, deseo que no les viene más que cuando han cosechado su siembra y disfrutan de una posición desahogada.

LA BRUYÈRE

Para crear una empresa escuche sus pasiones tanto como su buen sentido, y haga todo lo posible por poner sus ideas en práctica. Pero el éxito puede pagarse muy caro, y muchos son los que perdieron el alma al intentar realizar su ideal. Sobre todo cuando éste era más bien un ideal de posesión que de realización. Además uno no es siempre afortunado por haber hecho fortuna. Para evitar cualquier desilusión, persiga por lo menos dos objetivos en ámbitos de interés bien distintos y manténgase atento a la calidad y a la moralidad de los medios que empleará para realizarlos.

Es necesario gobernar la fortuna como la salud. Disfrutar cuando ésta es buena, tener paciencia cuando es mala y no hacer caso de los grandes remedios más que en casos de extrema necesidad.

LA ROCHEFOUCAULD

Cuanto menos creamos merecer nuestra fortuna más hemos de esforzarnos por conseguirla.

VAUVENARGUES

Los bienes de la tierra no hacen más que hundirse en el alma y aumentar su vacío.

CHATEAUBRIAND

Para hacer fortuna, debe ser fuerte e «impulsar» los acontecimientos, es decir, debe actuar a la vez con valor y flexibilidad, pero sin hacerse demasiadas ilusiones sobre el coste real que tendrá que pagar en contrapartida.

La fortuna gusta de las personas poco sensatas. Le gustan los audaces y aquellos que no temen decir: la suerte está echada.

ERASMO

Para triunfar en el mundo recordad bien estas tres máximas: ver es saber, querer es poder, osar es tener.

ALFRED DE MUSSET

POR UNA ÉTICA DE EMPRESA:
El gerente, persona honesta

El gerente honesto es el que cultiva la probidad, porque ante todo respeta al entorno humano. Practicará en sus relaciones interpersonales la «asertividad» (o fuerza tranquila) y será sensible al hecho de dar una dimensión ética a su conducta de gestión de empresa. Si desea ser una persona con valor, tendrá que plantear valores, lo cual le hará libre y responsable. Así, para motivar, cultivará los valores morales apropiados a cada piso de la pirámide de las necesidades humanas de Maslow.

El gerente honesto que desea conservar a sus colaboradores deberá ante todo cultivar la rectitud necesaria para esclarecer permanentemente las relaciones. Luego sabrá reunirlos a su alrededor, si posee el entusiasmo necesario para hacer compartir sus objetivos. Sabrá valorizar a los que le rodean en la medida en que tendrá la consideración necesaria para reconocer sus intenciones, su identidad y sus actos. Para implicar y responsabilizar a sus colaboradores, deberá tener el valor de confiar en ellos *a priori*. Por último, se convertirá en verdadero gerente desarrollador gracias a la abnegación, que le hará respetar decisiones diferentes de las suyas.

> Hombre de ley. *Está acabado el buen proceder: andan desmentidas las obligaciones, hay pocas correspondencias buenas: al mejor servicio el peor galardón, a uso ya de todo el mundo. Hay naciones enteras proclives al mal trato; de unas se teme siempre la traición, de otras la inconstancia y de otras el engaño. Sirva, pues, la mala correspondencia ajena, no para la imitación, sino para la cautela; es el riesgo de desquiciar la entereza a vista de ruin proceder. Pero el varón de ley nunca se olvida de quién es, por lo que otros son.*
>
> BALTASAR GRACIÁN
>
> *El hombre honesto se encuentra entre el hombre hábil y el hombre de bien, aunque mantiene una distancia desigual con sus dos extremos.*
> *(...) El hombre puede enriquecerse con algún arte y con algún tipo de comercio, mediante la ostentación de cierta probidad.*
>
> LA BRUYÈRE

Para «moralizar» a su entorno, por lo tanto, debe trabajar con socios comprometidos, haciendo que se comprometan por escrito sobre principios de acción sencillos e intangibles. Podrá ser una carta interna del departamento o una guía externa de buena conducta en los negocios. ¡Haga oficializar siempre por escrito el acuerdo sobre los intereses en esos documentos!

Desconfíe de aquellos que hablan demasiado de ética: esconden, mediante el abuso de la forma, el vacío del fondo. La ética en los negocios consiste ante todo en prevenir los abusos, y por lo tanto el abuso de la ética ya no resulta moral. Por otra parte, los comportamientos morales pueden ser muy sospechosos cuando éstos provienen por ejemplo de un fracaso o de una desgracia. Lo mismo sucede con el uso que se hace de ellos. Si el aspecto moral fundamenta la responsabilidad individual, el exceso de moral y el referirse demasiado a valores colectivos intangibles corren el riesgo de anularla. De ahí la necesidad de superar las cartas de valores de la empresa mediante exigencias éticas más personales o más selectivas; una vez se haya acostumbrado Vd. a su nuevo cargo de gerente, debe comprobar que el respeto total de las normas no sea de hecho más perjudicial que la transgresión de las mismas. Para ello, determine la tasa aceptable de transgresión distinguiendo las reglas que pueden dejarse razonablemente de lado, de aquellas que pueden violarse deliberadamente, a condición de que esta transgresión no se interprete como una rebelión.

228

7

¿*SER UN HOMBRE DE DEBER O DE CONCIENCIA?*

Al sentido de deber se le puede oponer la conciencia humana. Es éste uno de los aspectos de la dualidad cerebro izquierdo/cerebro derecho. Es también un contraste político, y se ha dicho que si en el hombre de izquierdas los derechos superan a los deberes, para el hombre de derechas los deberes superan a los derechos. Un gerente debe saber gestionar una crisis de conciencia sin centrarse únicamente en el sentido del deber.

> *La conciencia, que es la luz de la inteligencia para distinguir el bien del mal; la humanidad, que es la equidad del corazón; la fuerza moral, que es la fuerza del alma, son las tres grandes y universales facultades morales del hombre.*
>
> *CONFUCIO*

> *Hay ciertas cuestiones de moral a las que un hombre sabio está seguro de que su conciencia no debe nunca responder. La ley está escrita sobre el frontispicio del edificio social, guarda las puertas y las avenidas y no conoce ni acepción ni excepción. Es por tanto dentro del edificio de la moral y de las leyes, un asilo secreto que llamaría de buen grado el tribunal de la conciencia, donde sólo la virtud conoce el camino y que la multitud debe ignorar por siempre.*
> *(...) Las leyes han sido hechas para retener a los malvados, la religión para las almas interesadas y la moral para las conciencias.*
>
> *RIVAROL*

> *No es la razón la que nos proporciona una dirección moral, sino la sensibilidad.*
>
> *BARRÈS*

La gestión de empresas y el cine

Un caso de conciencia en la película «Senderos de gloria» de Stanley Kubrick

En esta película, Kirk Douglas, coronel de un regimiento francés que se retiró durante la guerra de 1914-1918, se ve obligado a aplicar una decisión difícil impuesta por su general: la ejecución ejemplar de tres de sus soldados. K. Douglas (coronel Dax) decide dejar la elección de las víctimas a los capitanes de su compañía. Sin embargo, por lo menos uno de los tres soldados designados es cualquier cosa, excepto un cobarde. Héroe de guerra condecorado, sólo es culpable de ser el testigo molesto de la propia cobardía de su capitán, que intenta de este modo desembarazarse de él. Este soldado (y los otros dos) llaman entonces a su coronel : «Pero, ¿Vd. aprueba esta medida?». En la empresa, se arriesga uno a menudo a tener que aplicar políticas sobre las que se tiene alguna duda. ¿Qué debe decir entonces a aquellos colaboradores que le piden francamente su opinión personal sobre estas políticas?

De hecho, hay dos soluciones para el gerente: la primera, interpretar su papel como transmisor de informaciones y, escondiendo su propia duda, exponer su adhesión completa a las consignas transmitidas. ¿Cómo podría ser de otra manera a expensas de ver a cada escalón de la jerarquía aplicar con menor convicción una política a la que el propio superior no se adhiere por completo? Se trata de comportarse como un hombre de deber que toma sus responsabilidades frente a una situación a la que permanece globalmente atado. La segunda solución es que no soporte aplicar una decisión que no aprueba y dimita de la institución en que aquélla se promovió. Es entonces un hombre de conciencia que debe someterse o dimitir. Deber o conciencia del ejecutivo, se trata de una elección moral. Pero no hay nada peor que no elegir: quedarse en la institución con la que no se comparte la política, haciéndolo saber pero sin intentar realmente cambiar las cosas, incluso desde el interior (ni marchándose). La moral es ante todo la elección que fundamenta la responsabilidad.

¿Qué hace pues K. Douglas en esta película? Elige la primera opción, la del deber. Deber de silenciar sus dudas frente a sus subordinados, a los que declara solidarizarse con la decisión del Estado Mayor. Deber de informar y de discutir a sus superiores, particularmente a su general, a quien criticará varias veces la decisión, que él juzga abiertamente y delante de él como equivocada. Pero que hace aplicar al pie de la letra, ya de regreso en su regimiento.

El alcalde y Montaigne siempre han sido dos, con una separación bien clara. Para ser abogado o financiero no hace falta más que desconocer a los bribones que se mueven en tales profesiones. Un hombre honesto no es responsable del vicio o de la tontería de su trabajo y no debe por tanto rechazar el ejercerlo. Es lo acostumbrado en su país y hay provecho en ello. Es necesario vivir en el mundo.

MONTAIGNE

Tratarse siempre con gentes de obligaciones. *Puede empeñarse con ellos y empeñarlos. Su misma obligación es la mayor fianza de su trato, aun para barajar, que obran como quien son; y vale más pelear con gente de bien que triunfar de gente de mal. No hay buen trato con la ruindad, porque no se halla obligación a la entereza; por eso entre ruines, nunca hay verdadera amistad, ni es de buena ley la fineza aunque lo parezca, porque no es en fe de la honra: reniegue siempre de hombres sin ella, que quien no la estima, no estima la virtud. Y es la honra el trono de la entereza.*

BALTASAR GRACIÁN

SER UN GERENTE FILÓSOFO

Como gerente, es bueno que Vd. conozca la filosofía y los valores morales de la sociedad para la cual Vd. trabaja, y que los confronte a las realidades. Estos valores, muchas veces no escritos, son un código común desde el punto de vista del lenguaje, de la manera de vestirse, de la conducta en los negocios, etc. La cultura de una empresa le revelará mucho sobre la importancia que ésta atribuye al riesgo o a la seguridad, a la movilidad o a la fidelización del personal, a la diversificación o a la concentración de las actividades, es decir, a una filosofía más de generalista o más de especialista, al liberalismo o a la burocratización de las relaciones interpersonales, a una cultura de la calidad o de la cantidad, etc. Preocúpese por establecer una fuerte identidad cultural de su empresa para suscitar un verdadero «patriotismo local», factor de compromiso entusiástico y de lealtad. Para lograrlo, logo, símbolos, anécdotas, patrocinio de deportes, jugarán un papel motor.

> *Desprendeos de todas las espinosas sutilidades de la dialéctica, de la cual nuestra vida no se puede enmendar, tomad en su lugar los simples discursos de la filosofía, sabed escogerlos y tratadlos en el momento justo. Son más fáciles de concebir que un cuento de Boccaccio. Incluso un niño puede hacerlo, enseñado por su nodriza, mucho mejor que aprender a leer o escribir.*
>
> *MONTAIGNE*

> *Varón desengañado. Cristiano sabio, cortesano filósofo. Mas no parecerlo; menos afectarlo. Está desacreditado el filosofar, aunque es ejercicio mayor de los sabios. Vive desautorizada la ciencia de los cuerdos. Introdújola Séneca en Roma; conservóse algún tiempo cortesana; ya es tenida por impertinencia. Pero siempre el desengaño fue pasto de la prudencia, delicias de la entereza.*
>
> *BALTASAR GRACIÁN*

> *Toda la filosofía está fundada sobre dos únicas cosas: sobre lo que tiene un espíritu curioso y ojos malvados.*
>
> *FONTENELLE*

> *El verdadero filósofo (...) no espera nada de los hombres y él a su vez les hace todo el bien que le es posible.*
>
> *VOLTAIRE*

> *Para filosofar es preciso en primer lugar responder a dos requisitos: tener el valor de no guardar ninguna pregunta en el corazón y después tomar conciencia de todo lo que parece comprenderse en sí mismo para considerarlo un problema.*
>
> *SCHOPENHAUER*

Otros títulos de interés:

Emprender con Éxito, 176 págs., Oriol Amat, Pedro Nueno y Otros

RADICAL, el éxito de una empresa sorprendente, 320 págs., Ricardo Semler

La Gestión en un Tiempo de Grandes Cambios, 326 págs., Peter Drucker

Obtenga el Sí (El arte de negociar sin ceder), 218 págs., W. Ury - Roger Fisher

Guía práctica del BENCHMARKING, 182 págs., Antonio Valls

El Arte de vender con Excelencia, 130 págs., Larry McCloskey

Cómo trabajar en Equipo, 200 págs., Francesc Borrell

El Libro de ORO de las Relaciones Públicas, 266 págs., J.D. Barquero

Comunicar bien para Dirigir mejor, 200 págs., Francesc Borrell

Cómo medir la Satisfacción del Cliente, 180 págs., Bob E. Hayes

Análisis de Estados Financieros, 498 págs., Oriol Amat

Costes de calidad y de no calidad, 130 págs., Oriol Amat

ABC de las Relaciones Públicas, 286 págs., Sam Black

Construir Marcas Poderosas, 330 págs., David Aaker

Marketing Relacional (Cómo obtener clientes leales y rentables), 200 págs., J. Alet

Merchandising estratégico, 204 págs., Dominique Mouton

Quiero ser Político (Prontuario del hombre político), 200 págs., Ricardo Rabella

-------------------------- **Solicite nuestro catálogo general** --------------------------

Autor: *Sue Hutchinson y Chris Brewster*   **Formato:** 16x22   **Páginas:** 316   **ISBN:** 8480880880

AEDIPE

La flexibilidad laboral va en aumento. Esto ocurre, sobretodo, en relación a la jornada laboral: uno de cada siete trabajadores, actualmente, trabaja a tiempo parcial. Pero hay otras formas de flexibilidad: el cómputo anual de horas, el trabajo compartido y el horario flexible. Las presiones económicas y las dificultades que encuentran las empresas para atraer y retener a los mejores empleados, las ha llevado a introducir también la flexibilidad en la remuneración, la vida laboral, el contenido del trabajo y los contratos. Esta obra expone 32 estudios de casos, de 14 países, y marca los principios a seguir para tener éxito. Los problemas más urgentes pueden solucionarse mediante un cuidadoso proceso de consulta y comunicación con los empleados y mediante una aplicación progresiva de la flexibilidad, que puede acarrear ventajas inesperadas, al mismo tiempo que se asegura la consecución de los objetivos propuestos.

La Comunidad Europea sigue calificando como atípicas a las diversas formas de flexibilidad. Sin embargo, aquí están. Este estudio indica cómo pueden adaptarse de manera efectiva para responder a las necesidades estratégicas de muchas organizaciones.

Autor: *José M.ª Rodríguez*   **Formato:** 16x22   **Páginas:** 216   **ISBN:** 8486703972

Esta obra recopila una selección de casos sobre una amplia gama de problemas humanos que suelen existir en las empresas: problemas de motivación, de relaciones interpersonales, de estilos dirección, de cambio organizativo, de evaluación del rendimiento, de cultura organizativa y de equipos de trabajo.

Cada caso viene precedido de una nota técnica y de una hoja de preparación, que sitven de ayuda para el estudio del caso. Todos los casos han sido elaborados por el profesor D. José Mª Rodríguez, a lo largo de los últimos años. Es una obra especialmente recomendada para directores generales, directivos de recursos humanos, profesores de organización y recursos humanos, así como para todos aquellos directivos sensibilizados por estas materias.

Autor: *Oriol Amat*   **Formato:** 16x22   **Páginas:** 192   **ISBN:** 8480880392

¿Cómo enseñar para que los alumnos aprendan? ¿Cuáles son los ingredientes para que el profesor sea excelente y disfrute con su trabajo? Estas son algunas de las cuestiones que se intentan responder en este libro. Para ello, se tratan, desde una perspectiva práctica, consideraciones que potencian los resultados de los programas de formación en relación a: alumnos, profesores, dinámica de las relaciones entre éstos, métodos didácticos, medios pedagógicos, programación de sesiones y materias, evaluación. Esta obra es de especial interés para todos aquellos que deseen iniciarse o perfeccionarse como formadores.

INDICE: Introducción. El alumno o participante. El profesor. Métodos pedagógicos. Medios. Programación de las actividades. Evaluación. Conclusiones. Anexo: Lo que no debería ser una primera lección. Bibliografía.

Autor: *Andrés Senlle - Guillermo A. Stoll*   **Formato:** 20x27   **Páginas:** 192   **ISBN:** 8480880252

Esta obra nace como consecuencia de las necesidades de empresarios y directivos que tienen en proyecto la implantación de un sistema de calidad. Su lectura es indispensable para quienes quieren conocer la normativa internacional, europea y nacional. En la segunda parte, se comentan las normas ISO-EN-UNE con la finalidad de orientar al lector y asesorarle para que pueda implantar en su empresa un modelo de éxito y de gestión que mejore la competitividad, garantice el futuro, asegure beneficios y proporcione satisfacción, tanto a sus clientes como a todos los integrantes de la empresa. Se incluye un diskette con un programa informático que permitirá al usuario efectuar un test de su nivel de calidad, así como una tabla de conversión de las normas de calidad en los diferentes países del mundo.

INDICE: Normalización, Homologación y Certificación. Sistemas de calidad. Descripción de las normas. Implantación de la calidad y el registro de empresa. Auditoría de los sistemas de calidad. El manual de calidad. El manual de procedimientos. La relación proveedor-cliente. Calidad y formación. Estilos de mando. Consejos de los expertos. Chequeos y diagnóstico. Las normas, resumen y comentarios.